더바이블 전도서:
성숙한 신앙을 위한 지혜

더바이블 시리즈 1

송민원 지음

더바이블 전도서:
성숙한 신앙을 위한 지혜
더바이블 시리즈 1

지음   송민원
편집   김덕원, 이찬혁, 김요셉, 이판열

발행처   감은사
발행인   이영욱
전화   070-8614-2206
팩스   050-7091-2206
주소   서울특별시 강동구 암사동 아리수로 66, 401호
이메일   editor@gameun.co.kr

종이책
초판발행   2023.11.30.
ISBN   9791193155233
정가   26,800원

전자책
초판발행   2023.11.30.
ISBN   9791193155257
정가   21,800원

THEBIBLE Ecclesiastes:
The Wisdom that Matures Faith

THEBIBLE SERIES 1

MIN WON SONG

"하나님께서 이 세상에서 살아가도록 당신에게 허락하신
삶의 스쳐 지나가는 모든 순간을 사랑하는 사람과 함께 충실히 누리십시오."
(더바이블 전도서 9장 9절)

목사는 이래야 한다는 기준점을 설정해 주신 분
그 기준점이 너무 높아 발밑도 따라가지 못할 분
하나님이 가라시면 손에 쥔 것 하나도 아까워하지 않으시는 아브라함 같은 분
달라는 사람, 빼앗으려는 사람에게 '그래 너 해라' 하시는 이삭 같은 분
경복고에 연세대 화공과 출신의 학벌이면 자부심을 가질 만도 하실 텐데
아둔하고 말도 제대로 못하는 인간을 목사로 만드셨다며
하나님 앞에서 항상 겸손하신 모세 같은 분
하나님의 말씀이 무슨 뜻인지 알고자 몸부림치며
이 구절이 예전에는 이런 뜻인 줄 알았는데
자신이 잘못 전했다며 성도님들께 사과하기를 주저하지 않으시는 분

내 인생의 가장 큰 스승
팔순을 맞이하시는 아버지 송남헌 목사님께
이 책을 바칩니다

추천사

"송민원 목사님의 '더바이블 전도서'는 철저한 원문 석의와 고대 근동학적 해석에 따른 묵상 가이드입니다. 전도서와 같은 시가서는 원문을 통하지 않고는 해석되지 않고 경험할 수 없는 영역의 책입니다. 송 목사님의 오랜 원어 연구와 사역으로 축적된 지식을 통해 해석되는 전도서는 다른 책에서는 찾아볼 수 없는 명쾌함과 말씀의 새로움을 경험하게 합니다. 많은 분들의 묵상 가이드가 될 수 있기를 바라며 추천합니다." — 이재훈 목사(온누리교회)

"인본주의와 자본주의에 함몰된 사고의 틀은 신적 지혜에 무지합니다. 그렇다면 3천 년 전의 지혜서가 이 세대에도 과연 일상의 지혜로 다가올 수 있을까요? 저자는 그렇다고 확신합니다. 반성적 지혜에 대한 깊은 통찰의 소산입니다. 놀랍게도 이 관점은 규범적 지혜에 고개를 돌린 시대정신의 뿌리를 드러냅니다. 동시에 출구 없는 시대정신을 소성케 합니다. 하나님의 크심과 인간의 작음을 아는 것 말고 달리 성숙할 수 있는 길이 어디 있겠습니까? 전도서의 주제어 **헤벨**의 의미를 새롭게 꽃피운 송민원 목사님의 『더바이블 전도서』가 참지혜를 갈망하는 모든 이들의 손에 닿기를 바랄 뿐입니다." ― 조정민 목사(베이직교회)

"성경 언어가 일상 언어로 옮겨져서 우리 삶의 자리에서 감각할 수 있는 뜻으로 읽히기를 바라며 이런저런 고민을 하던 때에 송민원 교수님의 저작물을 만나며 설렜습니다. 특히 이 책 뒷부분에 실린 저자 번역본의 전도서를 여러 차례 입말로 읽으면서 단어의 본래 의미가 얼마나 또렷하고 환해지는지 경험할 수 있었습니다. 예컨대 전도서의 중요 단어인 **헤벨**의 어원적인 의미를 살려, '**코헬렛**은 말합니다. 잠깐 있다 사라져 가는 것들입니다. 잠깐 있다 사라지는 이슬 같은 것입니다. 모든 것은 잠시 스쳐 지나가는 안개일 뿐입니다.'(1:2)로 옮김으로써 저자는 "헛되고 헛되며 헛되고 헛되니 모든 것이 헛되도다."라는 가치판단의 기존 해설보다 좀 더 사실적인 묘사로 독자의 시각을 새롭게 열어줍니다. 오랜 시간 원어 성경을 연구하며 읽기 쉽게 내놓는 저자의 번역본들이 이 책을 시작으로 계속되리라 기대하며 벌써 다음 번역 성경이 기다려집니다." ― 김주련 한국성서유니온 대표, 『어린이를 위한 신앙낱말사전』 저자

"전도서는 이해하기가 쉽지 않습니다. 자칫 허무주의로 이끄는 것처럼 보이기까지 합니다. 그래서 목회자들도 전도서를 본문으로 설교하는 것을 매우 어려워합니다. 성도님들 중에는 전도서에 대해서 설교도 듣고, 성경 본문을 읽어도 제대로 이해되지 않고 혼란스럽기만 한 경험을 한 분들도 많을 것입니다.

그런데 이번에 송민원 교수가 지혜서에 속하는 잠언, 욥기, 전도서의 성격과 상호 관계를 명쾌하게 규명하면서 전도서에 대한 깊이 있는 해설서를 마련해 주어서 얼마나 반가운지 모르겠습니다. 원고를 읽고 나니 속이 시원하고 벌써부터 기대감에 가슴이 뛰기 시작합니다. 성서 원어는 물론 고대 근동 언어에까지 능통하며 하나님의 말씀을 제대로 해설하는 일에 진심인 저자가 이번에 깊은 연구와 묵상을 통해 내놓은 이 책은 한국 교회와 성도들을 위한 귀한 선물이라고 생각합니다. 이 책을 읽고 나면 잠언이 가르치는 규범적 지혜를 넘어 전도서가 가르치는 반성적 지혜를 이해하는 새로운 눈이 열릴 것입니다. 이 책은 목회자는 물론 지혜서를 제대로 이해하고 더 깊은 신앙의 단계로 나아가기를 소망하는 모든 분들에게 큰 도움이 될 것이라 확신합니다. 이처럼 귀한 책을 써 준 저자의 수고에 큰 박수를 보내며, 모든 분들에게 이 책을 기꺼이 추천합니다." ― 이두희 대한성서공회 번역 담당 총무

"힘들었던 시기가 있었습니다. 그때 우연히 눈에 들어 왔던 성서 구절이 전도서 1장 14절이었습니다. 비로소 울 수 있었습니다. 그 때 전도서가 주었던 깊은 위로의 힘이 무엇인지 송민원 교수의 "더바이블 전도서"가 가르쳐 주었습니다. 생사고락이 다 담겨 있어도 결국 나의 시간은 하나님의 시간 속에서는 찰나일 뿐이라고. '아무것도 아님'이란 깨달음이 오히려 굴곡과 질곡을 견디게 하고, 삶으로 돌아오게 한다고. 이 책은 그렇게, 하나님의 시간과 조응하는 우리들 삶의 항상성을 담담하면서도 옷깃 여미게 하는 진지함으로 일깨웁니다.

옳아야 한다는, 잘 살아야 한다는 치열함이 오히려 칼이 되어 다른 이들을 찌르고 스스로를 찌르는 세상입니다. 이 책은 칼을 거두고 내 앞에 있는 이들의 눈을 보게 합니다. 기대고 사랑하며 사는 순간의 아름다움만이 하나님의 시간인 영원에 닿을 뿐, 다른 모든 것은 "김이 서렸다 사라지고 바람이 스쳐 지나가는 것처럼" 가뭇없는 것이라고, 전도자의 입을 빌려 우리에게 말해줍니다. 송민원 교수의 글쓰기는 신뢰할 수 있습니다. 답을 찾겠다는 욕심이 아니라 스스로 진실해지고 싶어서 성서를 읽고 글을 쓰는 이라는 걸 알고 있기 때문입니다. 이 책은 바로 그런 진실함으로 독자를 초대하고 있습니다." ― 조민아 조지타운대학교 신학/종교학과 교수

감사의 글:
더바이블 시리즈를 시작하며

더바이블 프로젝트는 2018년 1월 여덟 사람이 함께 모여 느헤미야 8장을 히브리어로 읽으며 시작됐습니다. 우리가 주목한 것은, 첫째, 하나님의 말씀을 읽어달라고 요청한 것이 "모든 백성"이라는 점(느 8:1), 둘째, 그 "모든 백성"에 남성과 여성이 모두 포함되어 있다는 점(2-3절), 셋째, 제사장이자 학자인 에스라(2, 4절)가 하나님의 말씀을 읽을 때 모든 백성이 귀 기울여 들으며(3절) "아멘, 아멘"하며 응답하고 하나님 앞에 엎드렸다는 점(6절), 넷째, 에스라가 토라를 낭독하면 그 말씀을 사람들이 깨달을 수 있도록 전달하고 해석하는 이들이 있었다는 점(7-8절), 그리고 다섯째, 하나님의 말씀을 듣고 깨닫는 거룩한 일은 눈물의 회개를 촉구하는 사건임과 동시에(9절) 함께 먹고 마시며 크게 기뻐하고 즐거워할 잔치(10, 12절)라는 점이 었습니다.

　하나님의 말씀을 원어로 단어 하나하나, 문장 하나하나를 빠짐

없이 우리의 눈으로 읽고 우리의 목소리로 낭독하고 우리의 언어로 표현해서, 그리하여 하나님의 말씀 듣기를 간절히 사모하는 모든 이들에게 그 말씀을 풀어 설명하여 전달하겠다는 더바이블 프로젝트의 야심차고 감격적인 계획은 이제『더바이블 전도서: 성숙한 신앙을 위한 지혜』로 그 첫 결실을 맺습니다. 이 책은 성도님들로 하여금 전도서를 사랑하게 만들고 목회자들로 하여금 전도서를 설교할 수 있도록 돕는 책입니다. 잘 몰라서 꺼려했거나 일부 몇몇 구절들만 문맥과 무관하게 설교에서 인용되는 전도서의 현실을 안타까워하는 마음이 그 바탕에 깔려 있습니다. 전도서를 이해하게 되면 성경에 전도서가 있음에 감사하게 될 것입니다.

* * *

이 책의 하이라이트는 책 뒤쪽에 위치한 "더바이블 전도서"에 있습니다. 주석과 해설이 내포되어 있는 번역입니다. 다른 설명 없이 본문만 읽어도 전도서의 히브리어 원문이 가지고 있는 의미를 이해할 수 있도록 번역했습니다.

그 앞의 "더바이블 오리지널 전도서"는 풀어서 번역한 것의 근거를 제시하는 직역과 해설로 이루어져 있습니다. 개역개정판과 비교하며 설명하면서 독자들에게 히브리어 원문이 가지는 의미의 넓은 스펙트럼을 최대한 그대로 보여주려고 했습니다. 어느 번역이 맞고 틀리고의 문제가 아닙니다. 원문이 가지는 해석적 다양성을 알게 함으로써 독자 스스로 판단할 수 있도록 하는 것이 목적입니다.

* * *

『더바이블 전도서』가 한 권의 책으로 나오기까지 많은 분들의 수고와 기도의 후원이 있었습니다. 이영욱 대표님을 비롯한 감은사의 뛰어난 편집자님들, 그리고 원고를 미리 읽고 표현과 번역의 방향성에 대해 애정 어린 조언을 아끼지 않으신 김영식 목사님과 배태진 목사님께 감사드립니다. 전도서를 번역하고 해설하고 강의하는 동안 제 앞에는 더바이블 프로젝트에 함께 참여해주신 많은 성도님들과 목사님들이 계셨습니다. 하나님의 말씀이 정말 무슨 뜻인지 간절히 알고자 하는 마음 하나로 강의에 참여해 주신 분들 덕분에 지금까지 올 수 있었습니다.

원고를 쓰는 동안 제 옆에는 간절히 눈물로 기도하는 사랑하는 아내 '춤추는 예배자' 박에스더가 언제나 함께했습니다. 집 안에서 발뒤꿈치를 들고 조용조용 걸으며 원고 쓰는 일에 집중할 수 있게 최선을 다해 도와준 아내에게 가장 미안하고 가장 고맙습니다. 제 뒤에는 든든한 가족들이 버텨주고 있습니다. 경남 고성의 아버지와 하늘연교회 성도님들, 부산의 처형님들과 형수님들과 동서 형님, 중미 니카라과의 누나와 서울의 여동생과 매제 가족의 응원과 격려는 주어진 하루를 충실히 살 수 있는 힘이 됩니다.

그리고 무엇보다 그 누구보다, 이 책을 아주 오래전부터 준비하신 분은 하나님이십니다. 어린 저를 신앙의 틀 안으로 이끄시고 또 그 틀을 흔들어 깨뜨려 벗어나게 하셔서, 믿음의 조상들이 닦아놓은 신앙의 길을 따라 걷게 하시기도 하고 또한 길 없는 곳에서 여행하고 길을 만들게 하신 분은 바로 그분이셨습니다.

그분의 말씀을 전달하는 일은 그야말로 '살 떨리는 일'입니다. 혹시 잘못 전하지 않았을까 항상 두려운 마음입니다. 그 두렵고 떨리는 마음에 용기를 북돋아 주신 온누리교회의 이재훈 목사님, 베이직교회의 조정민 목사님, 한국성서유니온의 김주련 대표님, 대한성서공회의 이두희 총무님, 조지타운대학교의 조민아 교수님께 머리 숙여 감사의 마음을 전합니다. 추천사에 적어주신 한 말씀 한 말씀에 큰 힘을 얻으며 동시에 그만큼 부끄럽고 겸손해집니다. 실수와 오류, 잘못된 판단은 오롯이 제 몫이고 저의 책임입니다. 더바이블 프로젝트는 모두에게 열려 있습니다. 지적과 제안으로 하나님의 말씀에 한발 더 다가설 수 있도록 참여해 주시기를 요청드립니다.

더바이블 프로젝트 대표

송민원

약어표

CEB	Common English Bible (2010)
HALOT	Koehler & Baumgartner, *The Hebrew and Aramaic Lexicon of the Old Testament*, Brill, 2002
JPS	Jewish Publication Society OT (1917)
KJV	KJA, KJG Authorized Version (KJV): 1769 Blayney Edition of the 1611 King James Version of the English Bible
NASB	The New American Standard Bible (1995)
NIV	The New International Version (2011)
NJB	The New Jerusalem Bible (1985)
NRSV	The New Revised Standard Version (1989)
TNK	The Jewish Bible: Torah, Nevi'im, Ketuvim (1985)
개역개정	개역개정 4판(2017)
공동번역	공동번역 개정판(1998)
새번역	새번역 성경(2004)

들어가며:
전도서는 어떤 책인가?

전도서를 이해하는 전제—반성적 지혜로서의 전도서

지혜서

전도서는 시가서이자 지혜서이다. 욥기, 시편, 잠언, 아가서와 함께 시가서에 속해 있다. 동시에, 잠언과 욥기, 전도서가 한데 묶여 성경의 지혜서를 형성한다. 성경이 말하는 지혜는 한마디로 하나님을 아는 것이다. 보다 정확히는, 우리를 향한 하나님을 뜻을 아는 것이 지혜이다(지혜서에서 사용되는 '지식'이라는 단어의 의미도 이와 동일하다). 지혜를 이렇게 정의한다면, 어떤 면에서는 성경 전체가 모두 지혜에 대한 이야기라 할 수 있다. 십계명으로 대표되는 모세오경, 하나님의 말씀을 대언하는 이사야나 예레미야 같은 선지서들, 이스라엘의 역사를 통해 하나님의 뜻이 무엇인지를 알려주는 사무엘-열왕기, 역대기 같은 역사서들 모두 지혜에 관한 것이다. 그런데 성경 중에 특별히, '하나님이 우리에게 원하시는 바가 무엇인가', '우리는 그 뜻을 어떻게 알 수 있는가', 혹은 '인간은 과연 하나님의 뜻을 알수 있기나 한가', '알 수 있다면 어디까지 알 수 있는가' 하는 문제를 보다 집중적으로 다룬 책들이 있다. 그 책들을 지혜서, 지혜 장르, 혹은 지혜 문헌이라 부른다. 잠언과 욥기와 전도서가 그것이다.

지혜의 두 종류

이 지혜서는 크게 두 가지로 나뉜다. 한쪽에는 규범적 지혜(Standard Wisdom)가 있고, 다른 쪽에는 반성적 지혜(Speculative Wisdom)라 불리는 것이 있다. 규범적 지혜란, 세상에는 하나님께서 정하신 규범, 즉 패턴이 있다는 것이다. 아침에 해가 뜨고 밤이 되면 어두워지고, 봄, 여름, 가을, 겨울 같은 계절의 변화가 있고, 먹을 것이 풍성한 계절이 있으면 춥고 배고픈 시절이 오는 것이 이러한 패턴이다. 이 패턴을 잘 알고 미리 대비하는 사람이 지혜로운 사람이고, 이 패턴을 모르거나 알고도 따르지 않는 사람은 무지하고 아둔한 사람이다. 성경 중 잠언이 이러한 규범적 지혜를 설명하는 책이다. 이 패턴의 중심에는 '뿌린 대로 거둔다'라는 규범이 자리잡고 있다. 콩을 심으면 콩이 나고 팥을 심으면 팥이 나는 것처럼, 좋은 것(선)을 심으면 그 열매도 선한 것이고, 악한 것을 뿌리면 그 결과가 나쁠 수밖에 없다.

이에 반해, 반성적 지혜는 규칙에 예외가 있다는 것을 알려주거나, 규범적 지혜가 말하는 패턴을 다른 시각, 다른 관점에서 바라보는 지혜이다. 욥기는 전자의 지혜를 말한다. 대부분의 경우 규범적 지혜의 패턴이 적용되지만, 아주 자세히 현미경으로 들여다보면 그 패턴에 어긋나는 예외도 존재한다는 점을 지적한다. 욥처럼 아무 잘못이 없는 사람에게도 불행과 고난이 닥치는 경우가 있다. 그러므로 하나님의 운행하심과 창조 세계에서 벌어지는 모든 것을 인과응보의 원리 하나로 설명할 수 없다는 것이 욥기의 반성적 지혜이다. 하나님은 주시기도 거두시기도 하고(욥 1:21), 복을 주시기도 하고 화를 주시기도 하는 분이라는 욥의 고백(2:10)은, 하나님은 뿌린 대로 거두는 규범적 지혜의 원리를 초월한 분이라는 신앙고백이자 신학적 진술이다.

　전도서도 인과응보의 원리를 반박한다는 점에서는 욥기와 마찬가지로 반성적 지혜에 속해 있다. 그러나 욥기가 인과응보에 예외가 있다는 것에 초점을 맞춘다면, 전도서는 규범적 지혜의 몇 가지 전제들을 반성적 시각으로 되짚어 본다. 첫째, 규범적 지혜가 규정하는 선과 악의 이분법에 의문을 제기한다. 아주 긴 시간(영원)의 관점에서 보면 생명과 죽음, 건강과 질병 등을 좋고 나쁨의 선악 이분법으로 바라볼 수 없다. 둘째, 전도서는 하나님의 무한하심과 인간의 유한성을 극명하게 대비시킨다. 따라서 하나님께서 정하신 패턴은 영원하지만, 아주 짧은 인생을 사는 인간은 그 패턴을 알 수 없다는 점을 강조한다. 규범(패턴)이 있다는 점에서는 규범적 지혜와 한목소리를 내지만, 그 규범을 인간이 제대로 파악하고 예측할 수 없다는 점에서는 규범적 지혜와 차이를 보인다.

전도서가 대화 상대로 상정하고 있는 규범적 지혜

전도서는 규범적 지혜가 간과하고 있는 부분들을 다루고 있는 반성적 지혜이므로, 우선 전도서가 어떤 규범적 지혜를 그 대화 상대자로 상정하고 있는지 파악해야 한다. 잠언은 (1) 창조 세계의 지배적인 원리로서의 인과응보 사상을 그 기반으로 한다는 점, (2) 선과 악의 기준과 그 사이의 경계선이 명확하다는 점, (3) 하나님께서 정하신 패턴을 인간이 (쉽지는 않지만) 알 수 있다고 말한다는 점에서 규범적 지혜라 할 수 있다.

그러나 전도서의 반성적 지혜가 비판하고 있는 규범적 지혜는 잠언이 말하는 지혜와는 차이가 있다. 첫째, 재물과 부요에 대한 관점이 다르다. 전도서가 반성의 잣대를 들이대는 상대는 인과응보의 결과로 얻는 재물과 부요에 가장 많은 가치를 두는 신학이다. 쉽게 말하면, 하나님의 뜻을 알고 잘 따르면 그 결과로 부자가 된다는 일종의 '번영신학'(prosperity theology)이다. 이 규범적 지혜에서 의인/지혜자임을 판단하는 기준은 "재물과 부요와 존귀"(전 6:2), 많은 자녀와 장수와 행복(6:3), "좋은 기름"과 생명, 잔치, 웃음(7:1-3) 등이다. 이것들을 가지고 있어야 하나님의 복을 받은 의인이자 지혜자임이 입증된다. 그러나 잠언은 재물과 부요를 의인/지혜자에게 주어지는 하나님의 선물이자 당연한 결과로 이해하면서도 동시에, 재물의 위험성에 대해 마찬가지로 경고한다(잠 11:28; 13:8; 14:24; 22:1; 23:4;

28:20; 30:8). 재물은 그것이 누구의 손에 있느냐에 따라 좋은 것일 수도 나쁜 것일 수도 있다(14:24). 잠언은 재물을 의지하지 말라고 말하며(11:28), 부 자체에 삶의 목적을 두지 말라고 가르친다(23:4; 28:20). 둘째, 잠언이 중요하게 여기는 가치들에 대해 전도서가 특별히 언급하지 않는 경우가 있다. 예를 들어, 타인을 속이고 거짓말하는 것, 타인에 대한 폭력 등 이웃과의 상호 관계를 해치는 행위들을 잠언은 '악'으로 규정한다(잠 1:11-18; 3:29-31; 6:16-19; 9:15-17; 11:1, 9, 12 등). 그러나 전도서에는 이러한 이웃과의 관계에 대한 언급이 거의 없다. 이것은 전도서가 비판하는 규범적 지혜가 개인주의적인 인과 응보 사상이라는 것을 말해준다.

위의 두 가지를 종합하자면, 전도서의 '가상의 독자'는 우선 규범적 지혜에 익숙한 사람이다. 이 규범적 지혜는 정확히 잠언이라기보다는 개인주의화되고 세속화된 형태의 기복신앙 혹은 번영신학에 가깝다. 즉, 지혜가 제시하는 규범을 잘 따르면, 생명과 장수, 재물과 자녀의 복을 누리게 된다는 신앙이다. 전도서의 잠재적 독자는 스스로를 이러한 규범을 잘 알고 따르는 의인/지혜자로 여기거나, 그러한 지혜를 얻어 지혜자가 되기 위해 (그리하여 "부자"가 되기 위해) 노력하는 사람으로 추정된다. 이러한 생각을 가지고 있는 독자들에게 전도서는 그것이 과연 지혜일까를 되묻는다는 점에서 '반성적'이다.

주요 내용

전도서의 전체 구조는 크게 두 부분으로 나누어진다. 1-3장은 반성적 지혜의 신학적 전제들을 규정하고 설명한다. 4-12장은 무엇이 지혜이고, 무엇이 무지한 것인가에 대해 새롭게 정립한다.

전도서의 반성적 지혜의 신학적 전제: 하나님의 무한성과 인간의 유한성

전도서의 반성적 지혜를 올바로 알기 위해서는 잠언의 규범적 지혜와 비교해야 한다. 두 지혜 사이의 비교 대상은 크게 세 가지로 나눌 수 있다: (1) 하나님의 절대주권, (2) 하나님의 절대선, (3) 하나님께서 정하신 규범에 대한 인간의 인식 가능성. 잠언과 전도서 모두 하나님께서 온 세상 만물을 창조하시고 그 창조 세계는 하나님이 정하신 규범대로 운행된다는 절대주권 개념을 가지고 있다. 다만, 잠언은 그 규범을 '뿌린 대로 거둔다'라는 인과응보의 원리에 한정하여 설명한다. 이 인과응보의 원리를 위해서 우선 전제되어야할 것은 선과 악 사이의 명확한 경계선이다. 무엇이 좋고 무엇이 나쁜지가 분명해야 한다. 그리고 하나님께서 정하신 규범을 인간이 알 수 있어야 한다. 그 규범은 하나님의 말씀(성경)과 자연 현상에 대한 관찰, 그리고 선조들의 가르침을 통해 배울 수 있다. 규범을 아는 것이 지혜이고, 규범을 알지 못하거나 알아도 그 규범에 따라 행동하지 않는 것이 무지(우매)이고 교만이다.

　그러나 전도서는 규범적 지혜의 뿌린 대로 거둔다라는 원리를 다음과 같은 반성적 시각으로 다시 살펴본다. 첫째, 현실에서는 선과 악의 경계선이 그렇게 명확하지 않다. 선에도 악이 있을 수 있다. 선하기만 하고 악한 일을 한 번도 하지 않은 사람은 아무도 없다. 둘째, 의인/지혜자도 악인/우매자도 모두 죽음이라는 결말을 똑같이 맞이한다(잠언과 같은 규범적 지혜는 의인/지혜자에게도 죽음이 임한다는 이야기를 하지 않는다). 셋째, 생명과 죽음, 질병과 회복 등은 한 사람의 인생 안에서 본다면 선악의 가치판단을 할 수 있겠지만, 아주 긴 시간의 관점에서 보면 좋고 나쁨을 말할 수 없다. 그것은 집을 짓고 허물고, 돌을 던지고 거두어 모으는 것과 마찬가지로 하나님께서 정하신 때에 일어나는 일일 뿐이다. 넷째, 태초부터 하나님께서 정하신 영원하고 불변하는 규범이 있지만, 영원에 비해 극히 짧은 인생을 사는 인간은 그 규범의 전모를 파악할 수 없다.

　이러한 전도서의 반성적 지혜를 이해하는 핵심 단어는 **헤벨**(הֶבֶל)이다. **헤벨**은 숨이나 입김, 안개같이 잠깐 존재했다가 사라지는 것이라는 어원적 의미를 지닌다. 시편 62:9의 "입김"과 잠언 21:6의 "안개"가 모두 **헤벨**을 번역한 것이다. 성경 인물 중에서 아벨의 히브리어 이름이 바로 **헤벨**이다. '헛되다, 무의미하다, 쓸모없다' 등은 잠깐 있다 사라지는 것에 대한 부차적인 파생 의미이다. 즉, 일차적인 의미는 잠깐 존재했다가 사라지는 것을 단순히 묘사하는 것이고, 이차적인 의미는 '잠깐 존재하는 것은 허무하고 무의미하다'라는 가치판단이 개입된 것이다. 그러나 잠깐 있다 사라지는 모든 것이 곧 무의미하고 헛된 것은 아니다. 입김이나 안개가 무의미하고 헛된 것은 아니다. 마찬가지로, 아벨은 비록 성경에 잠깐 등장했다 사라지지만 그의 인생에 허무하고 무의미하다는 가치판단을 내릴 수는 없다.

이 **헤벨**이라는 단어가 전도서의 반성적 지혜가 규정하는 인간의 본질이다. 하나님의 시간인 영원(םלוֹע올람)에 비하면 한 사람의 생명은 마치 김이 서렸다 사라지고 바람이 스쳐 지나가는 것처럼 아주 짧은 순간에 불과하다. 이러한 인간이 크신 하나님께서 창조하신 규범(패턴)을 파악하는 것은 불가능하다. 규범을 아는 것이 지혜라고 한다면 어느 누구도 지혜자라 할 수 없다. 인간 안에서의 차이 역시 아주 긴 시간의 관점에서는 그렇게 중요하지 않게 된다. 하나님의 관점, 즉 무한히 긴 시간(올람)의 관점에서는 지혜자나 우매자나 그리 대단한 차이가 나지 않는다. 잠시 스쳐가는 생명체라는 점에서 인간과 동물도 별 차이가 없다.

전도서의 반성적 지혜—무엇이 지혜인가

하나님의 창조 세계를 잠시 스쳐 지나가는 존재(**헤벨**)인 인간의 한계성을 바탕으로, 전도서는 하나님의 영원(**올람**)한 규범(패턴)을 인간이 이해할 수 없다고 전제한다. 여기에서 출발하여 전도서의 대안적/반성적 지혜가 제시된다. 첫째, 패턴을 예측하며 미래를 대비하는 것은 오히려 아둔한 것이다. 규범을 알고 패턴을 예측하여 미래를 대비하는 것이 규범적 지혜의 핵심이다. 그러나 전도서의 관점에서는 알 수 없는 미래를 인과응보의 원리로 예측하는 것은 오히려 무지/우매한 일이 된다.

둘째, 모든 경우에 대비하는 것이 지혜로운 것이다. 미래를 예측할 수 없다고 해서 미래를 대비하지 말라는 것이 아니다. 오히려 전도서의 반성적 지혜는 모든 가능성에 대비하라고 가르친다. 악인/우매자에게만 죽음, 고통, 질병이 온다는 규범적 지혜와는 다르게, 전도서는 누구에게든 불행이나 질병, 고난이 찾아올 수 있다고 말한다. 패턴을 예측할 수 없기 때문에 그 고난이 언제 찾아올지도 알 수 없다. 따라서 언제든 어려움이 닥칠 수 있다는 것을 알고 여러 가능성을 미리 대비하는 것이 지혜이다.

셋째, 인생이 길지 않다는 것, 언제든 죽을 수 있는 존재라는 것을 항상 염두에 두는 것이 지혜이다. '**헤벨**'은 전도서 전체를 관통하는 핵심 주제어이자 인간 존재의 본질로서, 인생이 계속될 것이라고 생각하고 미래를 준비하는 것은 지혜가 아니다. 자신이 언제든 죽을 수 있다는 것을 인지하는 것이 지혜이기 때문에 지혜자의 마음은 잔칫집이 아니라 초상집을 향해 있다.

넷째, 지금 현재 주어진 것에 만족하고 '지금 여기'의 삶에 집중하는 것이 지혜이다. 규범적 지혜는 과거로부터 패턴을 배우고 다가올 미래를 대비한다. 그러나 금세 사라지는 입김이나 스쳐 지나가는 바람 같은 짧은 인생을 살면서 올지 안 올지 알 수 없는 미래에 초점을 맞춰 살아가는 것은 지혜가 아니다. 현재에 주어진 일에 만족하면서 옆에 함께 있는 사람들을 사랑하며 행복하게 사는 것이 지혜이다. 전도서의 반성적 지혜는 규범적 지혜가 간과하고 있는 '지금 여기'(*hic et nunc*)의 가치를 되살린다.

현대적 적용: 반성적 지혜가 주는 신앙적 유익

규범적 지혜의 선악 가치관은 21세기를 살아가는 우리에게도 여전히 유효하다. 미움보다는 사랑이, 전쟁보다는 평화가, 거짓보다는 정직이, 정죄보다는 용서가 우리의 인간관계와 창조 세계를 움직이는 기준이어야 한다. 마찬가지로 전도서의 반성적 지혜 역시 여전히 유효하다. 창조주 하나님에 대한 인식과 피조물로서의 우리 자신의 한계성, 그리고 겸손하고 성숙한 신앙인이 가져야 할 타인과 주변에 대한 자세에 관해 지금도 큰 울림을 주고 있다.

첫째, 반성적 지혜는 '나'를 중심으로 하는 개인주의적 신앙에서 벗어나게 한다. 내게 좋은 일이 하나님께도 좋은 일이라고 할 수 없으며, 내게 나쁜 일이 곧 하나님께도 나쁜 일이라고 할 수 없다. '좋으신 하나님'이라는 표현이 곧 '내게 좋은 것을 주시는 하나님'이라는 뜻이 아니다. 마찬가지로, 나의 개인의 삶에 안 좋고 불행한 일이 닥친다고 해도 그것을 곧 하나님의 징벌로 해석할 수 없다. 하나님은 모든 것을 각각의 때에 알맞고 적절하게("아름답게") 행하시는 분이다. 좋고 나쁨의 기준이 나 자신에게 있지 않다. 전도서의 반성적 지혜는 긴 호흡으로 역사 속에 운행하시는 하나님의 일을 바라보게 한다. 한 사람의 인생에 한정된 근시안적인 신앙관이 아니라, 천지창조로부터 이어지는 긴 시간의 흐름 속에서 하나님과 창조 세계를 이해하는 거시적 안목을 제공한다.

둘째, 이와 연결하여, '인간중심적 신앙'에서 벗어나게 한다. 성경 속에는 인간의 가치를 다른 피조물보다 훨씬 높게 평가하는 구절들이 많이 있다. 인간은 하나님의 형상으로 창조됐고, 다른 피조 세계를 다스리는 역할을 부여 받은 존재로 그려진다. 그러나 동시에 다른 동물들과 마찬가지로 흙으로 지음 받았고 결국 흙으로 돌아갈 존재라는 인간 이해 역시 공존한다. 전도서의 인간관은 인간이 하나님의 창조 세계에 잠시 머물다 가는 존재(헤벨)라는 점에서 동물과 아무런 차이가 없다는 사실을 강조한다. 창조 세계의 주인이자 주인공은 하나님이지 인간이 아니라는 사실을 반성적 지혜는 일깨운다.

셋째, '교만'과 '겸손', 하나님에 대한 '경외'를 재해석한다. 규범적 지혜는 하나님이 패턴을 만드셨기 때문에 그 패턴을 잘 알고자 하는 것이 하나님에 대한 경외이자 하나님 앞에서의 겸손이라고 말하는 반면, 전도서의 반성적 지혜는 인간이 하나님의 패턴을 알 수 없기 때문에 하나님은 두려운 분이라고 말하고 있다. 인간이 하나님 앞에서 겸손할 수밖에 없는 이유는 하나님을 온전히 알 수 없기 때문이다. 잠언이 하나님을 아는 것이 하나님에 대한 경외이자 그분 앞에서의 겸손이라고 말할 때, 전도서는 하나님을 모르기 때문에 그분을 두려워하고 그분 앞에 겸손할 수밖에 없다고 가르친다. 규범적 지혜의 '겸손'은 반성적 지혜에서 '교만'이 된다. 잠언의 지혜는 하나님을 아는 지식에서 출발하지만, 전도서의 지혜는 하나님을 알 수 없다는 무지의 자각에서 출발한다. 하나님의 크심을 알고 자신의 작음을 아는 것이 성숙한 신앙의 출발점이다.

더바이블 오리지널 전도서

전도서 1장 1-11절

1장은 하나님의 영원성(עוֹלָם올람)과 인간의 유한성(הֶבֶל헤벨)을 대비하는 전도서의 핵심 주제를 밝히며 시작한다. 전도서의 지혜를 이해하는 데 있어 가장 중요한 것은 아주 오랜 시간 지속되어 온 창조의 패턴에 속한 것과, 그 창조 세계에 잠시 머물다 사라지는 것들을 구별하는 것이다. 해(3절)와 땅(4절), 바람(6절)과 강물과 바다(7절) 등 창조 세계의 패턴은 영원의 세계(올람)에 속해 있는 반면, 세대(4절)와 사람(8절)은 헤벨에 속해 있다.

더바이블 오리지널 전도서 1장 1-11절

전도서의 저자

1   예루살렘의 왕이자 다윗의 자손인 **코헬렛**의 말이다.

인간의 유한성

2   "잠깐 있다 사라지는 것들이다", **코헬렛**이 말한다.

"잠깐 있다 사라지는 것들이다. 모든 것은 잠깐 있다 사라진다."

3   해 아래에서 인간이 아무리 온갖 수고를 한다 해도 과연 무엇을 남길

수나 있을까?

4   한 세대가 가고 다른 세대가 와도 이 세상은 변함없이 그대로 서 있다.

1절   코헬렛의 말이다//[개역]전도자의 말씀이라: 우리말로 '도를 전하는 자'로 번역된

히브리어는 **코헬렛**(קֹהֶלֶת)이다. '불러 모으다'라는 어원에서 파생된 단어로

서, 사람들의 회합을 주도하고 그 모임에서 발언을 하는 사람을 뜻한다.

2절   잠깐 있다 사라지는 것들이다//[개역]헛되고 헛되며 헛되고 헛되니 모든 것이 헛되도

다: **헤벨**(הֶבֶל)은 '숨, 입김, 안개, 이슬' 등 잠깐 있다가 사라지는 것을 의미

한다. 이러한 구체적이고 일차적 의미에서 '헛되고 무의미하다'라는 이차적인

의미가 파생된다.

3절   무엇을 남길 수나 있을까//[개역]무엇이 유익한가: **이트론**(יִתְרוֹן)은 '남다, 남겨지

다'라는 어원적 의미를 가진다. **이트론**에는 무엇인가 남아있는 상태를 나타

내는 구체적이고 일차적인 의미(사실에 대한 묘사)가 있고, 거기에서 파생된

"유익"(개역개정), "보람"(공동번역, 새번역) 등의 추상적이고 가치판단이

반영된 이차적인 의미가 있다. "무엇이 유익한가"라는 표현은 수사의문문

(rhetorical question)으로서, '**이트론**은 없다', 즉 '아무것도 무엇인가를 남기

지 않는다'는 뜻이다.

4절   한 세대가 가고 다른 세대가 와도//[개역]한 세대는 가고 한 세대는 오되: "세대"로

하나님의 영원성

5　해는 떴다가 진다. 원래의 자리로 돌아가서 사그라졌다가 거기로부터 다시 빛을 발한다.

6　바람은 남쪽으로 갔다가 북쪽으로 돌아온다. 바람은 돌고 돌다가 그 돌던 자리로 돌아간다.

7　강물은 모두 바다로 흘러간다. 그래도 바다를 다 채우지는 못한다. 강물도 흐르던 거기로 돌아가 다시 흐른다.

8　이런 모든 것들이 지쳤다고는 어느 누구도 말할 수 없다. 만물이 힘 들어 운행을 멈춘 것을 어느 눈도 본 적이 없고 어느 귀도 들은 적이 없다.

9　이미 존재한 것이 또 존재한다. 이미 행해진 것이 또 행해진다. 해 아

번역된 **도르**(דּוֹר)는 사람의 한 세대(보통 30-40년 정도)를 가리킨다. '세대'는 한 개인의 관점에서는 긴 시간일 수 있으나, 하나님의 시간인 영원(עוֹלָם 올람)의 관점에서는 잠깐 있다 스쳐가는 시간(הֶבֶל헤벨)일 뿐이다.

4절　이 세상은 변함없이 그대로 서 있다//^{개역}땅은 영원히 있도다: 여기서 "땅"(אֶרֶץ 에레쯔)은 지구 전체, 온 세계를 뜻한다. "영원"(עוֹלָם올람)은 잠깐의 순간을 나타내는 **헤벨**과는 대립되는 아주 긴 시간을 나타낸다.

8절　이런 모든 것들이 지쳤다고는 어느 누구도 말할 수 없다//^{개역}모든 만물이 피곤하다는 것을 사람이 말로 다 말할 수는 없나니: **야게아**(יָגֵעַ)는 지치고 기력이 쇠함을 뜻한다. 여기서의 "만물"은 "해"(5절), "바람"(6절), "강물"(7절) 등 "땅"(4절)에서 발생하는 자연현상을 가리킨다.

9절　해 아래 새로운 것은 없다//^{개역}해 아래에는 새 것이 없나니: "새 것"(חָדָשׁ하다쉬)은 **이트론**(יִתְרוֹן)과 더불어, 하나님의 창조 원리(패턴)에 새로이 더해지는 것을 뜻한다. 새로운 것이 없다는 것은 창조의 패턴이 변하지 않는다는 영원성을 나타낸다. 이것은 만물의 원리를 정하신 하나님의 절대주권을 강조하는 표현이다.

래 새로운 것은 없다.

10   누군가가 무언가를 보고 "봐라, 이것은 새로운 것이다"라고 말한다

해도, 그것은 우리보다 훨씬 이전부터 이미 있어 왔던 것이다.

11   (사람들이 그렇게 말하는 것은) 예전에 있던 것들을 모르기 때문이다. 또

한 나중에 벌어질 일들도 모르기 때문이다.

전도서 1장 1-11절 해설

전도서를 어느 특정 시기에 한정해서 이해하려는 시도는 지혜 장
르로서 전도서가 가지는 폭넓은 범용성을 축소시키는 것이다. 지혜
장르는 시대와 역사, 문화를 초월하는 인류 공통의 경험에 기반을
두고 있다. 거대한 창조 세계 속에서 자그마한 피조물인 인간의 가
능성과 한계에 대한 물음은 인류 역사 어느 시점에서도 항상 되물
어 온 것이다. 따라서 전도서의 배경을 왕조시대나 바빌론 포로기,
제2성전기 등에 한정해서 본문의 의미를 도출할 필요는 없다.

1절 전도서의 저자
지혜의 화신인 솔로몬이 기술한 것으로 알려져 있고, 전도서 스스

11절 예전에 있던 것들을 모르기 때문이다//개역이전 세대들이 기억됨이 없으니: "기억
됨"(זִכָרוֹן지카론)은 **이트론**이나 **하다쉬**와 병행되는 단어로서 의미의 범주가
동일하다. 즉, 사람이 하나님의 창조 원리에 변화를 줄 만큼의 어떤 새로운
것이나 기억될 만한 것을 남기지 못한다는 의미이다.

로도 "다윗의 아들 예루살렘의" 왕(1:1)이라는 표현으로써 솔로몬의 저작이라는 것을 유추하도록 만든다. 그러나 (1) 잠언이나 아가서와는 다르게 저자가 솔로몬이라는 것을 명시하지 않는다는 점, (2) "다윗의 아들"이라는 히브리어 표현(בֶּן־דָּוִד벤-다비드)이 다윗의 친아들만이 아니라 다윗의 후손이라는 넓은 의미로 쓰인다는 점, (3) (페르시아 시대의) 제국 아람어의 영향이나 미쉬나 문헌과의 언어적 유사성 등 후대성경히브리어(Late Biblical Hebrew)의 특징이 많이 나타나는 점 등에서 전도서를 솔로몬의 저작으로 보기 어려운 부분도 존재한다. '도를 전하는 자'라는 "전도자"라는 번역어가 강조하는 것처럼, **코헬렛**이 전하고자 하는 '도'가 무엇인가를 이해하는 것이 핵심이다. **코헬렛**이 솔로몬인지 아닌지, 어느 시대 사람인지는 부차적인 문제이다. 반드시 솔로몬이 써야만 전도서가 의미가 있고, 솔로몬이 쓰지 않으면 아무 가치가 없는 글이 되는가? 그렇지 않다. **코헬렛**이 말하는 지혜는 지금 우리에게도 여전히 유효하다.

2-4절 인간의 유한성

전도서의 시각과 관점을 이해하는 데 있어 가장 중요한 첫 단추는 **헤벨**(הֶבֶל)의 의미를 잘 파악하는 것이다. **헤벨**은 숨이나 입김, 안개같이 잠깐 존재했다가 사라지는 것이라는 어원적 의미를 지닌다. 시편 62:9("사람은 입김이며 … 저울에 달면 그들은 입김보다 가벼우리로다")의 "입김"과 잠언 21:6("속이는 말로 재물을 모으는 것은 죽음을 구하는 것이라 곧 불려다니는 안개니라")의 "안개"가 모두 히브리어 **헤벨**을 번역한 것이다. '헛되다, 무의미하다, 쓸모없다' 등은 잠깐 있다 사라지는 것에 대한 부차적인 파생 의미이다. 즉, 일차적인 의미는 잠깐 존재했다가 사라지는 것을 단순히 묘사하는 것이고(descriptive), 이차적인 의미는 '잠깐 존재하는 것은 허무하고 무의미하다'라는 가치판단(value judgment)이 개입된 것이다.

그러나 잠깐 있다 사라지는 모든 것이 곧 무의미하고 헛된 것은 아니다. 전도서에서 이 단어는 일차적이고 구체적인 의미('잠깐 있다 사라지는 것')와 부차적이며 추상적인 의미('헛되다, 무의미하다, 쓸모없다')가 복합적으로 혹은 중의적으로 쓰인다. 전도서의 독자는 각각의 경우에 **헤벨**의 어떤 의미가 강조되고 있는지를 문맥 속에서 파악해야 한다.

헤벨의 반대말은 **올람**(םֹלוָע)이다. 주로 "영원"(eternity)으로 번역되는데, 미래지향적 세계관을 가지고 있는 현대인들에게 영원은 우선적으로 무한히 먼 미래와 연결되어 있다. 그러나 과거지향적인 고대 이스라엘인들에게 영원은 아주 먼 과거를 의미한다. **올람**의 어원은 '가려진 것, 숨겨진 것'으로서, 아주 먼 옛날, 태고(太古)를 뜻한다. 신명기 32:7의 "옛날을 기억하라"에서 "옛날"은 **올람**을 번역한 것이다(참조, "아득한 옛날을 회상하여 보아라", 새번역). 따라서, "땅은 영원히 있도다"(4절)라는 표현은 우리가 사는 지구가 무한히 먼 미래에까지 존재할 것이라는 뜻보다는, 천지창조의 순간부터 지금까지 아주 오랜 시간 변하지 않고 존재해 왔다는 것을 의미한다.

"유익"(개역개정) 혹은 "보람"(새번역, 공동번역) 등으로 번역되는

이트론(יִתְרוֹן)의 어원은 '남다, 남겨지다'이다. 한 인간의 삶의 과정에 초점을 맞추는 욥기와는 다르게, 전도서는 여러 세대에 걸친 아주 긴 시간을 사유의 대상으로 삼고 있다. **이트론**은 한 개인의 삶에 유익이 되거나 보람된 일을 의미하기보다는, 아주 긴 역사 속에서 하나님께서 정하신 패턴에 변화를 줄 수 있을 만한 것을 "남김"을 뜻한다. 전도자는 하나님의 창조 세계에 잠깐 머물다 떠나는(**헤벨**) 인간은 아무리 열심히 노력한다 해도 바꿀 수 있는 것을 남기지 못한다고 선언한다.

5-8절 하나님의 영원성: 창조 원리(패턴)의 불변성

전도자는 현상 세계를 **올람**에 속한 것과 **헤벨**에 속한 것으로 나눈다. **올람**은 하나님께 속한 영역으로서, 천지창조 때부터 지금까지 변함없이 계속되는 것을 뜻한다. 해가 뜨고 지는 것, 바람이 여기저기로 부는 것, 강물이 바다로 흘러가는 것 등이 여기에 속한다. 이렇게 긴 시간 동안 변하지 않는 창조 세계를 잠깐 살다가 사라지는 (**헤벨**) 존재가 바로 사람이다. 전도서의 핵심 주제이자 가장 근본적인 전제는 하나님과 인간을 극명하게 대비하는 것이다. 하나님의 크심과 그의 창조 세계의 영원성 혹은 무한성이 한 축에 있고, 그 세계에 잠시 머물다 가는 존재인 인간이 반대편에 위치하고 있다.

8절의 "모든 만물이 피곤하다"(כָּל־הַדְּבָרִים יְגֵעִים 콜-핫데바림 여게임)라는 문장을 이해하는 방법은 크게 두 가지이다. 첫째는, 이 문장을 독립적이고 단정적인 진술로 해석하는 것이다. 이 해석은 1:2의 "모든 것이 헛되도다"라는 문장과 상응하여, 세상만사 모든 것이 다 허무하고 부질없으며, 동시에 반복되는 행위들로 피곤하고 지쳐있음을 나타낸다. 이런 관점은 전도서를 '허무주의적' 시각으로 이해하게 만든다. 또 다른 해석은 이 문장을 뒤에 이어지는 문장("사람이 말로 다 말할 수는 없나니")에 종속되는 진술로 이해하면서, 모든 만물의 운행이 지쳤다고 어느 누구도 말할 수 없다고 해석하는 것이다. 즉, 만물이 지치지 않았다는 뜻이 된다. 이러한 관점은 해와 바람과 강물 (5-7절)의 운행이 멈추지 않고 계속되는 것, 그리고 같은 일이 계속 반복되는 것(9절)과 문맥적으로 상응한다.

만물이 지쳤다는 것은 하나님이 정하신 패턴이 그 기능을 멈추는 것을 뜻하는데, 아주 짧은 삶을 사는 인간은 어느 누구도 이 패턴이 바뀌는 것을 경험한 적이 없다. 해는 언제나 뜨고 지고, 바람은 지치지 않고 계속 불며, 강물은 멈추지 않고 바다로 흐른다. 어느 눈도 어느 귀도 하나님이 정하신 창조의 패턴이 피곤해져서 더 이상 활동을 그만둔 것을 본 적도 들은 적도 없다. 따라서 8절 전반절은 만물이 지치고 피곤하다는 것을 말하고자 함이 아니라 하나님의 창조의 패턴이 지치지 않고 끊임없이 계속되고 있음을 가리킨다고 해석하는 것이 문맥적으로 타당하다.

9-11절 하나님의 영원성: 반복되는 패턴

미래에 가치를 두고 다음 세대에 관심의 초점을 두는 현대인의 미래지향적 세계관에서는 "해 아래 새 것이 없다"라는 표현은 무엇인가 새로운 것을 시도하려는 마음을 낙담시키고 좌절하게 만든다.
하지만 전도서의 유명한 이 말은 하나님께서 천지창조 때부터 정
하신 패턴은 어떠한 변화 없이 계속 반복된다는 하나님의 절대주
권을 나타내는 표현이다. 이 패턴의 세계를 잠시 살다 갈 뿐인 인간
은 어떠한 것도 남기는 것(יִתְרוֹן이트론)이 없고, 새로운 것(חָדָשׁ하다쉬)도
첨가하지 못한다.

　"기억"(זִכָּרוֹן직카론)은 과거지향적 관점에서 아주 중요한 가치를
가진다. 모세를 통해 전해진 하나님의 명령들을 기억하고, 유월절
과 초막절 등 절기를 지킴으로써 하나님의 구원하심과 광야에서의
인도하심을 기억하는 것은 이스라엘 신앙의 핵심이다. 선조와 부모
세대의 훈계와 법을 기억하고 따르는 것이 지혜에 이르는 방법이
라고 잠언은 가르친다. 그러나 전도자는 "기억됨이 없으니"라는 표
현으로 구약의 주류적인 지혜와는 결이 다른 지혜를 말한다. 하나
님께서 만드신 창조의 패턴은 변하지 않기 때문에, 이 오래된 패턴
에 잠시 머물다 가는 인간은 어느 누구도 하나님의 다스리심에 영
향을 끼칠 만한 새로운 것이나 기억될 만한 것을 남기지 못한다.

전도서 1장 12-18절

전도자는 1:2-11의 선언(모든 것은 헤벨이다)에 이르게 된 과정을 설명하면서 동시에 그 진술의 신뢰성을 부여하고자 한다. 왕으로서 코헬렛은 모든 일을 면밀히 살피고 선조들의 지혜를 섭렵했다. 이렇게 하여 모든 것이 잠시 있다 사라지는 것이라는 통찰을 얻었고, 하나님께서 정하신 패턴을 인간이 바꿀 수 없다는 것을 깨닫는다. 전도자는 이러한 지혜의 깨달음이 무척 고통스러운 것임을 토로한다.

더바이블 오리지널 전도서 1장 12-18절

왕으로서 모든 지혜와 지식을 섭렵한 전도자

12   **나 코헬렛**은 예루살렘에서 이스라엘을 다스리는 왕이었다.

13   나는 모든 지적 능력을 다 쏟아 해 아래에서 벌어지는 모든 일에 대한 지혜를 찾아다니고 되짚어 보았다. 그것은 정말 최고로(직역: 하나님께서 주신) 고통스러운 일이었다.

바꿀 수 없는 패턴 속을 살아가는 인간

14   해 아래에서 행해지는 모든 것을 내가 보니, 모든 것은 잠시 있다 사

13절   모든 지적 능력을 다 쏟아//^{개역}마음을 다하여: 원문의 표현은 '내 심장/마음을 (연구하는 데) 주었다'로서, '모든 지적 능력을 다하여'로 해석해야 한다. 머리는 인지 능력, 심장(마음)은 감정이라는 현대인의 이분법은 히브리어에서는 나타나지 않는다. 심장(לֵב레브)이 전인적인 인지적 능력을 나타내는 표현으로 사용된 경우는 특히 전도서에 많이 나온다(1:7, 16-17; 2:3; 7:25; 8:9, 16).

13절   찾아다니고 되짚어 보았다//^{개역}연구하며 살핀즉: **다라쉬(דרש)**와 **투르(תור)**가 평행어로 함께 사용되어 의미를 강조하고 있다. **다라쉬**는 '뒤쫓다, 찾아 다니다, 질문하다' 등의 의미로 쓰이는데, 어원은 발자국을 뒤쫓는 행위를 뜻한다. **투르**는 다시 되돌아간다는 뜻이다. 이 둘이 함께 쓰여 면밀히 살펴서 재확인하는 것을 나타낸다.

13절   고통스러운 일이었다//^{개역}이는 괴로운 것이니: **인얀 라아(עִנְיַן רָע)**를 직역하면 '나쁜 수고, 고통'이다. **인얀(עִנְיָן)**은 성경에서 오직 전도서에서만 8번 쓰인다(1:13; 2:23, 26; 3:10; 4:8; 5:2, 13; 8:16).

14절   스쳐 지나가는 바람과 같다//^{개역}바람을 잡으려는 것이로다: **레우트(רְעוּת)**가 **루아호(רוּחַ)**와 함께 쓰이는 경우는 오직 전도서에만 나오기 때문에(1:14; 2:11, 17, 26; 4:4, 6; 6:9) 정확한 의미를 알기 어렵다. "바람을 잡으려는 것"이라는 번역은 문맥에 따른 의역이다. **헤벨(הֶבֶל)**과 동의어라고 볼 때, 바람이 스쳐

라지는 것이고 스쳐 지나가는 바람과 같다.

15   구부러진 것을 곧게 펼 수도 없고, 없는 것을 있게 할 수도 없다.

지혜와 지식은 고통스러운 것이다

16   나는 나 자신에게 말했다, "나는 예루살렘에서 나보다 앞서 있던 모든 이들보다 더 크고 더 많은 지혜를 얻었다." 그렇다, 나 자신은 정말 많은 지혜와 지식을 섭렵했다.

17   지혜에 대한 지식뿐 아니라 무지와 아둔에 대한 지식까지도 알았다. 이것들 역시 바람이 스쳐 지나가는 것이라는 것 또한 알았다.

18   지혜가 많아질수록 더욱 고통스럽다. 아는 것이 늘어날수록 더욱 괴

가는 짧은 순간을 나타내거나, 바람을 손으로 붙잡아도 아무것도 남은 것이 없고 아무것도 변한 것이 없는 상태를 가리키는 표현으로 이해할 수 있다. 또 다른 제안으로는, 숨(רוּחַ루아흐)을 내쉬는 것과 같은 짧은 순간을 의미할 수도 있다.

15절 없는 것을 있게 할 수도 없다//^{개역}모자란 것도 셀 수 없도다: **헤쓰론**(חֶסְרוֹן)은 부족한 것, 혹은 결여된 것을 나타내는 말로서, 이 문장의 의미는 존재하지 않는 것을 셀 수는 없다는 의미이다. "구부러진 것을 곧게 펼 수도 없고"라는 전반절과 함께 하나님께서 정하신 것을 인간이 변화시킬 수 없다는 것을 강조하는 표현이다.

16절 예루살렘에서 나보다 앞서 있던 모든 이들보다 더 크고 더 많은 지혜를 얻었다//^{개역}나보다 먼저 예루살렘에 있던 모든 사람들보다 낫다 하였나니: 원문의 표현은 '내 앞에'(לְפָנַי레파나이) 있던 모든 이들 위에(עַל알) 지혜를 더 크게 하고(הִגְדַּלְתִּי히그달티) 더 첨가했다(וְהוֹסַפְתִּי베호싸프티)'이다. 전도자는 그동안 있어 왔던 모든 지혜를 섭렵하고 그보다 더한 지혜를 가졌다고 말하고 있다.

17절 무지와 아둔에 대한 지식//^{개역}미친 것들과 미련한 것들을: **홀렐로트**(הוֹלֵלוֹת)와 **씨클루트**(סִכְלוּת)는 지혜와 지식의 반대말로서 가장 무지하고 아둔한 것을 의미한다.

롭다.

전도서 1장 12-18절 해설

지혜는 크게 두 가지로 나뉜다. 한 가지는 규범적 지혜(Standard Wisdom)로서, 창조주가 정한 규범(패턴)을 잘 알고 그것에 따라 미래를 예측하여 미리 대비하는 것이 지혜라는 가르침이다. 가장 중요한 규범이 '뿌린 대로 거둔다'는 규범이기 때문에 인과응보의 지혜(Retributive Wisdom)라고도 불린다. 이 반대편에 반성적 지혜, 혹은 회의적 지혜(Skeptical Wisdom)라고 일컫는 것이 자리하고 있다. 이 지혜는 규범적 지혜가 말하는 패턴이 한 치의 오차도 없이 모든 경우에 다 적용되는 기계적인 법칙이 아니라고 항변한다. 또한 하나님의 세계는 인간이 경험할 수 있는 한계를 훨씬 뛰어넘기 때문에 인간은 그 지혜의 온전한 전모를 다 파악할 수 없다고 말한다.

12-13절 왕으로서 모든 지혜와 지식을 섭렵한 전도자

전도자의 자기정체성은 "왕"이라는 신분이다. 그는 왕으로서(12절) 보통 사람들이 경험할 수 있는 것보다 훨씬 많은 경험을 했으며, 하늘 아래 벌어지는 모든 일들을 면밀히 살펴보고(13절), 지난 시간 동안 축적된 선조들의 지혜에 더하여 더욱 많은 지혜를 섭렵했다(16절). 이렇게 얻어진 지혜의 결과물로서, 모든 것은 다 잠시 있다 사라지는 것이라는 2절의 선언과 동일한 결론을 얻었고(14절), 하나님께서 정하신 패턴을 인간은 바꿀 수 없다는 것을 깨달았다(15절).

12절의 "왕이 되어"(הָיִיתִי מֶלֶךְ 하이티 멜레크)라는 표현은 두 가지로 번역할 수 있다: (1) 왕이 되었다, 혹은 (2) 왕이었다. (1)의 번역은 과거에 왕이 되어 지금까지 왕의 신분을 유지하는 것으로 이해될 수 있고, (2)의 번역은 지금은 아니지만 과거에 왕이었다고 해석될 수 있다. 이스라엘 왕의 '은퇴'나 '하야'를 상상하기는 어렵지만, 만약 전도자가 자신이 현재 왕의 신분을 유지한다는 것을 강조하고 싶었다면 굳이 완료 동사(הָיִיתִי 하이티)를 첨가할 필요가 없다. 따라서 완료 동사의 사용은 전도자가 왕으로서 경험할 수 있는 모든 것을 다 경험하고 난 이후라는 것을 강조하는 표현으로 보인다.

이 구절은 전도서의 시각과 관점을 잘 드러내준다. 전도서는 욥기처럼 한 사람의 인생, 혹은 설명할 수 없는 고난이 닥친 삶의 한 단면을 세밀히 들여다보는 것이 아니라, 여러 세대("한 세대는 가고 한 세대는 오되", 1:4)에 걸친 긴 시간과 "해 아래에서 행하는 모든 일"(1:14)을 대상으로 하여, "지금까지 있었던 모든 지혜와 지식의 총합"(1:16)을 이야기하고 있다. 욥기가 한 사람의 삶을 현미경으로 자세히 살펴보는 미시적 관점을 취한다면, 전도서는 인생의 마무리 단계에 있는 사람이 삶 전체를 회고하는 관점, 혹은 마치 높은 산 위에 올라가 저 아래에서 살고 있는 사람들을 멀찍이서 바라보는 거시적 관점을 취하고 있다.

14-15절 바꿀 수 없는 패턴 속을 살아가는 인간

욥기와 전도서는 모두 반성적 지혜에 속해 있지만 규범(패턴)을 바라보는 시각이 다르다. 욥기는 패턴의 예외를 얘기한다. 잠언(규범적 지혜)의 원리(패턴)가 적용되지 않는 예외적인 경우(의인의 고난)를 통해 규범적 지혜의 한계를 드러내고자 한다. 전도서는 규범(패턴)을 긍정할 뿐 아니라, 더 나아가 하나님이 정하신 규범은 천지창조 이래 절대 변하지 않는다는 것을 강조한다. 인간이 그 패턴을 변경할 수 없다. 하나님께서 구부러지게 창조하신 것을 곧게 펼 수 없고, 하나님께서 창조하지 않으신 것을 만들어 낼 수는 없다(15절). 패턴은 영원하고 유구하며, 인간은 잠시 왔다 사라지는 **헤벨**이기 때문이다(14절). 그런데 문제는 이것이다: 패턴은 존재하지만 인간은 그 패턴을 파악할 수 없다. 유한한 인간(**헤벨**)이 하나님의 무한한 창조의 원리(**올람**)를 파악할 수 없다는 인식의 한계를 지적하는 것이 전도서의 반성적 지혜이다.

16-18절 지혜와 지식은 고통스러운 것이다

전도자는 규범적 지혜의 선과 악, 지혜와 무지(반지혜)의 극단 모두를 경험하고 살펴본다. "미친 것들과 미련한 것들"(17절)이라고 번역된 **홀렐로트**(הוֹלֵלוֹת)와 **씨클루트**(סִכְלוּת)는 지혜와 지식의 반대말로서 가장 무지하고 아둔한 것을 의미한다. 여기서 전도자는 전통적으로 중요한 가치를 지닌 지혜와 지식뿐 아니라 그 반대의 가치 없는 것까지 다 섭렵했음을 표현한다.

전도서의 반성적 지혜를 제대로 이해하기 위해서는 반드시 잠언의 규범적 지혜와 비교하는 것이 중요하다. 왜냐하면 반성적 지혜는 규범적 지혜가 놓치고 있는 부분을 지적하고 있기 때문이다. 따라서, 전도서만 보아서는 전도서를 제대로 파악할 수가 없다.

18절의 "번뇌"로 번역된 **카아쓰**(כַּעַס)는 주로 "분노"로 많이 번역되는데, 화를 내는 것과 근심과 걱정 등 마음이 매우 불편한 상태를 나타낸다. 규범적 지혜에서 이러한 마음 상태는 무지와 악에 속한 특성이다. 잠언에서 "분노"(잠 12:16; 27:3)와 "근심"(잠 17:25; 21:19; 27:3)으로 번역됐다. **마크오브**(מַכְאוֹב) 역시 **카아쓰**와 유사한 의미를 가지고 있는 단어로서, 시편에서 "슬픔"(시 32:10; 69:27), "근심"(시 38:18)으로 번역됐다. "악인에게는 많은 슬픔(**마크오브**)이 있으나 여호와를 신뢰하는 자에게는 인자하심이 두르리로다"(시 32:10)에서처럼, 슬픔과 근심은 악인과 무지의 영역에 속해 있다. 잠언의 규범적 지혜(Standard Wisdom)에서 지혜가 있는 자는 근심에서 벗어나고 분노를 참는다(잠 12:16)고 말한다.

카아쓰(כַּעַס)와 마찬가지로 고통스러운 마음 상태를 나타내는 **마크오브**(מַכְאוֹב) 역시 규범적 지혜에서 지혜/지식의 반대말이다. 따라서 **카아쓰**와 **마크오브**로부터 벗어나는 것이 바로 지혜이다. 그러나 전도자는 지식이 더할수록 슬픔과 고통 역시 더해진다고 말한다. 전도서의 반성적 지혜는 규범적 지혜가 선명히 나누어 놓은 좋은 것(선)과 나쁜 것(악) 사이의 경계선에 '과연 그런가?'라는 의문을 제기한다. 하나님의 규범(패턴)을 아는 지혜와 지식이 많아질수록 마음의 분노와 근심이 사라지는 것도 사실이지만, 동시에 아는 것이 많을수록 생기는 슬픔과 고통이 있는 것도 진실이다. 잠언이 전자를 강조하고 있다면, 전도서는 후자를 강조하고 있다.

한 가지 덧붙이자면, "지혜가 많으면 번뇌도 많으니 지식을 더하는 자는 근심을 더하느니라"(18절)라는 표현은 지혜와 지식에 대한 일반론적 진술로 이해해 본다면, 우리 속담의 '아는 게 병이고 모르는 게 약이다' 정도에 해당하는 표현일 수 있다. 만약 18절을 전도서 1장의 문맥 안에서만 읽으면, '모든 것은 **헤벨**이다'라는 깨달음에 이르게 된 과정 속에서 받은 고통, 혹은 인간의 삶은 잠시 왔다 사라지는 것(**헤벨**)이며 그 짧은 삶 안에서 수고하고 애쓴 것이 하나님께서 정하신 영원한 규범(패턴)에 아무런 영향을 주지 못하는 것 자체가 고통스러운 깨달음이라는 것을 토로하고 있다고 볼 수도 있다.

전도서 2장 1-11절

전도자는 규범적 지혜에서 선(좋은 것)에 속한 것들을 탐구한다. 즐거움과 기쁨, 웃음뿐 아니라 건물을 세우고, 농사를 지으며, 각종 나무를 심고, 필요한 기반 시설을 구축했다. 그 결과로 누구보다 많은 재산을 소유하게 됐고 많은 노예를 거느리게 됐다. 이것은 규범적 지혜, 즉 '뿌린 대로 거둔다'는 인과응보 원칙에 합당한 결과물이다. 그러나 전도자는 여기서 그치지 않고 선한 것을 뿌린 결과물 역시 잠시 있다 사라지는 헤벨일 뿐이라는 점을 지적한다.

더바이블 오리지널 전도서 2장 1-11절

기쁨과 즐거움, 웃음도 헤벨(잠시 있다 사라지는 것)일 뿐이다

1   나는 내 심장에게 말했다.

"자, 내가 기쁨을 맛보게 해주겠다, 거기에 선한 것이 있는지 살펴보렴."

그러나 기쁨 역시도 **헤벨**(잠시 있다 사라지는 것)일 뿐이다.

2   나는 웃음에 대해 이렇게 말한다.

"그거 쓸데없는 짓이야."

기쁨에 대해서는 (이렇게 말한다).

"그게 대체 뭘 할 수 있는데?"

3   나는 최선을 다해 연구했다.

1절   나는 내 심장에게 말했다//^{개역}나는 내 마음에 이르기를: 직역하면 '나는 내 심장
        에게 말했다'이다.

1절   기쁨을 맛보게 해주겠다, 거기에 선한 것이 있는지 살펴보렴//^{개역}시험 삼아 너를
        즐겁게 하리니 너는 낙을 누리라 하였으나: 여기서 2인칭 "너"는 전도자의 '심
        장'을 가리키는 표현으로서, 자기 자신을 2인칭으로 표현하고 있다. "즐겁게"
        라고 번역된 **심하**(שִׂמְחָה)는 '기쁨'을 의미한다. 마찬가지로, "낙을 누리라"
        라고 번역된 원문 **토브**(טוֹב)는 '선함'과 '좋은 것'으로 직역된다.

2절   나는 웃음에 대해 이렇게 말한다. "그거 쓸데없는 짓이야"//^{개역}내가 웃음에 관하
        여 말하여 이르기를 그것은 미친 것이라 하였고: "웃음"(שְׂחוֹק^{세호끄})는 규범적
        지혜에서 긍정적인 가치를 지닌다. 웃음은 좋은 것이고 울음은 나쁜 것이다.

2절   기쁨에 대해서는 (이렇게 말한다)//^{개역}희락에 대하여 이르기를: 1절에서와 같이
        심하(שִׂמְחָה)가 쓰였다.

3절   와인을 깊이 음미하기도 했고//^{개역}술로 내 육신을 즐겁게 할까: 포도주(יַיִן^{야인})는
        긍정적인 가치와 부정적인 가치를 모두 지닌다. 하나님께 제물로 바치는 것
        이면서(출 29:40), 사람의 마음을 기쁘게 하는 것이고(신 14:26; 시 104:15),

와인을 깊이 음미하기도 했고 깊은 지혜로 빠져들기도 했으며

무지(어리석음)의 세계를 탐구하기도 했다.

해 아래서 짧은 인생을 사는 인간들에게 이것이 대체 유익(선)을 줄

수 있는지 내가 알 때까지.

선한 것을 행한 대가로 얻은 결과로서의 부요함

4 나는 사업을 크게 해보았다.

집을 여러 채 지어보았고

포도 농장을 크게 일구기도 했다.

5 여러 정원과 공원을 만들어

거기에 온갖 과실나무를 심기도 했고

6 많은 연못을 만들어서

거기로부터 나무들을 생산하는 산림에 물을 대기도 했고

7 종들과 여종들을 사서 내 집 식구로 삼기도 했다.

또한 내게는 소와 양과 염소의 가축 떼도 있었는데,

절기와 잔치에서 사용되며 귀한 손님에게 대접하는 것이다. 동시에, 회막에 들어갈 때에나(레 10:9), 나실인의 서약을 한 사람(민 6:3)에게 금지되는 것으로, 성경에는 그 남용의 위험성에 대한 여러 이야기가 있다(사 5:11; 28:7; 미 2:11). 특히 잠언은 포도주의 위험성과 부정적인 면을 부각시킨다(잠 23:29-35). "음녀"가 젊은 청년을 악의 길로 꼬이는 데 사용되며(9:2, 5), 사람을 거만하게 만든다(20:1). 특히 왕과 같은 지도자들에게는 금주가 권고된다(31:4). 그러나 전도서(와 아가서)는 포도주에 대해 긍정적인 가치만을 부여한다.

5절 **공원//**개역과원: **파르데쓰(פַּרְדֵּס)**는 고대 이란의 아베스타어(Avestan)에서 온 차용어로 알려져 있다. 영어 paradise(파라다이스)의 어원이기도 하다.

내 이전에 예루살렘에 살았던 그 어느 누구보다 많았다.

8   게다가 나는 은과 금, 그리고 여러 다른 지역 왕들의 귀중품들을 수

집하기까지 했고

수많은 남종과 여종들을 거느렸다.

9   나는 내 이전에 예루살렘에 있던 어느 누구보다 더 크고 더 많은 일

을 했다.

아, 진짜 이렇게 내게 지혜가 있었다.

10   내가 직접 보고 싶은 모든 것들을 하나도 빠짐없이 다 보았고,

최고의 기쁨을 누리는 것을 주저하지 않았다.

왜냐하면 내게는 이런 모든 일들이 참 기쁨이었고

그 기쁨이야말로 자신이 노동한 것에서 당연히 누려야 할 몫이기 때

문이다.

8절   수많은 남종과 여종들을 거느렸다//^{개역}처첩들을 많이 두었노라: 원문 **쉿다 베쉿**
도트(שִׁדָּה וְשִׁדּוֹת)가 무엇인지에 대해 학계의 의견이 분분하다. 문법적 형태
는 여성 단수명사와 그 단어의 여성복수형으로 되어 있기 때문에 '처와 첩들'
이라는 의역이 생겨났다. 칠십인역(LXX)은 '술관원과 여술관원들'로 번역한
다.

9절   나는 … 더 크고 더 많은 일을 했다//^{개역}내가 이같이 창성하여: "창성하여"로 번
역된 원문은 '크게 하다'(וְנָדַלְתִּי^{베가달티})와 '더하다'(וְהוֹסַפְתִּי^{베호싸프티})의 합
성어로, 동일한 표현이 1:16에 나온다.

9절   내게 지혜가 있었다//^{개역}내 지혜도 내게 여전하도다: 원문을 직역하면 '내 지혜
가 내게 서 있다'이다.

선한 행위의 결과물 역시 헤벨일 뿐이다

11 그런데 내 손으로 일군 모든 것들과 내가 한 모든 일들을 되돌아보니

아, 그 모든 것은 잠깐 있다 사라지는 것이고, 바람처럼 스쳐 지나가

는 것이며,

이 세상에 그 어떤 것도 남기지 못하는 것일 뿐이었다.

전도서 2장 1-11절 해설

1:16-17에서 전도자는 지혜를 누구보다 더 많이 경험했다고 진술한다. 그 지혜가 정의하는 좋은 것과 나쁜 것 모두가 **헤벨**이라는 것을 2장에서 더 자세히 다룬다. 우선 2:1-11은 전통적, 혹은 규범적 지혜가 규정하는 선(좋은 것)을 다루고 있다. 기쁨과 즐거움, 건축과 식목 사업 및 과수원을 가꾸는 것 모두가 선한 일들이고, 그 결과로 얻은 막대한 소유물(노비들과 가축, 보배 등)은 규범적 지혜의 선한 행위의 대가로 얻은 선한 결과이다. 인과응보의 원칙에 따라 좋은 것을 심어 좋은 열매를 맺은 것이다. 그러나 그 선한 결과도 긴 시간의 관점에서 보면 오래 지속되는 것이 아닌 **헤벨**일 뿐이다.

11절 되돌아보니//^{개역}그 후에: **우파니티**(וּפָנִיתִי)의 직역은 '그런데 나는 돌이켰다' 이다. 12절의 "내가 돌이켜"와 같은 표현으로 전도서의 회상적 성격을 잘 드러낸다.

11절 그 어떤 것도 남기지 못하는 것일 뿐이었다//^{개역}무익한 것이로다: 아무것도 남아 있는 것(יִתְרוֹן이트론)이 없다는 의미이다(전 1:3과 유사).

1-3절 기쁨과 즐거움, 웃음도 헤벨일 뿐이다

전도서 2장은 방탕할 정도로 쾌락의 극단까지 경험한 전도자가 육체적 향락의 허무함과 덧없음을 토로한 장면으로 이해되어 왔다. "낙을 누리라"(1절), "희락에 대하여 이르기를"(2절), "술로 내 육신을 즐겁게 할까"(3절) 등의 표현과, 이후에 나오는 "인생들이 기뻐하는 처첩들을 많이 두었노라"(8절) 등의 구절들이 전도자가 세속적 쾌락을 추구한 것으로 해석하게 만들었다. 그리고 이러한 세속적 쾌락의 덧없음과 무의미함을 전도서가 설파한다고 이해되어 왔다.

그러나 1절의 "즐겁게 하리니"와 2절의 "희락에 대하여"에 쓰이는 원어는 **심하**(שִׂמְחָה)이다. 이 단어는 잠언에서 좋은 것(선)이며 긍정적인 가치를 지닌다. "화평을 의논하는 자에게는 희락(**심하**)이 있느니라"(잠 12:20)와 "정의를 행하는 것이 의인에게는 즐거움(**심하**)이요 죄인에게는 패망이니라"(21:15)에서와 같이 즐거움은 지혜자의 특질이자 의인에게 주어지는 보상이다. 시편에서도 "주 앞에는 충만한 기쁨(**심하**)이 있고"(시 16:11), "그가 영원토록 지극한 복을 받게 하시며 주 앞에서 기쁘고 즐겁게(**심하**) 하시나이다"(21:6) 등에서와 같이 기쁨과 즐거움은 하나님께서 그의 백성에게 주시는 선물이다. 여기서 중요한 것은 전도서의 "낙"(1절)과 "희락"(2절)이 잠언과 시편의 "즐거움"(잠 21:15)과 "기쁨"(시 16:11)과 동일한 히브리어라는 사실이다. 개역개정의 어휘 선택은 일관되지 않다.

1절의 "너는 낙을 누리라"에서 "낙"으로 번역된 단어는 **또브**

(טוֹב)이다. 선(좋은 것)을 의미한다. "네가 공의와 정의와 정직 곧 모든 선한(**טוֹב**) 길을 깨달을 것이라"(잠 2:9)와 "지혜가 너를 선한(**טוֹב**) 자의 길로 행하게 하며"(2:20)와 같이 잠언에서는 '선함'으로 번역된 단어가 여기서는 "낙"으로 번역됐다. 참고로 3절의 "어떤 것이 선한 일인지를"에도 **טוֹב**가 쓰였다. 개역한글은 이 구절을 "어떤 것이 쾌락인지 알까 하여"로 번역하였으나, 개정판은 히브리어 원문에 충실하게 "선한 일"로 수정했다.

2절의 "웃음"(שְׂחוֹק세호끄) 역시 규범적 지혜에서는 긍정적인 가치를 지닌다. 욥기에서 규범적 지혜를 대변하는 빌닷은 "(하나님은) 웃음(세호끄)을 네 입에, 즐거운 소리를 네 입술에 채우시리니"(욥 8:21)라고 말한다. 잠언 14:13에서 웃음(세호끄)과 즐거움(심하)은 평행어로 쓰이고 있다.

포도주(יַיִן야인)는 규범적 지혜에서 긍정적인 가치와 부정적인 가치를 모두 지닌다(3절 도움말 참조). 그러나 이러한 관점과는 다르게 전도서에서는 포도주의 위험성에 대한 언급이 없다. 오히려 사랑하는 사람과 함께 즐거운 마음으로 포도주를 마시는 것이 하나님께서 기뻐하는 것이라고 한다(전 9:7; 10:19). 참고로, 아가서에서도 포도주는 사람이 누릴 수 있는 가장 좋은 것으로 묘사되며, 사랑이 얼마나 좋은가를 표현할 때 비유적으로 사용된다(아 1:2, 4; 4:10; 5:1; 7:10 등).

결론적으로, 본문에서 전도자가 추구하는 것은 육체적 쾌락이나 세속적 향락이 아니다. 오히려 규범적 지혜에서 정의하는 선한 것을 추구하는 것이다. 4절 이후에 나오는 건축업과 포도 농장(4절), 식목 사업(5-6절) 등의 예는 쾌락의 예시가 아니라 선한 것을 열심히 뿌려 선한 열매를 맺는 경우들이다. 이러한 행위들은 "어떤 것이 선한 일인지"(3절) 알아보고자 하는 마음에서 비롯된 것이다. 1장에서와 같이 전도자는 이러한 선함과 즐거움마저 아무 소용없는 일이며(2절) 오래 지속되지 못하는 **헤벨**(1절)이라고 말한다.

덧붙여 말하자면, 1절의 "나는 내 마음에 이르기를"이라는 표현은 일반적으로는 '혼잣말을 하다, 속으로 생각하다'라는 뜻이다(창 8:21; 신 8:17; 삼상 27:1; 왕상 12:26 등 참조). 전도서에서도 이런 의미로 쓰이기도 한다(2:15; 3:17-18). 그러나 여기서는 단순히 혼자 속으로 생각한 것을 의미한다기보다는, 1장의 "마음을 다하며"(13절)와 "내 마음이 지혜와 지식을 많이 만나 보았음이로다"(16절)와 어울려, 피상적인 지식이 아닌 핵심과 전모를 파악하는 전인적인 통찰과 연관되어 있다.

4-10절 선한 것을 행한 대가로 얻은 결과로서의 부요함

'뿌린 대로 거둔다'라는 규범적 지혜의 원리에 따라 전도자는 선한 것으로 규정된 것들에 최선을 다한다. 큰 사업을 벌이고 건축 사업을 시작하며 농장을 건설한다. 4절의 집과 포도원, 그리고 5절의 동산과 과원, 6절의 못과 7절의 남녀 노비들, 종들은 모두 복수명사로 되어 있고, 또한 집합명사라서 따로 복수 형태를 쓰지 않는 소 떼와 양 떼의 경우 '많이'(הַרְבֵּה하르베)라는 부사가 첨가되어 있다. 이것은 일반인은 범접하기 어려운 크기의 사업이라는 것과 전도자의 소유가 그 이전의 누구보다 많이 있다는 것을 강조하고자 함이다. 전도자는 식목 사업의 번창을 위해 저수지를 건설하여 나무에 물을 제공한다(6절). 나무가 잘 자라도록 물을 대주는 '당연한' 행위를 묘사하는 것은 심은 대로 거두는 인과응보의 원칙에 따라 사업을 진행하였음을 나타내고자 하는 의도이다. 이러한 사업들의 나열은 1장에서 언급한 "해 아래에서 수고하는 모든 수고"(1:3)의 예시들이다.

이 결과로 전도자는 그 이전의 어느 누구보다 더 많은 재산을 얻게 됐다(7-8절). "소와 양 떼"(7절), "은금과 왕들이 소유한 보배"와 "노래하는 남녀들"과 "처첩들"(8절)을 열거하는 목적은 전도자의 소유가 보통 사람이 상상하기 어려울 정도의 수준이라는 것을 강조하기 위함이다. 전도자가 이러한 소유를 얻게 된 것은 인과응보 원칙에 따른 당연한 결과이다. 규범적 지혜의 선을 극단까지 추구한 결과로 전도자는 누구보다 많이 선한 열매들을 맺게 됐다. 그 열매들이 지혜의 결과물임을 전도자는 이렇게 표현한다: "내 지혜도 내게 여전하도다"(9절).

10절의 "무엇이든지 내 눈이 원하는 것을 내가 금하지 아니하며 무엇이든지 내 마음이 즐거워하는 것을 내가 막지 아니하였으니"라는 표현은 전도자의 허랑방탕함과 향락의 추구를 나타내는 표현으로 해석할 수 있다. 하지만 하반절의 "나의 모든 수고"와 연결하여 이해한다면, 4-6절에서 언급된 각종 사업을 최선을 다해 열심히 했다는 것을 의미한다고 볼 수 있다. "나의 모든 수고로 말미암아 얻은 몫"은 7-8절에서 나열된 소유물을 가리킨다.

11절 선한 행위의 결과물 역시 헤벨일 뿐이다

전도서는 뿌린 대로 거두는 인과응보 원리 자체가 잘못됐다고 공격하는 것이 아니다. 한 사람의 인생에서 규범적 지혜의 원리가 작동하는 수많은 예가 있다. 전도자 스스로도 좋은 것들을 심어 좋은 열매를 맺었다고 고백한다. 그러나 전도자는 여기에서 멈추지 않는다. 관점을 아주 긴 시간으로 확장하여 본다면, 자신의 수고로 일군 모든 것마저 이 세상에 잠시 있다 사라지는 것이고, 한참 후에는 남아 있는 것(יִתְרוֹן, 이트론)이 아무것도 없을 것이라는 고통스러운 깨달음에 다다른다.

전도서 2장 12-17절

12절	지혜와 무지는 반복된다
13-16절	지혜자와 우매자는 모두 죽는다
17절	모든 것이 헤벨이라는 고통스런 깨달음

전도자는 지혜와 무지("망령됨과 어리석음")는 계속 존재해 왔고 이후에도 계속 있을 것이라고 말한다. 지혜로운 사람이 무지한 자보다 나은 점이 있더라도, 모두가 이 세상에 잠시 있다 사라질 존재(헤벨)라는 점에서는 아무런 차이가 없다고 토로한다. 어느 누구도 영원히 존재할 수 없고 영원토록 기억되지도 못할 것이다. 이러한 깨달음은 전도자에게는 자신의 삶을 싫어하도록 만들 정도로 무척 고통스러운 것이다.

더바이블 오리지널 전도서 2장 12-17절

지혜와 무지는 반복된다

12   지혜뿐 아니라 미친 짓들과 멍청한 짓들도 다 돌아보니,

내(직역: 왕) 뒤에 올 사람들이 할 일은 결국 모두 다 이전 사람들이 이

미 한 것들일 뿐이지 않은가!

지혜자와 우매자는 모두 죽는다

13   어둠보다 빛이 더 나은 것처럼 무지보다 지혜가 더 낫다고 하는 얘기

를 나도 잘 알고 있다.

12절 돌아보니//^{개역}내가 돌이켜: 11절과 동일한 **우파니티**(וּפָנִיתִי)가 쓰였다. 전도서
의 회상적 성격이 잘 드러나는 표현이다.

12절 미친 짓들과 멍청한 짓들//^{개역}망령됨과 어리석음: "망령됨"으로 번역된 단어는
홀렐로트(הוֹלֵלוֹת)이다. 개역개정의 1:17, 7:25, 10:13에서 "미친 것"으로 번
역됐다. 이는 "어리석음"으로 번역된 **씨클루트**(סִכְלוּת)와 함께 무지와 악, 불
의를 표현하는 말로서 지혜의 반대말이다.

12절 내(직역: 왕) 뒤에 올 사람들이 할 일은//^{개역}왕 뒤에 오는 자는 무슨 일을 행할까:
좁은 의미에서 "왕"을 전도자 자신을 가리키는 말로 보아 전도자 자신의 후
계자에 대한 구절로 이해할 수도 있지만, 역사는 되풀이된다는 일반적인 진
술로 볼 수도 있다. 전도자는 1:9-11에서 반복되는 역사에 대해 이미 언급했
다.

13절 어둠보다 빛이 더 나은 것처럼 무지보다 지혜가 더 낫다고 하는 얘기를 나도 잘 알
고 있다//^{개역}내가 보니 지혜가 우매보다 뛰어남이 빛이 어둠보다 뛰어남 같도다:
"내가 보니"는 **라이티**(רָאִיתִי)의 번역으로서, '나는 본다' 혹은 '나는 안다'로
해석할 수 있다. "뛰어남"이라고 번역된 원문은 **이트론**(יִתְרוֹן)으로 어원적
의미는 '남는 것, 남기는 것'이다.

14   지혜로운 사람은 머리에 눈이 달려있지만 무지한 자는 어둠 속을 걷
      는다고들 한다.

      그런데 마찬가지로, 모두에게 같은 일이 벌어진다는 것을 나는 알고
      있다.

15   나는 진심으로 말한다.

      무지한 자에게 벌어지는 일이 내게도 또한 일어나는데,

      내가 과연 더 지혜롭다고 할 수 있겠는가?

      나는 진심으로 말한다.

      이것 역시도 잠시 스쳐가는 것이라고.

16   어느 지혜자도 어느 어리석은 자도 영원히 기억되는 것은 아니다.

14절 그런데 마찬가지로, 모두에게 같은 일이 벌어진다는 것을 나는 알고 있다//^{개역}그
      들 모두가 당하는 일이 모두 같으리라: 16절의 죽음을 말한다. 인생은 모두 **헤
      벨**로서, 지혜가 있거나 없거나 모두의 삶은 잠깐 스쳐가는 짧은 것이라는 사
      실을 강조한다.

15절 내가 과연 더 지혜롭다고 할 수 있겠는가//^{개역}내게 무슨 유익이 있으리요: 13절의
      "뛰어남"으로 번역된 **이트론**(יִתְרוֹן)과 같은 어근의 분사형 **요테르**(יוֹתֵר)를
      "유익"으로 번역했다. 죽음은 지혜로운 사람이나 무지한 사람 모두에게 임하
      는 것이다. 지혜라고 해서 죽음을 피할 수는 없다.

16절 어느 지혜자도 어느 어리석은 자도 영원히 기억되는 것은 아니다//^{개역}지혜자도 우
      매자와 함께 영원하도록 기억함을 얻지 못하나니: "기억함"은 1:11에서와 동일하
      게 **지크론**(זִכְרוֹן)을 번역한 것이다. 원문을 직역하면 '아둔한 자와 같이 지혜
      자에게도 영원토록 기억됨이 없다'이다.

16절 아, 지혜자와 어리석은 자가 어떻게 모두 죽을 수 있단 말인가//^{개역}오호라 지혜자
      의 죽음이 우매자의 죽음과 일반이로다: "오호라"라는 감탄사로 번역된 단어는
      의문사 **에이크**(אֵיךְ)이다. 원문은 의문문으로 되어 있다: '어떻게 지혜자가
      아둔한 자와 더불어 죽을 수 있는가?' 선과 악의 구분, 지혜와 무지 사이의 구
      별이 죽음 앞에서 무의미해짐을 한탄하는 전도자의 감정을 개역개정은 "오

시간이 많이 지나면 모두가 다 잊혀질 것이다.

아, 지혜자와 어리석은 자가 어떻게 모두 죽을 수 있단 말인가!

모든 것이 헤벨이라는 고통스런 깨달음

17 그래서 나는 사는 것(생명)이 싫다.

이 지구상에 벌어지는 모든 일들이 내게는 악이다.

왜냐하면 모든 것이 잠시 있다 사라질 뿐이고, 바람처럼 스쳐가는 것

이기 때문이다.

전도서 2장 12-17절 해설

전도서 2:12-17은 **헤벨**(הֶבֶל)의 (1) 잠시 있다 사라지는 것과 (2) 헛

되고 무의미하다는 두 가지 의미가 잘 나타나는 부분이다. 사람의

일생이 영원(עוֹלָם올람)에 비하면 아주 잠깐의 순간에 지나지 않는다

고 할 때, 전통적(규범적)인 관점에서의 지혜와 무지 사이의 차이는

그리 크지 않다. 규범적 지혜의 가치관에 충실히 열심히 살아온 지

혜자도, 그렇지 않은 어리석은 사람도 모두 같은 운명을 맞이하게

되는데, 그것은 바로 죽음이다. 여기서 죽음은 한 사람의 육체적 죽

호라"라는 감탄사로 적절히 번역했다.

17절 그래서 나는 사는 것(생명)이 싫다//개역내가 사는 것을 미워하였노니: 직역하면
'나는 생명을 미워한다'이다. 생명(חַיִּים하임)은 잠언과 같은 규범적 지혜서에
서는 최고의 가치를 지닌 것이다. 잠언에서는 허용될 수 없는 표현이다.

음을 뜻한다. 영적인 죽음, 혹은 이 세상의 종말을 의미하지 않는다. 전도서는 죽음 너머의 세계를 신학적 사유의 대상으로 삼고 있지 않다.

12절 지혜와 무지는 반복된다

전도자는 선뿐만 아니라 악(무지) 또한 탐구한다. "지혜와 망령됨과 어리석음"은 규범적 지혜에서 규정하는 선과 악의 양극단을 나타낸다. 1:17에서 유사한 표현이 사용됐고, 2:1-2에서도 비슷한 표현이 나타난다. 전도자는 규범적 지혜를 두 가지 측면에서 재고해 보고 있다. 첫째는, 선악이 없어지지 않고 계속될 것이라는 점, 그리고 둘째는, 선악을 구분하는 가치 기준 자체를 문제삼는 것이다. 12절의 "이미 행한 지 오래전의 일일 뿐이리라"는 표현은 지혜와 무지가 과거에도 계속 존재해 왔고 이후에도 계속될 것이라는 점을 지적한다. 잠언의 가르침을 열심히 따른다고 해도 세상에 무지가 없어지지는 않을 것이다. 어느 때든 악도 존재하고, 아둔한 자도 존재한다.

또한 전도자는 선과 악을 나누는 기준에 대해서 문제를 제기한다. 선한 가치를 지니는 "웃음"을 "미친 것"과 동일하게 여기고, "희락"(기쁨) 역시 아무 소용이 없는 것으로 여긴다(2:2). 한 사람의 인생에서 좋고 나쁜 것들이 아주 긴 시간(올람)의 관점에서는 선악으로 판단할 수 없다는 점을 지적하기도 한다. 이 점에 관해 전도자는 3장에서 본격적으로 다룬다.

13-16절 지혜자와 우매자는 모두 죽는다

13절은 "지혜"를 "빛"에 비유하고, "우매"를 "어둠"에 비유한다. 이 것은 지극히 규범적 지혜의 표현이다(잠 2:13; 4:18; 6:23; 13:9; 20:20; 시 18:28; 19:8; 97:11; 112:4; 119:105 등). "뛰어남"이라고 번역된 원문은 **이트론**(יִתְרוֹן)으로 어원적 의미는 '남는 것, 남기는 것'이다. 여기서 중요한 것은, 전도자가 지혜가 우매보다 뛰어나다고 진술하는 것이 아니라는 사실이다. 전도자는 1:3과 2:11에서 **이트론**이 없다고 말한 다. 13절의 진술은 14절 하반절 이하와 연결해서 해석되어야 한다. 규범적 지혜의 지혜와 우매는 전도자의 시각에서는 별 차이가 없 는 것이기 때문에, 13절의 **쉐**(שֶׁ)이하 목적절 구문은 규범적 지혜에 서 말하는 일반적인 진술로 보인다. 14절 이하에서 이 진술은 부정 된다.

덧붙이자면, "내가 보니"로 번역된 **라이티**(רָאִיתִי)는 '나는 안다' 로 번역될 수 있다. 즉, 지혜가 우매보다 낫다(남는 것이 있다)는 것을 전도자가 이미 알고 있다는 표현이다. 전도자는 규범적 지혜의 가 치관을 잘 알고 있다. 그러나 인생의 짧음(헤벨), 곧 죽음 앞에서는 지혜와 우매의 차이가 없음을 토로한다. "지혜자는 그의 눈이 그의 머리 속에 있고"(14절)라는 표현은 쉽게 말하자면 눈이 얼굴에 달려 있다는 뜻이다. 이러한 표현으로 지혜를 설명하는 것은 어떤 면에 서 빈정대는 조롱의 표현일 수 있다. 우매한 자의 눈 역시 얼굴에 달려 있다.

우매자가 어둠 속에 다닌다는 표현 역시 규범적 지혜의 언어이다. "이 무리(악한 자)는 정직한 길을 떠나 어두운 길로 행하며"(잠 2:13)와 유사한 표현이다. 그러나 전도자의 말은 여기서 끝나지 않는다. 지혜는 빛이고 무지는 어둠이라 하더라도, 지혜자의 눈은 밝고 우매자의 눈은 어둡다 하더라도, 모두 죽는다는 사실에 있어서는 그들 사이에 차이가 없다.

여기서, 모두 죽는다는 당연한 사실이 왜 전도서에서 강조되고 있는가를 이해하는 것이 중요하다. 그 이유는 잠언이 이 사실에 침묵하고 있기 때문이다. 규범적 지혜의 선악 이분법에서 지혜는 생명이고 무지는 죽음이다. 선과 의의 길은 생명으로 인도하고, 악인의 길은 멸망으로 인도한다(잠 1:32-33; 10:27-28; 11:6-9). 잠언은 지혜자(의인)도 죽는다는 사실을 말하지 않는다. 전도서는 잠언이 놓치고 있는 부분을 지적하기 때문에 반성적 지혜에 속해 있다.

규범적 지혜에 따르면 지혜의 길은 생명이고, 어둠에 거하는 우매자는 멸망하고 죽는다. 그러나 전도자가 주목하는 것은 죽음은 모두에게 닥친다는 사실이다. 어느 누구보다 지혜로운(전 1:16) 전도자 자신에게도 죽음은 닥친다(15절). 아무리 지혜롭다고 해도 죽음을 피할 수 있는 것은 아니고, 지혜로써 죽음을 면할 수 있는 방법이 있는 것도 아니다. 여기서 전도자가 말하는 죽음은 인간의 육체적 죽음이다. 영적 죽음이나 영혼의 소멸, 천국과 지옥의 이분법을 말하고 있지 않다. 전도자는 죽음 이후의 세계를 신학적 사유의 대상으로 삼고 있지 않다. 현세에서의 행위가 사후에 하나님에게 어떻게 평가받게 될지 모른다는 것이 전도서의 기본 입장이다(전 9:1).

전도자가 "이것도 헛되도다(**헤벨**)"라고 할 때, **헤벨**의 두 가지 의미가 중의적으로 사용된 것으로 보인다. 우선, 규범적 지혜에서 지혜자(의인)에게 주어지는 보상은 장수(長壽)이다(잠 3:2, 16; 28:16). 그러나 전도서에 따르면, 지혜자가 아무리 오래 산다 하여도 영원(**올람**)의 관점에서는 모두 순간에 불과한 것으로 우매자와 별 차이가 없다. 어느 누구도 영원히 기억되지는 못한다(16절). 의인이나 악인에게 모두 한 가지 결과만이 주어진다면, 의인이 되려고 애쓰고 지혜를 얻기 위해 노력하고 좋은 것을 심어 좋은 결과를 얻으려고 애쓸 필요가 있을까? 이런 의미에서 규범적 지혜의 선과 악, 지혜와 무지의 구분은 전도자에게는 헛되고 무의미한 것(**헤벨**의 두 번째 의미)일 수 있다.

한 가지, 죽음과 기억 사이의 연결고리에 대해 부연하자면, 우리나라 전통사회와 유사하게 고대 근동 세계에서도 죽은 자와의 사회적 관계를 중시했다. 죽은 자는 살아있는 후손들에게 의존한다. 후손들이 음식을 제공해야 내세에서의 생활이 유지된다(터키 남부의 진절리[Zincirli] 지역에서 발굴된 도시국가 삼알[Sam'al]의 카투무와 비문[Katumuwa Inscription]에는 망자가 직접 후손들에게 자신의 사후에 드려야 할 제사 양식을 지정하고 있다). 후손들에게 잊혀지는 것이 두 번째 죽음이라 할 수 있다. 영원히 기억되는 사람이 없다(16절)는 전도자의 말은 육체적인 죽음 이후, 가족 혹은 사회로부터의 망각에 의한 이차적 죽음까지 염두에 둔 표현으로 보인다.

17절 모든 것이 헤벨이라는 고통스런 깨달음

16절의 마지막 문장 "오호라 지혜자의 죽음이 우매자의 죽음과 일반이로다"의 원문은 수사의문문(rhetorical question)으로 되어 있다. "대체 어떻게 지혜자가 우매자와 더불어 죽을 수 있단 말인가?" 규범적 지혜의 관점에서는 있을 수 없는 것, 혹은 있어서는 안 되는 것 앞에서 전도자는 탄식한다. 그는 살기 싫다는 극단적인 표현까지 사용한다("내가 사는 것을 미워하였노니"). 생명(חַיִּים 하임)은 잠언의 규범적 지혜에서 지혜자(의인)에게 주어지는 것이며 하나님의 말씀(명령, 율법)은 바로 이 생명으로 인도하는 등불이다(잠 6:23). 반면에 죽음과 멸망은 무지자(악인)에게 주어지는 벌이다. 이 둘 사이의 확연한 구분이 사라진 현실 앞에서 전도자는 세상에서 벌어지는 모든 일이 '내게 나쁘다'(רַע עָלַי 라아 알라이)라고 고통스레 토로한다.

전도서 2장 18-26절

전도자는 이생에서의 수고하고 애씀이 무의미한 이유를 다음과 같이 말한다: (1) 수고의 결과물을 스스로 누리지 못하고 다음 세대에게 물려주어야 하기 때문, (2) 그다음 세대가 지혜자일지 우매자일지 알지 못하기 때문. 그러나 이러한 관찰이 허무주의로 전도자를 이끌지는 않는다. 오히려 하나님께서 주신 것에 만족해 하며 짧은 삶(헤벨)을 즐기는 것이 선한 것이라는 반성적 지혜, 혹은 대안적 지혜를 제시한다.

더바이블 오리지널 전도서 2장 18-26절

수고의 결과물을 후대에 넘겨주어야 한다

18 　나는 이 세상에서 내가 한 모든 일들이 싫다.

　　나의 수고는 단지 내 뒤에 오는 사람의 손을 덜어줄 뿐이다.

19 　내가 이 땅에서 온갖 지혜를 담아 고생하며 일군 것들을 맡아 담당할 자가

　　지혜자가 될지 무지자가 될지 대체 어찌 알겠는가!

　　말도 안 되는 일(헤벨)이다.

열심히 애써 봤자 아무 소용이 없다

20 　나는 내가 이 땅에서 한 모든 일에 대해 다시 한번 절망한다.

18절 단지 내 뒤에 오는 사람의 손을 덜어줄 뿐이다//^{개역}내 뒤를 이을 이에게 남겨 주게
됨이라: "남겨 주게 됨이라"로 번역된 동사 **안니헨누**(אַנִּיחֶנּוּ)의 어근은 **누흐**
(נוח)로, 두 가지 의미가 있다: (1) '쉬다, 쉬게 하다', (2) '놓다, 두다'. (1)의 의
미라면 **안니헨누**(אַנִּיחֶנּוּ)는 '나는 그를 쉬게 할 것이다', 즉 (나의 수고의 결
과물로) 후손의 손을 덜어줄 것이라는 의미로 해석할 수 있고, (2)의 의미일
경우, 개역 성경의 해석대로 '나는 그에게 (나의 수고의 결과를) 넘겨주게 될
것이다'로 이해될 수 있다.

20절 나는 … 다시 한번 절망한다//^{개역}내 마음에 실망하였도다: 개역개정은 20절의
첫 단어이자 문장의 주동사인 **베쌉보티**(וְסַבּוֹתִי)를 번역하지 않았다. '돌다,
빙 두르다'라는 뜻을 가진 이 동사는 목적구 역할을 하는 **레야에쉬**(לְיַאֵשׁ,
'낙담케 하다')와 더불어 다음의 두 가지 중 하나의 의미로 보인다: (1) '완전
히' 낙담했다, 혹은 (2) (전에는 낙담하지 않았는데 이제) '돌이켜 보니' 낙담
하게 됐다. (1)의 경우는 강조의 의미로 사용됐고, (2)의 경우는 2:12의 **우파니
티**(וּפָנִיתִי)와 유사어로서, 인생의 마지막에 지혜의 의미를 다시 한번 성찰해

21 누군가 지혜와 지식과 재주를 가지고 무엇을 성취하여도

  그는 아무 일도 하지 않은 누군가에게 그가 이룬 것을 넘겨주기 때문

  이다.

  이 또한 말도 안 되고(**헤벨**) 매우 나쁘다.

22 왜냐하면 이 땅에서 열심히 일한 사람 자신에게 그 수고와 고생이 아

  무것도 아니게 되기 때문이다.

23 매일 낮에 아무리 고군분투하고 밤에 잠도 못 자며 행한 것들이

  잠시 있다 사라지는 것(**헤벨**)일 뿐이라니!

지혜와 선한 것을 추구하는 것도 아무 소용없다

24 먹고 마시고 열심히 일해서 좋은 것(선)을 발견하려는 것 외에 아무

보는 의미를 담고 있다.

21절 지혜와 지식과 재주를//개역그 지혜와 지식과 재주를: "지혜와 지식과 재주" 모두
  규범적 지혜를 나타내는 대표적인 어휘이다.

22절 그 수고와 고생//개역모든 수고와 마음에 애쓰는 것: 규범적 지혜에 따라 사는 것
  을 뜻한다.

22절 아무것도 아니게 되기 때문이다//개역무슨 소득이 있으랴: 원문 **메 호베 라아담**
  (מֶה־הֹוֶה לָאָדָם)은 '사람에게 무엇이 있겠는가'이다. 동사 **하야**(היה)와 전
  치사 **르**(לְ)가 함께 쓰이면 소유의 의미를 갖는다. 즉, '사람이 자신의 모든 수
  고와 마음의 애씀의 대가로 가질 수 있는 것이 무엇인가'라는 수사의문문으
  로서, 아무것도 가질 수 없다는 뜻이다.

23절 매일 낮에 아무리 고군분투하고//개역일평생에 근심하며 수고하는 것이 슬픔뿐이
  라: 원문은 '그의 모든 날들이 괴로움(מַכְאֹבִים마크오빔)이며, 그의 애씀(עִנְיָנֹו인
  얀)은 고통(כַּעַס카아쓰)이다'라고 직역할 수 있다.

24절 먹고 마시고 열심히 일해서 좋은 것(선)을 발견하려는 것 외에 아무런 좋은 것(선)
  이 없다//개역사람이 먹고 마시며 수고하는 것보다 그의 마음을 더 기쁘게 하는 것
  은 없나니: 개역개정의 번역은 전도서 3:13; 5:18; 8:15에 맞춰 수정한 번역이

런 좋은 것(선)이 없다.

이것 또한 하나님에게서 말미암은 것이라는 걸 나는 안다.

25 나보다 많이 먹고 즐겨본 사람이 있겠는가!

26 하나님이 보시기에 선한 자에게 지혜와 지식과 기쁨을 주시고, 죄인에게는 일거리를 잔뜩 주셔서 그 재산을 모아 하나님이 보시기에 선한 자에게 주신다는데,

이것 역시도 잠시 있다 사라지는 것(헤벨)이고 스쳐 지나가는 바람일 뿐이다.

전도서 2장 18-26절 해설

전도자는 규범적 지혜에 따라 선한 열매를 뿌려 선한 결과를 얻게 된다. 이것은 규범적 지혜의 인과응보의 원리가 한 사람의 인생에서는 작동할 수 있음을 보여준다. 그러나 여러 세대로 시야를 확장하면 '뿌린 대로 거둔다'라는 원리를 적용할 수 없게 된다. 자신의 수고의 결과물을 후대 사람들이 누리게 되기 때문이다(18-19절). 뿌린 사람이 거두지 못하고 뿌리지 않은 사람이 거두게 되는데, 게다

다. 원문에는 "~것보다"에 해당하는 표현이 생략되어 있다. 아람어 역인 타르굼과 시리아어 역 성경의 해석에 비추어 전치사 **민**(מִן)을 삽입하는 게 맞다면, 마소라 본문은 중자탈락(haplography)의 한 형태로 보인다. 원문 그대로의 직역은 '먹고 마시고 자신의 수고에서 선한 것을 보는 사람에게 선한 것은 없다'이다. 칠십인역(LXX)은 마소라 본문과 일치한다.

가 그 결과물을 누릴 사람이 규범적 지혜에 따라 사는 지혜자일 보장도 없다. 지혜자가 아닌 사람이 선한 결과물을 누리게 되는 것 역시 인과응보의 원칙에 위배된다.

18-19절 수고의 결과물을 후대에 넘겨주어야 한다

18절은 17절의 '나는 생명을 미워한다'(וְשָׂנֵאתִי אֶת־הַחַיִּים 베사네티 에트-하하임)와 동일한 문장 구조로 시작한다(וְשָׂנֵאתִי אֲנִי אֶת־כָּל־עֲמָלִי 베사네티 아니 에트-콜-아말리). 생명을 미워한다는 표현은 잠언과 같은 규범적 지혜에서는 있을 수 없는, 있어서도 안 되는 표현이다. 하지만 전도서와 함께 반성적 지혜서에 속한 욥기의 주인공 욥은 극심한 고통 앞에서 차라리 태어나지 않았다면 좋았겠다고 토로한다(욥 3장). 욥이 그에게 닥친 재앙들에 괴로워하듯이, 전도자는 뿌린 대로 거두는 인과응보의 원리가 여러 세대에 걸친 거시적 관점에서는 작동하지 않는다는 깨달음에 고통스러워 한다. 규범적 지혜에 따라 수고하며 애쓸 이유가 사라지기 때문이다. 여기서, "수고"(עֲמָלִי 아말)란 단순히 무언가를 열심히 하거나, 시키는 일 혹은 해야만 하는 일을 괴롭게 수행하는 것을 의미하기보다는, 규범적 지혜의 원리에 따라 선한 것을 뿌리고 심는 행위를 가리킨다(2:4-6의 예).

전도자가 자신의 수고를 미워하는 이유는 첫째, 그 수고의 결과물을 자신이 누리지 못하고 후손에게 물려주어야 하기 때문이며, 둘째, 그 결과물을 누릴 후손이 지혜자인지 우매자인지 모른다는 사실 때문이다(19절). 18-19절을 단순히 전도자가 자신이 수고한 대가를 스스로 누리지 못하고 아무 수고하지 않은 타인에게 넘겨주어야 한다는 것에 억울해하는 심정을 토로하는 것으로 이해할 수도 있다. 그러나 전도자가 언급한 두 가지 이유는 모두 인과응보의 원리가 작동하지 않는 지점을 지적하는 것이다. 한 사람의 인생의 범위 안에서는 전도자처럼 열심히 일한 결과로 많은 재산을 축적하는 인과응보의 원리가 작용하는 듯 보이지만, 시야를 확장해서 여러 세대에 걸쳐 보면 수고의 대가를 (일하지 않은) 후손에게 물려주어야 한다. 그 후손은 자신의 수고의 결과물이 아닌 것을 누리기 때문에 '뿌린 대로 거둔다'는 원리에 위배된다. 또한 만약 그 후손이 지혜자가 아니라면 어리석은 사람이 선한 열매를 취하는 것이므로, '선한 것을 심는 지혜자에게 선한 결과가 나타난다'는 원리도 어긋나게 된다. 이렇게 인과응보의 원리가 작용하지 않는 이유는 인생이 짧기 때문이다(헤벨). 이러한 규범(원리)이 무너지는 것은 전도자에게 무척이나 괴로운 것이다.

20-23절 열심히 애써 봤자 아무 소용이 없다

전도자는 18-19절의 진술을 다시 한번 풀어 설명한다. 20절의 첫 단어 **베쌉보티**(וְסַבּוֹתִי)는 '나는 되돌아간다'는 뜻으로, 자신의 인생을 반추하며 다시 한번 앞의 구절을 다른 표현으로 반복 설명하는 것을 뜻한다. 개역개정에서는 이 단어를 번역하지 않고 있다. 18절의 "내가 한 모든 수고를 미워하였노니"를 20절에서는 "모든 수고에 대하여 내가 내 마음에 실망하였도다"로 표현한다. "실망하였도다"로 번역된 **야에쉬**(שׁ֣אֵיַ)는 마음의 '단념'이나 '실망'을 뜻하는 것으로 쓰인다(삼상 27:1; 욥 6:26; 사 57:10; 렘 2:25; 18:12). 따라서, 20절을 풀어 설명하면, 이 땅에서 규범적 지혜에 따라 성실히 살아온 모든 수고를 되돌아보는 행위가 전도자의 마음을 낙담하게 하고 절망하게 한다는 의미이다. 이것이 전도자가 자신의 삶(םיִּיַ֑חַ하임)을 미워하고(17절), 자신의 모든 수고를 미워하게 된(18절) 이유이다.

　　절망의 근본적인 원인은 규범적 지혜의 원리인 인과응보의 원칙이 작동하지 않기 때문이다. 21절의 "지혜"(הָ֤מְכָח호크마)와 "지식"(תַעַ֣דְ다아트) 그리고 "재주"(ןוֹ֖רְשִׁכְ키쉬론)는 모두 규범적 지혜를 나타내는 주된 용어들이다. 규범적 지혜에서 말하는 "지혜"(הָ֤מְכָח호크마)란 한마디로 하나님을 아는 것이다. 여기서 하나님을 아는 것이란 우리 인간을 향한 하나님의 뜻을 아는 것을 말한다. "지식"(תַעַ֣דְ다아트) 역시 세상적인 지식을 뜻하지 않고 하나님을 알고 그분의 뜻을 아는 것을 의미한다. 즉, 지혜와 지식은 동의어이다(참조, 잠 1:7; 9:10). "재주"(ןוֹ֖רְשִׁכְ키쉬론) 역시 '적절한 것'을 뜻하는데(참조, 에 8:5), 하나님께서 창조하신 규범(패턴)을 알고 그에 따라 행동하는 것을 말한다. 전도자는 21절에서 이렇게 규범적 지혜에 따라 사는 사람을 상정한다. 그가 비록 규범적 지혜의 패턴(인과응보)에 따라 좋은 것을 뿌리고 심는다 해도 그 결과물을 아무 수고하지 않은 후손에게 넘겨주어야 한다. 그 후손은 뿌리지 않은 것을 거두게 되는 것으로, 뿌린 대로 거두는 법칙에서 벗어나 있다. 전도자는 이것을 헛된 것(헤벨)이며 커다란 악(הָ֖עָר הָ֥בַּר라아 랍바)이라고 선언한다. 시야를 좁게 보면 좋은 씨앗을 뿌려 좋은 열매를 얻는 것이지만, 시야를 확장하면 좋은 씨앗을 뿌려 열매를 다 거두지 못하는 것이며, 아무것도 뿌리지 않았는데 좋은 열매를 얻게 되는 것이다. 인과응보의 원리가 무너진 것을 전도자는 "큰 악"으로 규정한다.

24-26절 지혜와 선한 것을 추구하는 것도 아무 소용없다

24절의 마소라 원문을 직역하면 '먹고 마시고 자신의 수고에서 선한 것을 보는 사람에게 선한 것은 없다'가 된다. 이 직역은 전도서 3:13, 5:18, 8:15의 진술과 상충된다. 전도서는 하나님께서 주신 것에 만족하고 잠깐 스쳐가는 짧은 인생(헤벨)을 충실히 살기를 촉구하는 현세 긍정적인 지혜를 추구한다. 이 현세 긍정의 지혜를 대표하는 표현이 '먹고 마시고 수고하기'이다. 따라서 마소라 본문을 중자탈락(haplography)의 경우로 보고 전치사 민(מ)을 첨가하는 수정이 필요하다. 개역개정을 비롯해 새번역과 공동번역도 이러한 본문 수정을 바탕으로 이 구절을 해석한다.

먹고 마심, 그리고 일하기는 일상의 영역을 대표하는 것이다. "하나님의 손에서 나오는 것"(24절)이라는 표현 때문에, 여기서 언급되는 먹고 마심과 수고는 인간적인 행위가 아닌 어떤 신적인, 혹은 거룩한 행위로 구별되어야 한다고 해석할 수도 있다. 그러나 이러한 관점은 본문에 근거하지 않은 해석이다. 전도서 전체에서 '인간적 식사'와 '신적 식사'를 구분하지 않는데다, 전도자가 "수고"의 예로서 든 행위들은 집을 짓고 포도원을 일구며(4절) 동산과 과원을 만

들어 나무를 심고(5절), 나무에 물을 대는 못을 파는 행위(6절) 등이
다. 이런 것들은 왕이라는 신분에서 그 규모가 클 뿐이지 고대 이스
라엘인들이 일상적으로 하는 노동의 연장선에 있다.

　　26절의 앞부분은 규범적 지혜의 표현이다: "하나님은 그가 기
뻐하시는 자에게는 지혜와 지식과 희락을 주시나 죄인에게는 노고
를 주시고." 의인과 악인을 구분하고 상과 벌이 각자에게 주어지는
것은 규범적 지혜의 전형적인 이분법이다. 의인에게 주어지는 하나
님의 상인 "희락"(שִׂמְחָה심하)이 아무 소용없음을 이미 말했고(2:2), 지
혜가 있다고 해도 죽음을 면하는 데 아무 유익이 없다는 것을 언급
했다(2:15-16). 죄인이 고생하며 쌓은 부를 하나님이/하나님을 기뻐
하는 자에게 주신다는 표현 역시 규범적 지혜의 표현이다("죄인의
재물은 의인을 위하여 쌓이느니라", 잠 13:22). 전도자는 이 규범적 지혜의
원리가 항상 적용되는 것이 아님을 설파한다(2:21).

전도서 3장 1-15절

세상에서 벌어지는 모든 일은 하나님께서 정하신 적절한 때에 일어난다. 생명과 죽음, 치료와 질병, 웃음과 울음, 사랑과 미움, 평화와 전쟁 등은 영원(올람)의 관점에서는 선악 이분법의 구분을 초월한다. 이러한 일들은 모두 하나님의 주관하에 벌어지는 것으로서, 아주 오랜 옛날(올람)부터 계속되어온 것이고, 앞으로도 계속 있을 것이다. 잠시 이 땅에 머물다 사라지는 존재(헤벨)인 인간은 올람의 세계에 변화를 줄 수 없고 각각의 일들이 언제 벌어질지 알지 못한다.

더바이블 오리지널 전도서 3장 1-15절

모든 일은 하나님의 주관하에 일어난다

1   모든 것에는 정해진 시기가 있다. 해 아래에서 벌어지는 모든 일에는
     때가 있다.

2   출생할 때와 죽을 때, 심을 때와 심은 것을 뽑을 때,

3   죽일 때와 치료할 때, 깨부술 때와 건설할 때,

1절   모든 것에는 정해진 시기가 있다//^{개역}범사에 기한이 있고: 직역하면 '모든 것에
       정해진 때가 있다'이다. **제만**(זְמָן)은 아람어로서 특정한 시간을 가리킨다. 칠
       십인역(LXX)은 이 단어를 **크로노스**(χρόνος)로 번역하는데, 절대적이거나
       물리적인, 혹은 추상적인 시간 개념이 아니라 구체적인 사건들이 일어나는
       때를 가리킨다.

1절   해 아래에서 벌어지는 모든 일에는 때가 있다//^{개역}천하만사가 다 때가 있나니: 전
       반부와 평행(대구)으로, 해 아래에서 발생하는 모든 일/사건(חֵפֶץ^{헤페쯔})에는
       그것이 벌어지는 시간(עֵת^{에트})이 정해져 있다는 의미이다. 1절 전반부("범사
       에 기한이 있고")와 평행구로서 사용함은, 동일한 의미를 다른 표현으로 반
       복해서 설명하는 히브리어 운문의 전형적인 표현법이다.

2절   출생할 때와 죽을 때//^{개역}날 때가 있고 죽을 때가 있으며: "날 때"로 번역된 원문
       에트 라레데트(עֵת לָלֶדֶת)는 엄밀한 의미에서 '태어날 때'보다는 '출산할 때'
       를 가리킨다. 하반절의 "심을 때"(עֵת לָטַעַת^{에트 라따아트})와 비교하여 아이를 낳는
       것을 가리킨다고 볼 수도 있지만, 바로 뒤이어 나오는 반어적 평행구인 "죽
       을 때"와 대비되어 '태어날 때'로 이해하는 것도 충분히 가능하다. 왜냐하면,
       만약 "죽을 때"가 "심은 것을 뽑을 때"와 의미상으로 연결된다면, 죽을 때보
       다는 죽일 때를 가리킨다고 해석해야 하기 때문이다. "죽일 때"는 3절에서 첫
       번째로 나온다.

3절   깨부술 때와 건설할 때//^{개역}헐 때가 있고 세울 때가 있으며: '헐다'로 번역된 어
       근 **파라쯔**(פָרַץ)는 '깨다, 부수다, 구멍을 내다'라는 의미를 갖고 있다. 유다
       와 다말의 아들 베레스가 이 어근에서 파생된 이름이다("네가 어찌하여 터뜨

4　　울 때와 웃을 때, 애통할 때와 춤출 때,

5　　돌을 던질 때와 돌을 모을 때, 끌어안을 때와 안는 것을 멀리할 때,

6　　찾아다닐 때와 잃을(혹은 찾기를 포기할) 때, 지킬 때와 던져버릴 때,

7　　찢을 때와 꿰맬 때, 잠잠할 때와 말할 때,

8　　사랑할 때와 미워할 때, 전쟁할 때와 평화할 때.

사람은 그 때를 알 수 없다

9　　사람이 자신의 일로써 남기는 것이 과연 무엇인가?

10　그 일은 하나님께서 사람들에게 수고하라고 주신 것임을 내가 안다.

11　그분은 모든 것을 각각의 때에 적절하게(직역: "아름답게") 만드셨다.

　　게다가 그 일들의 중심에 영원(올람)을 부여하셨다.

　　그로 인해 사람은 하나님께서 하시는 일의 처음부터 끝까지를 알 수

　　없다.

리고 나오느냐", 창 38:29). '세우다'로 번역된 어근 **바나**(בנה)는 '건축하다,
건물을 짓다'라는 뜻을 가지고 있다.

4절　애통할 때//ᵀᵉ슬퍼할 때가 있고: '슬퍼하다'로 번역된 어근 **싸파드**(ספד)는 장
례식 등에서 통곡하는 것을 뜻하는데, 어원적으로 가슴을 치는 행위를 가리
킨다.

6절　찾아다닐 때//ᵀᵉ찾을 때가 있고: 여기서 찾는다는 의미는 '발견하다'가 아니
라 '찾아다니다'의 뜻이다.

11절　그분은 모든 것을 각각의 때에 적절하게(직역: "아름답게") 만드셨다//ᵀᵉ하나님
이 모든 것을 지으시되 때를 따라 아름답게 하셨고: 원문을 직역하면 '그가 모든
것을 각각의 때에 맞게 아름답게 행하신다'이다. 여기서 동사 **아사**(עשׂה)는
'만들다, 창조하다'의 의미도 있고 '행하다'의 뜻도 있다. 11절 하반절의 같
은 동사를 개역개정은 "하시는"으로 번역한다. '아름답게'는 원문 **야페**(יפה)
를 직역한 것인데, 문맥상 '올바르게, 적절하게'의 뜻으로 이해할 수 있다.

올람의 세계를 사는 헤벨의 자세: 현재에 충실하라

12   나는 안다, 살아있는 동안 기뻐하며 좋은 것을 행하는 것보다 선한
      것은 없다는 것을.

13   모든 사람은 먹고 마시며 일하는 자신의 일상 속에서 선한 것을 발견
      한다. 바로 그것들이 하나님께서 주신 것이다.

하나님의 영원한 패턴을 인간이 바꿀 수 없다

14   하나님께서 만드신 모든 것은 영원히 있다는 것을 나는 안다.
      거기에 더할 것도 없고 거기에서 뺄 것도 없다.
      하나님께서는 사람들이 그분 앞에서 두려워하도록 그렇게 하신 것
      이다.

15   지금 있는 것은 이미 있었던 것이며, 이미 있었던 것이 지금 있다.
      하나님께서는 지나간 것을 다시 찾으신다.

전도서 3장 1-15절 해설

전도자는 2장에서 전통적/규범적 지혜의 선과 악의 구별을 반성적
으로 되돌아보았다. 웃음과 기쁨처럼 선에 속하는 것을 "미친 것"

14절 사람들이 그분 앞에서 두려워하도록//^{개역}그의 앞에서 경외하게 하려 하심인 줄을: 경
      외(敬畏)는 공경할 경(敬)과 두려워할 외(畏)를 쓰는데, 공경하면서 동시에 두
      려워하는 복합적인 마음 상태를 나타낸다. 히브리어 **야레(יָרֵא)**의 원뜻을 잘
      반영한 번역이다.

이라 하고 아무 소용없는 것이라고 비판했다. 지혜와 지식도 죽음 앞에서는 무지와 아무런 차이가 없다. 전통적인 선과 악의 이분법이 무너진 자리에서 전도자는 대안적 선악 개념을 제시한다. 전도서 3장은 반성적 지혜의 핵심적 개념인 하나님의 절대주권, 혹은 '하나님의 자유'가 가장 잘 드러나는 장이다.

1-8절 모든 일은 하나님의 주관하에 일어난다

1-8절은 '모든 것은 때가 있다'라는 제목으로 전도서 중 가장 많이 알려진 구절 중 하나이다. 모든 일들에 정해진 때가 있다는 표현은 하나님께서 이 세상의 모든 것을 다스리신다는 '하나님의 절대주권'을 잘 나타내는 표현이다: "하나님이 모든 것을 지으시되"(8절). 세상에서 벌어지는 모든 사건이 하나님께서 정하신 대로 진행된다는 믿음에 있어서는 규범적 지혜와 반성적 지혜가 동일하다.

　　하지만 '하나님의 선하심(절대선)'을 설명하는 방식에서 차이가 난다. 규범적 지혜는 인과응보의 원리로 하나님의 선하심을 설명한다. 뿌린 대로 거두는 원리를 정하신 분이 하나님이기 때문에, 그분이 창조하신 세계는 좋은 것을 심으면 좋은 열매가 맺히고 나쁜 것을 심으면 나쁜 열매가 맺히는 원리로 움직이게 된다. 이 규범적 지혜의 특징은 선과 악, 좋은 것과 나쁜 것 사이의 경계가 확연하다.

　　반면에 반성적 지혜는 규범적 지혜가 하나님의 선하심을 설명하는 방식에 의문을 제기한다. 욥기의 경우, 인과응보의 원리를 창조하신 분이 하나님이시지만, 동시에 하나님은 그 원리 안에 갇혀 계신 분이 아니라는 점을 강조한다. 하나님의 창조 세계는 인과응보의 원리만으로 설명할 수 없는 일들, 즉 원칙의 예외들이 존재하며, 그 예외를 허락하신 분 역시 하나님이시라는 것이다. 하나님은 피조물에게 좋은 것을 주실 수도 있고 나쁜 것을 주실 수도 있으며(욥 2:10), 좋은 것을 주셨다가 거둬가시기도 하는 분이다(1:21). 전도서의 경우에는 규범적 지혜의 선악 개념 자체를 문제삼는다. 정말 생명은 선이고 죽음은 악이라고 정의할 수 있을까? 아픈 것은 악이고 병이 나으면 좋은 것이라는 가치판단은 한 개인의 경험 안에서는 가능하다. 그러나 시야를 확장해서 여러 세대를 고려한다면 누군가 태어나고 죽고 병들고 치료받는 일은 일상다반사에 불과하다. 천지창조의 순간부터 지금까지 수도 없이 많은 생명이 탄생했고 그만큼 많은 목숨이 죽은 것을 좋고 나쁨의 관점으로 볼 수 없다는 것이다.

모든 것에는 정해진 때가 있고(전 3:1), 모든 일이 적절한("아름답게") 때에 일어나도록 하나님께서 정하신 것이기 때문에(11절), 이 세상에서 벌어지는 모든 일에 규범적 선악 개념을 적용할 수 없다. 생명과 죽음(2절), 치료와 죽임(3절), 웃음과 울음, 춤과 슬픔(4절), 찾음과 잃음(6절), 사랑과 미움, 전쟁과 평화(8절) 등은 규범적 지혜의 선악 개념을 대입할 수 있는 것들이다. 그러나 전도자는 이것들을 선악으로 판단할 수 없는 것들과 나란히 병치한다: 심는 것과 뽑는 것(2절), 허는 것과 세우는 것(3절), 돌을 던지는 것과 거두는 것(5절), 지키는 것과 버리는 것(6절), 찢음과 꿰맴, 잠잠한 것과 말하는 것(7절)

등은 선악 개념으로 이해될 수 없다. 파종은 좋은 것이고 추수는 나쁜 것인가? 건물을 짓는 것만 선한 일이며 건물을 부수는 것은 악한 일인가? 천이나 종이를 찢는 것은 나쁜 행동이고 꿰매는 것은 좋은 행위인가? 그렇지 않다. 다 필요에 의해서, 하나님이 정하신 때에 적절하게 발생하는 일들이다. 전도서는 생명의 탄생과 죽음을 파종과 추수, 건물의 세우고 허무는 것과 동일 선상에서 이해하면서 규범적 지혜의 선악 개념을 적용하지 않는다.

9-11절 사람은 그 때를 알 수 없다

세상에서 벌어지는 모든 일에는 하나님이 정하신 때가 있다는 진술을 뒤잇는 것은 사람은 그 정하신 때를 알 수 없다는 선언이다. 반성적 지혜는 하나님의 절대주권에 더욱 큰 강조점을 둔다. 아버지와 아들, 혹은 부모와 자녀 사이의 친밀한 언어로 표현된 잠언과는 달리, 반성적 지혜에 속해 있는 욥기와 전도서는 창조주와 피조물 사이의 거리가 멀다. 욥기는 "주신 이도 여호와시요 거두신 이도 여호와시오니"(욥 1:21)와 "우리가 하나님께 복을 받았은즉 화도 받지 아니하겠느냐"(2:10)라는 표현을 사용함으로써, 인과응보의 원리를 초월하여 주시기도 하고 거두시기도 하고, 복도 주시고 화도 주시는 하나님의 절대주권 혹은 하나님의 자유를 강조한다. 전도서는 영원(올람)이라는 하나님의 세계와 순간(헤벨)이라는 피조물의 세계 사이의 간극에 집중하면서, 아주 긴 시간(올람)동안 계속되어 온 창조 세계를 잠깐 살다 가는 인간은 하나님께서 정하신 규범(패턴)의 전모를 파악할 수 없다는 점을 강조한다.

"영원을 사모하는 마음"(11절)이라는 번역은 **헤벨**인 존재가 자신의 한계를 뛰어넘는 하나님의 세계인 영원(**올람**)을 기대하고 바란다는 인간 존재의 모순과 딜레마를 잘 나타내는 표현으로 널리 알려졌다. 그러나 원문을 직역하면 문장의 순서는 다음과 같다: (1) 그(하나님)가 모든 것을 각자의 때에 맞게 행하신다. (2) 게다가 그(하나님)는 그것들의 심장/중심에(בְּלִבָּם^{베립밤}) 영원(עוֹלָם^{올람})을 주셨다. (3) 사람으로 하여금 하나님께서 하시는 일의 처음과 끝을 알지 못하게 하기 위해서. 우선, 원문에는 "사모하는"이라는 표현이 없다. 또한 원문의 '그들의 심장/중심'에서의 '그들'을 그다음 문장에 나오는 '사람'으로 보는 것은 문법적으로 가능성이 적다. 이 '그들'은 앞 문장에서 언급된 '모든 것'을 지칭한다는 해석이 더 바람직하다. 즉, 11절은 하나님께서 창조 세계의 패턴을 정하시고, 그 패턴이 계속되도록 "영원"을 그 중심에 두셨기 때문에, 이 세계를 잠깐 살다 가는 인간은 그 패턴의 전모("일의 시종")를 파악할 수 없다는 뜻이 된다. 따라서 이 문장은 **헤벨**인 존재가 **올람**을 "사모하는" 딜레마를 표현하는 것이 아니라, 반성적 지혜의 중요한 주제 중 하나인 창조주와 피조물 사이의 차이를 강조하며 둘 사이를 확연히 구분하려는 것이다. 14절은 11절의 문장을 다른 표현으로 반복한 것으로, 하나님의 창조 세계의 패턴은 영원하며("하나님께서 행하시는 모든 것은 영원히 있을 것이라"), **헤벨**인 인간은 그 패턴을 변화시킬 수 없다("그 위에 더할 수도 없고 그것에서 덜할 수도 없나니"). 하나님에 대한 "경외"는 창조주와 피조물 사이의 커다란 간극을 표현한다. 인간은 모르기 때문에 하나님을 두려워한다.

12-15절 올람의 세계를 사는 헤벨의 자세

잠언과 같은 규범적 지혜는 하나님이 창조하신 세계의 규범(패턴)을 잘 파악하여 거기에 맞춰 사는 것이 지혜라고 가르친다. 그러나 전도서에 따르면, 그 패턴은 "측량"하기에는 너무 크기 때문에 **헤벨**인 인간은 그 전체를 알 수 없다. 규범적 지혜의 선악 개념을 초월할(1-8절) 정도로 거대한 영원의 세계를 다 파악할 수 없고, 아무리 애를 써도 그 **올람**의 패턴에 아무것도 덧붙이거나 남길 수 없을 때(9절, 14절), 그렇다면 인간은 이 창조 세계를 어떻게 살아가야 하는가? 전도자가 제시하는 대답은 주어진 일상의 순간순간을 충실히 즐기며 살며, 자신의 수고와 노력으로 얻은 것을 기쁨으로 누리는 것이다. 이것이 하나님께서 피조물들에게 주신 "선물"(13절)이다. 현재에 충실하라는 **카르페 디엠**(*carpe diem*)의 가르침은 전도서 전체에 나타나지만, 4장 이하에서 보다 구체적으로 언급된다.

전도서 3장 16-22절

16절	정의에도 악이 있다
17-21절	죽음 앞에서는 모두 동일하다
a. 17절	의인과 악인 모두에게 죽음이 임한다
b. 18-21절	사람과 짐승 모두에게 죽음이 임한다
22절	죽음을 인식하며 현재에 집중하라

선과 악의 경계선은 전도서의 관점에서는 잠언에서만큼 선명한 것이 아니다. 올바른 재판이 행해져야 하는 곳에도 악이 존재하고(16절), 의인과 악인, 지혜와 무지 사이도 규범적 지혜가 규정하는 것만큼 그렇게 멀지 않다. 죽음(=심판) 앞에서는 지혜자와 우매자가 별반 다르지 않고, 인간과 동물도 차이가 없다. 죽음 이후의 세계가 어떠할지는 아무도 알 수 없기 때문에, 전도자는 지금 현재의 삶에 충실하라는 가르침을 다시 한 번 강조한다.

더바이블 오리지널 전도서 3장 16-22절

정의에도 악이 있다

16   해 아래에서 벌어지는 것을 내가 다시 보니

정의가 있어야 할 곳에 악이 있기도 하고, 의로워야 할 곳에 악이 있

기도 하다.

죽음 앞에서는 모두 동일하다: 의인과 악인 모두에게 죽음이 임한다

17   나는 진심으로 말한다, 하나님께서 의인과 악인을 모두 심판하신다고.

16절 정의가 있어야 할 곳에 악이 있기도 하고, 의로워야 할 곳에 악이 있기도 하다//개역재판하는 곳 거기에도 악이 있고 정의를 행하는 곳 거기에도 악이 있도다: "재판"의 원어 **미쉬파뜨**(מִשְׁפָּט)는 주로 심판, 재판 혹은 정의로 번역된다. '올바로 판단하다'는 뜻의 어근 **샤파뜨**(שָׁפַט)에서 파생된 추상명사이다. 성경에서 말하는 올바른 판단은 하나님의 뜻(하나님이 정하신 규범)에 맞게 판단하고 행동하는 것을 의미한다. 본문의 "정의"는 **쩨데끄**(צֶדֶק)를 번역한 것으로, 하나님의 뜻에 따라 올바로 사는 것을 뜻한다. **미쉬파뜨**와 **쩨데끄**는 동의어로서 본문에서 평행어로 사용되고 있다.

17절 하나님께서 의인과 악인을 모두 심판하신다고//개역의인과 악인을 하나님이 심판하시리니: "심판하시리니"의 원어는 **이쉬포뜨**(יִשְׁפֹּט)로서, 16절의 "재판"과 동일한 어근이 사용됐다.

17절 모든 사건, 존재하는 모든 것에는 때가 있기 때문이다//개역모든 소망하는 일과 모든 행사에 때가 있음이라: "모든 소망하는 일"로 번역된 원문은 **콜-헤페쯔**(כָּל־חֵפֶץ)이다. **헤페쯔**(חֵפֶץ)는 히브리어로는 주로 '기쁨, 소망'을 뜻하지만, 아람어에서는 '일, 사건'을 의미한다. 전도서에서는 아람어의 의미인 '일, 사건'의 뜻으로 사용된 경우가 많다(3:1; 8:6; 12:1). 특히 3:1의 "만사"는 17절과 동일한 **콜-헤페쯔**(כָּל־חֵפֶץ)의 번역이다. 따라서, "모든 소망하는 일"보다는 '모든 일, 모든 사건'의 의미로 이해하는 것이 바람직하다. 뒤이어 나오는

왜냐하면 모든 사건, 존재하는 모든 것에는 때가 있기 때문이다.

죽음 앞에서는 모두 동일하다: 사람과 짐승 모두에게 죽음이 임한다

18　인간에 대해 나는 진심으로 말한다.

하나님께서 그들을 창조하신 것은 그들이 동물에 불과하다는 사실을 알게 해주기 위함이다.

19　왜냐하면 사람에게 벌어지는 것이 곧 동물에게 벌어진다.

그들에게는 같은 일이 벌어진다.

즉, 이것이 죽는 것같이 저것도 죽는다. 같은 호흡이 모두에게 있다.

동물보다 사람이 나은 것은 없다.

왜냐하면 모두가 **헤벨**(잠시 스쳐가는 것)이기 때문이다.

평행어 "모든 행사"(כָל־הַמַּעֲשֶׂה 콜-함마아세)와 유사 의미로서도 '모든 일' 정도의 의미가 더 적절하다.

18절　하나님께서 그들을 창조하신 것//^{개역}하나님이 그들을 시험하시리니: "시험"은 어근 **바라르**(בָּרַר) 혹은 **보르**(בּוּר)의 부정사형인데, 사전적 의미는 (1) 깨끗하게 청소하다, (2) 선택하다, (3) 분류하다 등의 뜻이 있다(참조, *HALOT*). "시험"이라는 번역은 문맥 상의 의역인데, 문맥에 적절한 번역으로 보이지 않는다.

18절　그들이 동물에 불과하다는 사실을 알게 해주기 위함이다//^{개역}그들이 자기가 짐승과 다름이 없는 줄을 깨닫게 하려 하심이라: "짐승"으로 번역된 **브헤마**(בְּהֵמָה)는 좁게는 (인간이 사육하는) 가축을 나타내지만, 전도서의 문맥 속에서는 인간을 제외한 다른 피조 생물을 다 포괄하는 단어로 여겨진다.

19절　모두가 헤벨(잠시 스쳐가는 것)이기 때문이다//^{개역}모든 것이 헛됨이로다: 이 문맥 속에서는 **헤벨**(הֶבֶל)의 일차적 의미인 '잠깐 있다 사라지는 존재'라는 의미로 이해하는 것이 적절해 보인다. 인간은 하나님의 창조 세계에 잠시 머물다 사라지는 존재로서 다른 피조 생물과 마찬가지라는 점이 강조되고 있다.

20   모두 같은 곳으로 간다.

모두 흙에서 왔고 모두 흙으로 돌아간다.

21   사람의 영은 위로 올라가고 짐승의 영은 땅 아래로 내려간다고 누가

알겠는가?

죽음을 인식하며 현재에 집중하라

22   사람이 자신의 일에 즐거워하는 것보다 더 좋은 것은 없다는 것을 나

는 안다.

왜냐하면 그것이 그에게 주어진 몫이기 때문이다.

그(가 죽은) 후에 무슨 일이 벌어질지 보려고 그를 다시 데려올 자가

있겠는가?

전도서 3장 16-22절 해설

반성적 지혜는 창조주와 피조물 사이의 차이점을 강조한다. 지극히
높고 크신 하나님을 아주 작은 인간이 다 이해할 수 없다. 이 땅을
잠깐 살아가는 존재(헤벨)로서 인간은 다른 동물들과 큰 차이가 없

20절 흙으로//개역흙으로: **아파르**(עָפָר)는 진흙 혹은 진흙 알갱이를 가리키는 말로
서, 반성적 지혜에서 하나님과 대비되는 인간 존재의 작음과 하찮음을 나타
내는 말이다.

21절 누가 알겠는가//개역누가 알랴: **미 요데아**(מִי יוֹדֵעַ)는 수사의문문으로서, 아무
도 모른다는 의미로 쓰인다.

다. 욥기가 "베헤못"(욥 40:15-24)과 "리워야단"(41장)이라는 피조물의 예를 들면서 인간이 만물의 영장이 아니라는 것을 표현한다면, 전도서는 창조주의 심판, 즉 죽음 앞에서 인간은 다른 동물들과 다름없는 피조물에 불과하다는 사실을 부각시킨다.

16절 정의에도 악이 있다

미쉬파뜨(מִשְׁפָּט)와 **쩨데끄**(צֶדֶק)는 규범적 지혜를 대표하는 어휘이다. 두 단어 모두 하나님의 뜻에 따라 올바로 판단하고 그에 맞게 행동하는 것을 뜻한다. 하나님의 뜻을 알고 그에 맞게 살아가는 것이 '의'(義)이고 그것이 곧 지혜이다. 규범적 지혜에서는 의와 지혜는 동의어이고 의인과 지혜자는 같은 말이다. 반대로, 죄와 악은 하나님의 뜻을 알려고 하지 않거나, 알고도 그 뜻에 따라 살아가지 않는 것을 의미한다. 이것이 곧 무지, 우매, 아둔함이다. 따라서 규범적 지혜의 선악 이분법에서 **미쉬파뜨**와 **쩨데끄**는 "악"(רֶשַׁע레샤아)의 반대말로서 서로 겹치거나 섞일 수 없는 것이다. '의'에는 '악'이 있을 수 없다. 왜냐하면 악이 없는 것이 의이기 때문이다. 그러나 반성적 지혜는 이 둘 사이의 경계선이 그리 명확하지 않은 현실을 지적한다. 선과 지혜에도 악이 있을 수 있다는 16절의 말은 "선을 행하고 전혀 죄를 범하지 아니하는 의인은 세상에 없다"는 7:20의 구절에서도 유사하게 나타난다.

　　3:2-8에서는 생명과 죽음, 질병과 치료, 전쟁과 평화가 모두 하나님의 정하신 때에 적절히 벌어지는 것일 뿐, 좋고 나쁨의 가치판

단을 할 수 없다는 점을 지적하며 규범적 지혜의 선악 개념을 비판한다. 그리고, 16절(그리고 7:20)은 (규범적 지혜가 규정한) 선에도 악이 있다는 점을 지적하며 선과 악의 경계선이 그리 선명하게 그어지지 않는 현실을 강조한다. 긴 시간(**올람**)의 관점에서 선악 개념을 비판하는 것과 선과 악 사이의 경계선이 명확하지 않다는 것은 동일한 개념은 아니지만, 이 둘 다 규범적 지혜의 선악 개념을 비판한다는 점에서는 같은 기능을 수행한다.

17-21절 죽음 앞에서는 모두 동일하다

17절의 하나님께서 의인과 악인을 심판하실 것이라는 표현은 규범적 지혜(잠언)의 관점에서 읽는다면 선악 간의 심판, 즉 의인인지 악인인지를 나누고 판별하는 것으로 이해된다. 그러나 이렇게 해석한다면 잠언의 시각으로 전도서를 읽는 오류, 즉 규범적 지혜의 관점으로 반성적 지혜를 해석하는 잘못을 범하는 것이다. 전도서에서 말하는 하나님의 "심판"(מִשְׁפָּט미쉬파뜨)은 의인과 악인을 구분하는 심판이 아니라 '죽음'을 의미하며, 이 죽음이 의인과 악인 모두에게 하나님의 심판으로 임한다는 의미를 가진다. 전도서의 "심판"이 선악 간의 심판을 의미하는 경우는 전도서 12:14이 유일한데, 이 구절은 전도자의 말이 아니다(12장 해설 참조).

이 "심판"이 선악 간의 심판이 아니라 (육체적) 죽음을 의미하는 문맥적 이유는, 첫째, 전도서는 3:1-16까지 규범적 지혜의 선악 개념을 초월하고 있기 때문이고, 둘째, 17절 하반절의 "모든 행사에 때가 있음"은 선과 악, 옳고 그름의 문제를 다루지 않고 생명이 끝나는 때가 있다는 것을 가리키고 있기 때문이다. 셋째, 이어지는 18절 이하에서 다루는 주제가 사람과 짐승에게 닥치는 죽음이라는 점이다. 짐승을 선악의 관점으로 심판하지 않는 것처럼 사람도 마찬가지이다.

　　개역개정에서 "시험"(18절)으로 번역된 동사 **바라르**(ברר)는 '깨끗하게 하다, (깨끗하게) 제거하다'라는 의미로 성경에서 사용된다(참조, "너희 가운데에서 반역하는 자와 내게 범죄하는 자를 모두 제하여 버릴지라", 겔 20:38). 만약 '제거하다'라는 의미라면, 17절의 "심판"과 더불어 죽음을 가리키는 표현일 수 있다. 이 경우 17절과 18절은 평행 구절로서 하나님께서 모든 인간(의인이나 악인이나)을 적절한 때에 죽음에 이르게 하시는 것을 나타내는 문장이 된다.

　　다른 제안으로는 '창조하다'라는 의미의 **바라**(ברא)에서 묵음화된 **알레프**(א)가 탈락된 경우로 보는 것이다. 이 경우 18절은 하나님께서 창조하신 사람이 동물과 다를 바가 없다는 것을 뜻하게 된다. 동사 **바라**(ברא)는 창세기 1장의 창조 이야기(창 1:1-2:4a)에서 나타나는데(1:1, 21; 2:3-4), 여기서는 인간과 동물의 차이점이 강조된다(참조, 1:26, 28). 인간은 만물의 영장이자 피조세계의 대표자로서 피조물을 다스리고 정복하는 역할이 주어진다. 반면에 사람과 동물 모두 흙으로 지음 받은 존재라는 것은 창세기 2장의 주제이다(참조, 2:7, 19). 전도자는 이 중 창세기 2장의 창조관을 강조한다. 사람도 각종 동물들과 마찬가지로 흙으로 창조됐으므로, 모두 죽음의 순간 흙으로 돌아가게 된다(3:19 참조).

모두 죽는 존재라는 점에 있어서는 사람과 동물이 전혀 차이가 없다. 사람과 동물 사이의 간격에 비하면 의인과 악인, 지혜자와 무지자 사이의 간극은 더욱 희미해진다. 이들 모두 **올람**의 세계에 잠시 머물다 가는 **헤벨**일 뿐이다. 그러므로 19절의 "모든 것이 헛됨이로다"는 **헤벨**(הֶבֶל)의 첫 번째 의미인 잠시 있다 사라지는 것이라는 의미로 이해하는 것이 적절하다. 모두 다 죽음이라는 숙명을 경험하는 **헤벨**이라는 점에서 사람은 동물에 비해 더 나은 것이 없다. 선악 이분법을 초월하는 전도자의 관점은 지혜자와 무지자의 구분, 사람과 동물의 구별, 영혼과 육체의 구분 역시 초월한다. 구약에서 영혼과 육체의 이분법은 헬레니즘의 언어와 세계관에 영향을 받은 신약에 비해 그리 선명하게 드러나지 않는다. 만약 전도서의 저작 연대를 기원전 2세기경의 상당히 후대의 것으로 보는 관점을 받아들인다면, 이 시기는 영육 이분법이 헬레니즘을 통해 고대 이스라엘에 전파된 시점으로 볼 수 있다. 전도자는 오히려 이러한 이분법을, 한편으론 창세기 2-3장을 근거로, 또 한편으론 일종의 불가지론("누가 알랴")으로 반박하고 있다.

헤벨의 존재가 모두 가게 되는 "한곳"(20절)은 "스올"(שְׁאוֹל쉐올)을 가리키는데(참조, 전 9:10), 이 스올은 악인/무지자만을 위한 처소인 지옥과는 다르다. 선인과 악인, 지혜자와 무지자 모두가 가는 죽음의 공간을 가리키며, 대부분의 문맥에서는 어떤 실재하는 공간이라기보다는 죽음을 은유적으로 표현하는 말로 사용된다(창 37:35;

42:38; 44:29, 31; 삼상 2:6; 삼하 22:6; 왕상 2:6; 욥 7:9; 21:13; 시 18:5; 30:3; 55:15 등 참조). 전도자는 '모두 죽는다'라는 의미를 '모두 한곳으로 간다'고 표현하고 있다. 여기서 다시 한번 전도자는 규범적 지혜를 반박한다. 규범적 지혜의 선악 이분법은 의인/지혜자에게는 생명을, 악인/무지자에게는 죽음과 멸망을 할당하므로, 스올 역시 악인/무지자가 갈 곳이고(잠 2:18; 5:5; 7:27; 9:18), 하나님께서는 의인을 스올에서 건지신다(15:24; 23:14). 그러나 전도자에게 스올은 의인과 악인, 지혜자와 무지자, 심지어 사람과 동물이 모두 가는 곳이다.

22절 죽음을 인식하며 현재에 집중하라

전도서의 현세지향적 세계관(*carpe diem*카르페 디엠)의 근거가 '죽음을 기억하라'(*memento mori*메멘토 모리)라는 것임을 22절이 잘 드러내준다. 죽음이 언제 닥칠지 모르기 때문에 우리는 지금 이 순간에 집중해야 한다. 또한 죽음 이후의 세계에 대해서는 불가지론의 태도를 견지하고 있음 역시 22절에서 잘 나타난다: "그의 뒤에 일어날 일이 무엇인지를 보게 하려고 그를 도로 데리고 올 자가 누구이랴."

전도서 4장 1-8절

전도자는 2-3장에 이어 뿌린 대로 거두는 인과응보, 권선징악의 원리가 적용되지 않는 현실을 직시한다. 현실에서 벌어지는 일들 중 인과응보의 원리에 어긋나는 몇 가지 예를 들면서 4장을 시작한다. 뿌린 대로 거두는 원리가 제대로 작동하지 않는 세계란 전도자에게는 악한 것이며 고통스러운 것이다. 이러한 현실에서 인과응보의 원리를 기대하며 사는 것은 전도자의 관점에서는 지혜가 아니라 우매이다.

더바이블 오리지널 전도서 4장 1-8절

악한 현실에 대한 고발

1   또한 나는 해 아래에서 벌어지는 모든 억압당하는 자들(혹은 억압들)을 되돌아보았다.

억압받는 자들이 눈물을 흘려도 그들을 위로하는 사람은 없다.

억압하는 사람들은 힘 있는 사람들이어서 아무도 그들을 위로하려고(혹은 회개시키려) 하지 않는다.

2   여전히 살아있는 사람들보다 이미 죽은 자들을 나는 더 높이 평가한다.

1절   해 아래에서 벌어지는 모든 억압당하는 자들(혹은 억압들)을 되돌아보았다//^{개역}해 아래에서 행하는 모든 학대를 살펴보았도다: "학대"로 번역된 단어 **아슈낌**(עֲשֻׁקִים)은 칼(Qal) 수동분사 복수형으로서 '학대당하는 자들'을 가리킨다.

1절   억압하는 사람들은 힘 있는 사람들이어서 아무도 그들을 위로하려고(혹은 회개시키려) 하지 않는다//^{개역}그들을 학대하는 자들의 손에는 권세가 있으나 그들에게는 위로자가 없도다: 상반절의 학대당하는 자에게 **메나헴**(מְנַחֵם)이 없다는 구절과 동일한 구조이다. **메나헴**은 문맥에 따라 '위로자'로도, '회개자'로도 번역할 수 있는데, 이 구절에서는 학대하는 자들의 마음을 바꿀 수 있는, 즉 회개시키는 자가 없다는 뜻으로 이해하는 것도 가능하다. 중의적 의미의 같은 단어를 억압자와 피억압자 모두에게 사용하는 일종의 언어유희로 볼 수도 있다: '학대받는 자들에게는 그들을 위로하는 자가 없고, 학대하는 자들에게는 그들을 회개시키는 자가 없다'.

2절   더 높이 평가한다//^{개역}더 복되다 하였으며: 개역개정은 3절에 맞추어 "더 복되다"로 번역했으나, 원문엔 피엘 부정사 **샵베아흐**(שַׁבֵּחַ)가 사용됐다. 이 아람어 단어는 '찬양하다, 칭송하다'의 의미로서 히브리어의 어근 **할랄**(הלל)과 동의어이다. 이는 시편에서 하나님과 그분의 사역을 찬양할 때 사용된다(시 63:3; 117:1; 147:12).

3   이들 둘보다 태어나지 않아서 해 아래서 벌어지는 나쁜 일을 보지 않
     은 사람을 더 높이 평가한다.

인과응보의 원리를 기대하며 사는 것은 우매한 일이다

4   나는 안다, 아무리 대단한 노력과 기술이라도 주위의 질투를 얻게 될
     뿐이라는 것을.
     노력과 기술도 잠시 있다 사라지는 것(헤벨)이고 스치는 바람 같은 것
     이다.

5   멍청한 사람은 팔짱을 끼고 자신의 살을 먹는다.

6   스치는 바람일 뿐인 것을 손바닥에 가득 쥐고 있는 것보다는

3절   더 높이 평가한다//^{개역}더 복되다 하였노라: '좋음', '선'(善)을 의미하는 형용사
      또브(טוֹב)가 쓰였다. 2절에서 언급된 두 경우(지금 살아있는 사람들과 죽은
      지 오래된 자들)보다 아예 태어나지 않은 사람이 더 낫다는 뜻이다. 규범적
      지혜에서는 불가능한 진술이다.

4절   기술이라도//^{개역}모든 재주로 말미암아: "재주"는 **키쉬론**(כִּשְׁרוֹן)의 번역으로,
      전 2:21("재주"), 5:11("유익")에 쓰인다. 어근 **카샤르**(כשׁר)는 (규범에) 적절
      한 것을 나타내는 표현으로, 규범적 지혜를 대표하는 단어이다. 유대교의 음
      식 규정인 코셔(Kosher)의 어원이기도 하다.

5절   멍청한 사람은 팔짱을 끼고//^{개역}우매자는 팔짱을 끼고 있으면서: **호베끄 에트-야**
      다브(חֹבֵק אֶת־יָדָיו)는 직역하면 '자신의 양손을 껴안는다'이다. 유사한 용례
      가 잠 6:10과 24:33("손을 모으고")에 나타난다.

5절   자신의 살을 먹는다//^{개역}자기의 몸만 축내는도다: 직역하면 '자신의 살을 먹는
      다'이다.

6절   스치는 바람일 뿐인 것을 손바닥에 가득 쥐고 있는 것보다는//^{개역}두 손에 가득하
      고 수고하며 바람을 잡는 것보다: 직역하면 '두 손바닥이 수고(고통)와 바람 잡
      음(혹은 바람의 지나감)으로 가득한 것'이 된다.

6절   손에 쉼이 가득한 것이 더 좋다//^{개역}한 손에만 가득하고 평온함이 더 나으니라: 직

손에 쉼이 가득한 것이 더 좋다.

7   나는 돌이켜 해 아래에 있는 잠시 있다 사라지는 것들(헤벨)을 바라본다.

8   혼자만 있을 뿐 주위에 아무도 없는 사람이 있다. 그에게는 아들도
     형제도 없다.

     그런데 그의 온갖 고생은 끝이 없고, 만족할 줄 모르고 재산을 욕망
     한다.

     '나 자신은 좋은 것을 누리지 못하면서 도대체 누구를 위해 이 고생
     을 하고 있는가?'

     이런 것은 잠시 있다 없어질 것(헤벨)이며, 잘못된 수고일 뿐이다.

전도서 4장 1-8절 해설

1-3장에서 전도서의 가장 중요한 주제이자 전제가 모두 등장했다.
(1) 하나님과 인간의 차이를 극명하게 나누면서(**올람**과 **헤벨**), (2) 모
든 것을 주관하시는 하나님의 절대주권을 강조하고, (3) **헤벨**인 인
간은 **올람**의 규범(패턴)을 온전히 이해할 수 없다는 점, 그리고 (4)
규범적 지혜의 선악 개념의 근간인 인과응보의 원리는 시점을 확
장하면 적용될 수 없는 경우가 많다는 것을 전도자는 논증했다. 4

역하면 '손바닥이 쉼으로 가득한 것'이다. **카프**(כַף)는 단수로, **호프나임**
(חָפְנַיִם)은 쌍수로 표현됐기 때문에 "한 손"과 "두 손"으로 번역했다. 이 표현
이 한 손으로만 일하고 다른 한 손은 쉬고 있음을 의미하는 것으로 추정되나
확실한 것은 아니다.

장부터 전도서는 대안적인 선악 개념을 제시한다.

1-3절 악한 현실에 대한 고발

관념의 렌즈를 통해서만 세상을 바라보지 말고 현실을 직시하기를 요청하는 것이 반성적 지혜의 중요한 특질이다. 의인(지혜자)에게는 평안과 생명이, 악인(무지자)에게는 멸망이 주어진다는 규범적 지혜의 인과응보 원리(선악 개념)만으로는 현실이 설명될 수 없다는 것을 드러낼 목적으로 욥은 악인들이 잘 먹고 잘살며, 자자손손 번영하는 현실이 존재함을 지적한다(욥 21:7-13). 마찬가지로 전도서도 "악인들의 행위에 따라 벌을 받는 의인들도 있고 의인들의 행위에 따라 상을 받는 악인들도 있다"(전 8:14)는 점을 내세운다. 이것은 모두 뿌린 대로 거두는 원리가 적용되지 않는 현실을 나타낸다.

1절의 "학대받는 자들"(עֲשֻׁקִים아슈낌)과 "그들을 학대하는 자들"(עֹשְׁקֵיהֶם오쉬께이헴)의 경우 역시 인과응보의 원리가 적용되지 않는 현실의 예이다. 규범적 지혜의 원리대로라면 하나님께서 "압박하는 자(עֹשֵׁק오쉐끄)를 꺾으"셔야 하고(시 72:4), 모든 압박 당하는 자(아슈낌)에게 정의가 실현되어야 한다(시 103:6). 가난한 자를 학대하는 자는 가난해져야 하고(잠 22:16) 그들은 함정으로 달려가야 한다(28:17). 그러나 현실은 이 당위대로 되지 않는다. 고통당하는 사람들을 위로할 자(מְנַחֵם메나헴)가 없으며, 동시에 학대하는 자들을 회개시킬 자(מְנַחֵם메나헴) 역시 존재하지 않는 경우들이 있다. 여기서 한 가지 지적할 것은, 전도자는 지금 어떤 일반적 진술을 하고 있는 것이 아니라 극단적인 경우를 언급하고 있다는 점이다. 항상 이렇다가 아니라 이런 경우도 있다는 것이다.

참고로, 어근 **나함**(נחם)은 자동사로 '마음이 바뀌다', 타동사로 '마음을 바꾸다'라는 뜻이다. 마음이 좋지 않게 되면 '회개, 후회, 한탄' 등으로 번역된다. 하나님에 대해서는, 인간을 창조하신 것에 대한 하나님의 마음이 변한 경우(창 6:6-7), 아론의 금송아지 사건으로 백성들에게 진노하신 하나님이 마음을 바꾸셔서 재앙을 내리지 않으신 경우(출 32:14), 백성들의 부르짖음에 하나님께서 뜻을 돌이키신 경우(삿 2:18), 사울을 왕으로 삼은 것을 후회하신 경우(삼상 15:11, 35) 등에 사용됐다. 같은 단어가 사람의 경우에는 대부분 "회개" 혹은 "뉘우치다"로 번역된다(삿 21:6; 21:15 등). 반면에, 마음이 안 좋은 상태에서 좋은 방향으로 바뀌는 경우 '위로'로 번역된다. 어머니 사라가 죽은 뒤 리브가를 아내로 맞이하여 위로를 받게 된 이삭의 경우(창 24:67), 사랑하는 아들 요셉이 죽은 줄 알고 괴로워하는 야곱을 자식들이 위로하려고 한 경우(창 37:35), 아버지 야곱이 죽은 후 불안해하던 형제들을 위로하는 요셉(창 50:21), 극심한 고통 속에 있는 욥을 위로하려고 한 친구들(욥 2:11), 유명한 구절인 "주의 지팡이와 막대기가 나를 안위하시나이다"(시 23:4), 이사야 40장의 "너희는 위로하라 내 백성을 위로하라"(사 40:1) 등에 이 단어가 사용됐다. 전도서 4:1의 경우, 같은 단어인 **메나헴**(מְנַחֵם)을 사용하지만 억압당하는 자의 마음을 바꾸는 것은 '위로'로, 억압하는 자의 마음을 바꾸는 것은 '회개'로 이해하는 것이 적절하다. 물론 다른 해석도 가능하다. 이 구절을 '학대하는 자들은 힘이 있는 자들이어서 아무도 (그들에게 학대받는 사람들을) 위로하려 들지 않는다'라는 의미로 이해할 수도 있다.

전도자는 단순한 관찰자로서 멀리서 관조하면서 사색하는 사람이 아니다. 전도자는 인과응보의 원리가 적용되지 않는 현실을 감정이입을 하지 않은 채로 무감각하게 객관적으로 바라보고 있지 않다. 그는 이러한 현실에 화를 낸다. 자신이 뿌린 좋은 것을 누군지도 모를 타인이 거두는 것에 "사는 것을 미워하"기까지 한다(2:17-18). 규범적 지혜의 원리대로 되지 않는 현실을 "악한 일"(3절)이라고 규정하면서, 차라리 죽은 자들이 더 낫다고(2절), 심지어는 아예 태어나지 않은 사람이 더 낫다고(3절) 절규한다.

4-8절 인과응보의 원리를 기대하며 사는 것은 우매한 일이다

인과응보의 원리대로 세상이 돌아가지 않는다면, 그 원리에 맞춰 살아가는 것은 지혜로운 일이 아니게 된다. 잠언(규범적 지혜)의 지혜가 전도서의 관점에서는 우매한 일이 된다. 2장에서 전도자는 자신의 수고의 결과물을 지혜자일지 우매자일지 모를 후손에게 넘겨줘야 하는 것은 뿌린 대로 거두는 원리에서 벗어난 것이라고 설파했다(2:18-23). 그러나 혹자는 질문할 수 있다. 만약 수고의 결과물을 가족이나 자식에게 물려주어 그들로 하여금 누리게 한다면 그것 역시도 인과응보의 큰 틀로 볼 수 있지 않냐고. 이 질문에 대한 대답인 듯 8절에서 전도자는 한 사람의 예를 든다: 재산을 물려줄 자손이나 형제가 없음에도 재산을 축적하기 위해 끝없이 일하는 사람. 수고의 결과물을 맡겨서 누리게 할 가족이나 후손이 없음에도 축적한 재산에 만족하지 못하고 자신의 행복마저 누리지 못하는 삶은 "헛된 것"(헤벨)일 뿐이다. 다시 강조하지만, 전도자는 잠언의 일반론에서 벗어난 극단적인 예를 들고 있다. 잠언의 규범적 지혜는 이러한 경우까지 염두에 두고 있지 않다. 잠언의 어디에서도 물려줄 자손이 없는 사람은 부지런히 일할 필요가 없다는 구절은 존재하지 않는다. 잠언은 언제나 부지런함을 강조한다(잠 10:4; 12:24, 27; 13:4 등). 가족이나 후손의 존재 여부를 고려하지 않는다. 잠언의 관점에서 보자면, 8절에서 등장하는 부지런한 사람은 지혜자이자 선한 의인이다. 그러나 전도자의 관점에서는 우매자일 뿐이다. 규범적 지혜(כִּשְׁרוֹן키쉬론, "재주")에 따라 열심히 수고하며 산 결과가 때로는 이웃의 시기와 질투일 수도 있다(4절). 좋은 것을 뿌린다고 그 결과가 항상 선한 것은 아니다.

그렇다면 전도자는 부지런하게 열심히 일하는 것이 다 무의미하고 헛된 일이라고 주장하는 것인가? 그렇지 않다. 지나치게 의인(지혜자)이 되지도 말고 지나치게 악인(우매자)이 되지도 말라(전 7:16-17)는 구절처럼, 아무 일도 하지 않는 것 역시 마찬가지로 지혜가 아니다. "팔짱을 끼고" 있는 행위는 '게으름'을 나타내는 전형적인 표현이다(잠 6:10; 24:33 참조). 아무 일도 하지 않으면 삶이 유지될 수 없다. 그것은 결국 자기 살을 깎아먹는 행위이다("자기의 몸만 축내는 도다"의 원문을 직역하면, '자신의 살을 먹는다'이다). 이것은 우매한 삶이다(5절). 전도자는 규범적 지혜에 따라 무조건적으로 열심히 수고하는 것도 지혜가 아닌 무지이며, 아무 일도 안 하는 것 역시도 우매한 일이라고 비판한다. 그렇다면 어떤 것이 지혜이며 무엇이 선한 것인가? 이후 구절에서 전도서의 대안적 선 개념이 등장한다.

전도서 4장 9-16절

전도서의 반성적이고 대안적인 지혜가 잘 드러나는 장이다. 헤벨이라는 인간 존재의 한계가 영원(올람)의 규범을 이해하지 못하고 파악하지 못할 때 어떻게 사는 것이 지혜인가? 넘어질 때와 추울 때, 패할 때와 끊어질 때를 대비해 둘 혹은 그 이상이 함께 있으며 서로 돕는 것이 지혜이다. 왜냐하면 누구나 넘어질 수 있고 추울 때가 있으며 패하거나 끊어질 수 있기 때문이다.

더바이블 오리지널 전도서 4장 9-16절

전도서의 반성적 지혜

9 하나보다 둘이 좋다.

왜냐하면 그들의 노동으로 더 좋은 임금을 받기 때문이다.

10 만일 한 사람이 넘어지면 동료를 일으켜줄 수 있다.

넘어진 자에게 일으켜줄 누군가가 없다면 참 안됐다.

11 만일 둘이 누우면 온기가 있으나 혼자라면 어떻게 따뜻하겠는가?

12 한 사람으로는 이길 수 없지만, 둘이면 그에 맞설 수 있다.

9절 그들의 노동으로 더 좋은 임금을 받기 때문이다//개역그들이 수고함으로 좋은 상을 얻을 것임이라: "상"으로 번역된 원어 **사카르**(שָׂכָר)는 노동에 대한 보상과 임금을 의미한다. 즉, 본문의 의미는 둘이 하나보다 좋은 이유는 둘이 일하면 더 많은 노동에 대한 대가를 지불받기 때문이라는 것이다.

10절 참 안됐다//개역화가 있으리라: 원문 **일로**(אִילוֹ)는 감탄사 **이**(אִי)와 전치사 르(לְ), 그리고 3인칭 남성단수 대명사 **오**(וֹ)로 구성되어 있다. 감탄사 **이**(אִי)는 슬픔과 안타까움을 표현하는 부정적인 의미의 감탄사이다. 화나 불행, 징벌이 닥칠 것이라는 '예언'적 의미를 지니는 것은 아니다.

12절 한 사람으로는 이길 수 없지만//개역한 사람이면 패하겠거니와: 원문을 직역하면 '누군가가 하나를 이길 수 있지만'이다. 어근 **타까프**(תָּקַף)는 '이기다, 압도하다'의 의미를 지닌 아람어 단어이다. 성경에서는 전 4:12 외에 욥 14:20("이기셔서", 개역개정), 15:24("이기리라")에 사용됐다.

12절 둘이면 그에 맞설 수 있다//개역두 사람이면 맞설 수 있나니: 원문을 직역하면 '둘은 그에 대항해서 서 있을 수 있다'이다.

12절 세 겹 줄은 쉽게 끊어지지 않는다//개역세 겹 줄은 쉽게 끊어지지 아니하느니라: **메슐라쉬**(מְשֻׁלָּשׁ)는 숫자 3을 나타내는 어근 **샬라쉬**(שָׁלַשׁ)의 푸알 분사형으로, 숫자 3과 관련되어 있는 경우에 쓰인다. 같은 단어가 3년 된 가축을 지칭할 때 쓰이고(창 15:9), 3층으로 된 방을 가리키기도 한다(겔 42:6). 이 단어를 "세세 겹 줄은 쉽게 끊어지지 않는다.

규범이 적용되지 않는 극단적인 예

13   가난하지만 지혜로운 어린이는 늙었지만 경고를 받을 줄 모르는 멍
     청한 왕보다 낫다.

14   그는 자신의 나라에서 가난하게 태어났고 감옥에서 나와 왕이 되었다.

15   나는 해 아래에서 살아가는 모든 사람들이 왕의 뒤를 잇는 그 소년과
     함께 있는 것을 보았다.

16   (그 왕의) 백성이 수도 없고, 그 이전 사람들도 수를 셀 수 없을 정도지만,

겹 줄"로 번역한 것은 둘 혹은 여러 개로 찢어지고 나뉘는 것을 가리키는 동
사 **나타끄**(נתק)에 상응한 문맥적 해석이다.

13절 가난하지만 지혜로운 어린이//^{개역}가난하여도 지혜로운 젊은이: "젊은이"로 번역
된 단어 **옐레드**(יֶלֶד)는 어린아이를 가리키는 단어이다. "가난"으로 번역된
단어 **미쓰켄**(מִסְכֵּן)은 성경 중 오직 전도서에서만 사용된다(전 4:13; 9:15-
16). 만약 이 단어가 아카드어의 **무쉬케눔**(muškenum)의 차용어라고 가정한
다면, 하층민을 가리키는 표현으로 볼 수도 있다. 그렇다면 원문 **옐레드 미쓰
켄 베하캄**(יֶלֶד מִסְכֵּן וְחָכָם)은 사회적으로 낮은 계층이면서 동시에 지혜로
운 어린이를 가리킨다. **미쓰켄**(מִסְכֵּן)을 '가난'으로 해석하든 '천민'으로 보
든지 간에, **미쓰켄**과 **하캄**(지혜)은 규범적 지혜의 관점에서는 나란히 병치할
수 없는 개념이다.

13절 늙었지만 경고를 받을 줄 모르는 멍청한 왕//^{개역}늙고 둔하여 경고를 더 받을 줄 모
르는 왕: **자켄 우크씰**(זָקֵן וּכְסִיל)을 직역하면 '늙고 아둔한'이다. 규범적 지혜
의 관점에서는 늙음이 지혜를 상징하기 때문에 늙음과 무지도 병치할 수 없
는 개념이다. '경고를 받는다'는 의미의 **힛자헤르**(הִזָּהֵר)는 (규범적 지혜의
관점에서) 의인/지혜자가 가져야 하는 중요한 자세이고(시 19:11; 겔 3:17-21;
33:4-8), 또한 백성들을 올바른 길로 인도하기 위한 의무이다(출 18:20; 레
15:31; 왕하 6:10; 렘 4:16).

후세대 사람들은 그를 좋아하지 않는다.

이것 역시 잠시 있다 사라지는 것(헤벨)이며 스쳐 지나가는 바람일 뿐
이다.

전도서 4장 9-16절 해설

하나님께서 정하신 패턴(규범)을 잘 알고 미래를 대비하는 것이 규
범적 지혜라면, 전도서는 패턴을 모르는 것을 전제로 무엇이 선이
고 지혜인가에 대해 말하고 있다. 잠언에서는 넘어지고 패하는 것
이 악과 무지의 결과이므로, 의인과 지혜자는 넘어지지 않고 패하
지 않는다. 그러나 전도서의 반성적 지혜는 불행과 실패가 인과응
보의 원리에 따라서 발생하는 일이 아니기 때문에 누구나 넘어질
수 있고 언제든 패할 수 있음을 염두에 두고 미래를 준비하는 것이
지혜라고 말한다.

9-12절 전도서의 반성적 지혜

잠언에서의 지혜란 하나님께서 창조하신 규범(인과응보)을 잘 알고
그에 따라 사는 것이다. 아는 것이 지혜이고 규범에 따라 좋은 씨앗
을 뿌리는 것이 겸손이다. 욥기의 지혜란 규범 너머에 존재하는 하
나님의 크심을 경외하며 그분 앞에서 겸손한 태도로 사는 것이다.
하나님을 인과응보의 원리로 설명하려는 것(친구들의 태도)이 교만

이고 모르는 것을 모른다고 하는 것이 겸손이다. 전도서의 지혜는 규범을 알 수 없다는 것을 전제로 다양한 가능성을 염두에 두고 살아가는 것이다. 인과응보의 원리에 따라서만 미래를 예측하며 행동하는 것은 어리석은 일이다.

9-12절은 하나님의 규범(패턴)을 알 수 없는 인간에게 무엇이 지혜인가를 설명한다. 이때 전도서의 표현은 반드시 잠언 등의 규범적 지혜의 언어와 비교해서 볼 때에만 그 의미를 올바르게 파악할 수 있다. 예를 들어 10절은 사람이 넘어지는 경우를 대비해 여럿이 함께 있는 것이 좋다(선, 지혜)고 한다. 이 당연한 이야기를 전도서가 하는 이유는 '넘어짐'(נָפַל나팔)에 대해 잠언은 전혀 다른 설명을 하고 있기 때문이다. 잠언에서 넘어지는 자는 "악한 자"(잠 11:5), "지략이" 없는 백성(11:14), "자기의 재물을 의지하는 자"(11:28), "악한 사자"(13:17), "혀가 패역한 자"(17:20), "여호와의 노를 당한 자"(22:14), "정직한 자를 악한 길로 유인하는 자"(28:10), "마음을 완악하게 하는 자"(28:14), "굽은 길로 행하는 자"(28:18) 등이다. 즉, 규범을 모르는 악인이 넘어지며, 그 넘어짐에는 무지(아둔)라는 이유가 있다. 그러나 전도서는 넘어지는 이유를 설명하지 않는다. 어떤 특정한 사람(악인/무지자)이 넘어지는 것이 아니라 누구나 넘어질 수 있다. 왜냐하면 **올람**의 규범(패턴)을 **헤벨**인 인간은 모르기 때문이다.

'끊어짐' 역시 규범적 지혜에서는 악/무지의 결과이다. "악을 행하는 자들"(시 37:9), "악인의 자손"(시 37:28), "악인"(시 37:34, 38; 잠 2:22; 10:28; 11:7), "가난한 자"(잠 19:4) 등이 끊어진다. 그러나 반성적 지혜의 관점에서는 패하는 것도 끊어지는 것도(12절) 인과응보의 원리를 따르는 것이 아니다. 사람은 누구나 패할 수 있고 누구나 끊어질 수 있다. 규범적 지혜를 대표하는 욥기의 엘리바스의 말과 비교해보라: "생각하여 보라 죄 없이 망한 자가 누구인가 정직한 자의 끊어짐이 어디 있는가"(욥 4:7). 엘리바스에게 "끊어짐"은 죄인에게 임하는 결과이다. 따라서 욥이 당하는 고통은 욥이 죄인임을 밝혀주는 증거가 된다. 그러나 욥의 반성적 지혜는 엘리바스의 주장에 정면으로 반박한다. 하나님께서 복을 주실 수도 있고 화를 주실 수도 있고(욥 2:10) 주시기도 하시며 거두시기도 하시는데(1:21), 이것은 하나님의 절대주권(자유)에 따르는 것이다. 결코 인간의 선악이 하나님의 운행을 결정하고 제한할 수 없다. 하나님은 인간에 의해 조종되는 분이 아니라는 욥의 항변 역시 전도서의 반성적 지혜와 궤를 같이한다.

인생이 특정한 패턴(인과응보)에 따라서만 흘러가는 것이 아니기 때문에(욥기), 혹은 하나님께서 정하신 어떤 특정한 패턴이 있다 하더라도 **헤벨**인 인간은 그 패턴을 파악할 수 없기 때문에(전도서), 누구든 넘어지고 끊어지고 패하고 추울 수 있다. 이러한 경우에 대비해 타인과 함께 있는 것이 반성적 지혜의 선이고 지혜이다.

13-16절 규범이 적용되지 않는 극단적인 예

13-16절에 나타난 어휘들 역시 규범적 지혜의 용례들과 비교해야 그 의미를 알 수 있다. 현대인의 관점에서 "가난하여도 지혜로운 젊

은이”는 그다지 이상한 표현이 아니다. 그러나 잠언의 규범적 지혜의 선악 이분법에서 “가난”과 “어린아이”(젊은이)는 부정적 가치를 지닌다. “가난”은 무지와 게으름의 결과이고, 나이가 어린 것은 아직 지혜에 다다르지 못한 상태를 가리킨다. 그래서 잠언은 어른 세대가 젊은 세대에게 지혜의 길을 알려주고 그 길을 선택하라고 요청하는 형식을 취하고 있다. 규범적 지혜의 시각에서 ‘가난한 아이(젊은이)’는 충분히 가능하나, ‘가난하고 지혜로운’이나 ‘지혜로운 젊은이’는 형용모순이다. “가난”으로 번역된 히브리어 **미쓰켄**(מִסְכֵּן)을 ‘하층민’이나 출신의 낮음을 가리키는 표현으로 이해하여도 마찬가지이다. 낮은 지위 혹은 천한 신분의 사람이 지혜로울 수는 없다. 지혜는 ‘고귀한 자’에게 있다.

‘늙고 어리석은 왕’이라는 표현도 규범적 지혜에서는 불가능하다. 늙음과 나이는 지혜를 상징한다. 따라서 ‘늙고 어리석은’ 역시 형용모순이다. 현대인들의 시각에서는 ‘어리석은 왕’이라는 표현이 전혀 낯설지 않지만, 잠언의 시각에서는 어불성설이다. 잠언의 “왕”은 “의/공의”(잠 8:15; 16:12-13), “재판/심판/정의”(16:10; 29:4), “정직”(16:13), “생명”(16:15), “지혜”(20:26)와 연결되어 있다. 그는 악을 행하는 것을 미워하고(16:12), “그 눈으로 모든 악을 흩어지게” 한다(20:8). “의로운 입술”과 “정직히 말하는 자”를 사랑하고(16:13), “마음의 정결을 사모하는 자”의 친구이다(22:11). 한마디로, “왕”은 지혜의 화신이다. 이러한 왕을 “어리석은”이라는 형용사로 묘사하는 것은 잠언의 시각에서는 불가능하다. 전도서는 “지혜로운”과

"늙은", "왕" 같은 긍정적 가치의 단어와 "가난하고"(혹은, 천한 신분의), "어리석은", "젊은이"(원어는 '어린아이') 등의 부정적 단어들을 뒤섞어 사용함으로써 규범적 지혜의 가치관을 해체하고 있다. 참고로, 반성적 지혜서인 욥기도 '늙음/나이'와 '지혜'를 연결시키는 규범적 지혜에 반대한다: "어른이라고 지혜롭거나 노인이라고 정의를 깨닫는 것이 아니니"라(욥 32:9).

전도자는 13-16절에서 규범(패턴)에 어긋나는 극단적인 경우를 언급하고 있다. 가난하게 혹은 천하게 태어난 자가, 심지어는 감옥에 갇혔던 사람이 왕이 되는 경우이다(14절). 이전의 왕이 아무리 많은 백성을 다스리는 엄청난 권력자였어도(16절), 그의 치세도 머지않아 다음 왕에게 자리를 넘겨줄 수밖에 없고(15절), 백성들은 그 이전 왕의 치세를 기뻐하지 않고(16절) 조만간 잊어버리게 될 것이다. 귀한 신분이든 낮은 신분이든, 지혜가 있으나 없으나, 나이가 많건 적건 모두가 잠깐 왔다 사라지는 **헤벨**이며, 인생은 바람이 스쳐 지나가는 것과 같을 뿐이다(16절).

전도서 5장 1-8절

5장에서 계속하여 전도서의 대안적인 선악 개념이 제시된다. 하나님 앞에 나아갈 때나, 하나님 앞에서 말을 할 때 자신이 잘못(악)할 수도 있는 가능성을 염두에 두고 해야 하며, 서원을 할 때에도 지키지 못할 가능성이 있음을 고려해야 한다. 꿈이나 소원 역시 항상 바라는 대로 이루어지는 것은 아니다. 규범적 지혜의 틀로써 설명하거나 이해할 수 없는 일이 발생하는 것도 지극히 당연하다.

더바이블 오리지널 전도서 5장 1-8절

반성적 지혜의 겸손: 하나님 앞에서 조심스러운 태도

1   너는 하나님의 집에 갈 때 발을 조심해야 한다.

우매한 자들이 제사를 드리는 것보다 하나님의 말씀을 듣는 것이 그

분께 더 가까이 가는 길이다.

우매한 자들은 자신들이 악을 행하고 있다는 것을 모르고 있다.

반성적 지혜의 겸손: 말이나 서원을 함부로 하지 마라

2   네 입으로 성급하지 않기를 바란다. 하나님 앞에서 급하게 말을 내지

말아라.

왜냐하면 하나님은 하늘에 계시고 너는 땅에 있기 때문이다.

1절   발을 조심해야 한다//[개역]네 발을 삼갈지어다: 동사 **샤마르**(שמר)가 신체 일부와
함께 쓰일 때는 경계하고 조심하라는 의미로 사용된다: "그의 손을 금하여"
(사 56:2), "입과 혀를 지키는 자"(잠 21:23) 등.

1절   우매한 자들이 제사를 드리는 것보다 하나님의 말씀을 듣는 것이 그분께 더 가까이
가는 길이다//[개역]가까이 하여 말씀을 듣는 것이 우매한 자들이 제물 드리는 것보
다 나으니: **까로브**(קרוב)를 명령적 의미의 부정사 절대형으로 볼 수도 있고
('가까이 가라'), 부사적으로 이해할 수도 있다. 칠십인역(LXX)은 후자의 독
법을 따라 번역하고 있다('듣기 위해 [성전에] 가까이 갈 때에'). 히브리어 원
문에는 "나으니"에 해당하는 **또브**(טוב)가 없다.

2절   네 입으로 성급하지 않기를 바란다//[개역]함부로 입을 열지 말며: 직역하면 '네 입
에 대해 서두르지 마라'이다. 어근 **바할**(בהל)은 후기 히브리어에서 '서두르
다'의 의미로 사용된다. 하반절의 **마하르**(מהר)와 동의어이다.

2절   급하게 말을 내지 말아라//[개역]급한 마음으로 말을 내지 말라: 직역하면 '네 심장
으로 하여금 급하게 말을 밖으로 내게 하지 마라'이다.

그러므로 너는 말을 적게 해라.

3   일을 많이 하면 잠(직역: "꿈")이 오는 것처럼 말을 많이 하면 멍청한
소리도 하게 된다.

4   네가 하나님께 서원한 것은 실행하기를 지체하지 마라.

반면에 우매한 자들은 서원을 하고서도 실행할 생각이 없다.

그러니 너는 서원한 것을 반드시 실행해라!

5   그러나 서원한 것을 실행하지 않는 것보다 서원하지 않는 것이 더 낫다.

6   네 입으로 네 몸이 범죄하게 하지 마라.

3절   일을 많이 하면 잠(직역: "꿈")이 오는 것처럼//^{개역}걱정이 많으면 꿈이 생기고: 직
역하면, '수고/고통(עִנְיָן^{인얀})이 많을 때 꿈이 온다'이다.

3절   말을 많이 하면 멍청한 소리도 하게 된다//^{개역}말이 많으면 우매한 자의 소리가 나
타나느니라: 직역하면 '말이 많을 때 우매한 소리가 (온다)'이다.

4절   서원한 것을 반드시 실행해라//^{개역}서원한 것을 갚으라: '갚다'로 번역된 동사의
어근은 **샬람**(שׁלם)이다. '평화'의 뜻으로 잘 알려진 이 단어의 어원은 '온전
함'(wholeness)으로, 피엘형 동사의 의미는 '온전하게 하다'이다. 즉, 서원한
것을 온전히 이행함을 가리킨다.

6절   천사 앞에서//^{개역}사자 앞에서: 원어 **말아크**(מַלְאָךְ)는 단순히 전령/사자(메시
지를 전달하는 자)를 의미한다. 성경 히브리어에서 하나님뿐 아니라 왕이나
선지자의 소식을 전달하는 사람을 지칭하기도 한다. 따라서 반드시 날개 달
린 신적 존재를 상상할 필요는 없다. 다만, 헬레니즘의 영향을 받은 사해문서
등에서 **말아크**(מַלְאָךְ)는 지금 우리가 상상하는 '천사' 같은 존재로 등장한
다. 칠십인역(LXX)은 **리프네이 함말아크**(לִפְנֵי הַמַּלְאָךְ)를 '하나님의 얼굴
앞에서'로 번역한다.

6절   '그것은 실수였어요'라고 말하지 않기를 바란다//^{개역}내가 서원한 것이 실수라고
말하지 말라: "실수"로 번역된 **쉐가가**(שְׁגָגָה)는 레위기와 민수기 등에서 주로
의식/인지하지 못하고 저지른 죄를 가리킬 때 사용된다(레 4:2, 22, 27; 5:15,
18; 22:14; 민 15:25-29; 35:11, 15 등).

천사 앞에서 '그것은 실수였어요'라고 말하지 않기를 바란다.

대체 왜 하나님으로 하여금 네 말에 화가 나시게 해서 네 손으로 이룬 것들을 무너뜨리시게 하려는가?

7 곧 사라질 것들을 많이 꿈꿀수록 말도 많아지는 법이다.

그러니 너는 하나님을 두려워할 줄을 알아야 한다.

반성적 지혜의 겸손: 불의한 일을 경험하더라도 놀라지 마라

8 만일 네가 어느 지역에서 약자가 억압당하고 정의와 공의가 유린되는 것을 보더라도

그 일로 인해 놀라지 않기를 바란다.

왜냐하면 높은 자 위에 더 높은 관리자가 있으며, 그들보다 더 높은 자들도 있기 때문이다.

전도서 5장 1-8절 해설

전도서의 반성적 지혜는 규범(패턴)을 알지 못하는 것을 전제로 한 지혜이다. **헤벨**인 인간은 하나님의 시각(**올람**)에서 무엇이 선인지

6절　네 손으로 이룬 것들을 무너뜨리시게 하려는가//^{개역}네 손으로 한 것을 멸하시게 하랴: 어근 **하벨**(חבל)은 '공격하다, 나쁘게 대하다'(느 1:7; 욥 34:31), '파괴하다'(사 13:5) 등의 의미로 사용된다.

8절　그 일로 인해 놀라지 않기를 바란다//^{개역}그것을 이상히 여기지 말라: 원문은 '놀라지 마라, 충격받지 마라'는 뜻이다.

악인지를 올바로 판단할 수 없다. 따라서 하나님 앞에서 겸손한 인간은 자신의 판단이 하나님의 뜻에 맞지 않을 수 있음을 염두에 두고 행동해야 한다. 본의 아니게 악한 행동을 할 가능성, 약속을 지키지 못할 가능성, 옳고 그름의 판단이 틀릴 가능성을 인정하는 것이 지혜이고 하나님을 경외하는 겸손이다.

1-8절 반성적 지혜의 겸손

잠언과 같은 규범적 지혜에 따르면, 신실한 신앙인은 하나님께서 창조하신 규범을 말씀(특수계시)과 자연법칙(일반계시)을 통해 알고자 노력해야 한다. 그것이 하나님 앞에서 겸손한 태도이자 하나님을 경외하는 자의 마땅한 자세이다. 옳은 길과 그른 길을 분명히 나누고 옳은 선택을 하는 사람이 의인이자 지혜자이다. 이와는 반대로, 하나님의 규범을 모르거나 알려고 하지 않는 태도, 그리고 알면서도 따르지 않는 것이 악이자 무지이며, 그것이 곧 교만이다.

그러나 반성적 지혜는 겸손을 재정의한다. **올람**과 **헤벨**, 하나님의 크심과 인간의 작음을 더욱 선명히 대비시키며("하나님은 하늘에 계시고 너는 땅에 있음이니라", 2절), 하나님의 뜻, 하나님께서 정하신 규범, 하나님의 입장에서의 선악 기준을 인간이 모두 파악할 수 없다는 것을 강조한다. 이 관점에서는 안다고 하는 것이 오히려 교만이고 모르는 것을 모른다고 하는 것이 겸손이다. 인과응보의 틀로써 하나님을 설명하고 하나님의 선하심을 변호하려고 한 욥의 친구들의 '규범적 지혜'가 하나님에 의해 '옳지 못함'(사실이 아님)과 '우매'

로 규정되는 이유가 바로 이것이다(욥 42:7-8). 친구들의 '지혜'는 특정한 패턴 안에 하나님을 가두는 교만이기 때문이다. 패턴을 창조하신 분은 하나님이지만, 하나님은 그 패턴을 넘어서시는 분이다. 전도서는 욥기와는 다르게, 태초부터 정해진 불변하는 규범이 있다고 말한다. 다만 이 세계를 잠깐 왔다 사라지는 존재인 인간은 그 패턴을 알 수 없다(전 3:11). 따라서 전도서가 말하는 지혜란 **헤벨**로서의 존재의 한계성을 인지한 채로, 어떤 특정한 규범 혹은 자신의 예측에 따라 삶이 흘러가지 않는다는 것을 아는 것이다. 그렇기에 여러 가지 가능성을 염두에 두고 자신이 실수할 수도 틀릴 수도 있음을 인식하는 것이 하나님을 경외하는(두려워하는) 겸손한 태도가 된다.

A. 1절 하나님 앞에서 겸손하고 조심스러운 태도

하나님께 나아가는 것, 즉 하나님께 예배를 드리고 제사를 드리는 것이 하나님을 기쁘게 해드리는 일이라는 '당연한 전제'를 전도서는 경계한다. "네 발을 삼갈지어다"가 "하나님의 집"(성전)으로 가지 말라는 의미는 물론 아니다. 또한 단순히 가는 길을 잘 선택하라거나 가는 도중에 행동거지를 조심하라는 좁은 의미로 한정될 수 없다. 전도자는 하나님께 나아가는 것 자체가 얼마나 조심스러운 일인지에 대해 경각심을 불러일으키고 있다. 지혜로운 사람은 자신이 드리는 예배가 '우매자의 제사'가 될 수 있는 가능성이 있음을 염두에 두어야 한다. 전도서의 관점에서는 (규범적 지혜가 규정한) 지혜자와 우매자 사이의 간극이 그리 크지 않다. 자신이 하나님의 관점에서 지혜자일지 우매자일지 모른다는 태도를 취하는 것이 겸손한 자세이다. "악을 행하면서 깨닫지 못"하는 사람이 우매자이지만, 그 어리석은 사람은 자신이 의인이자 지혜자로서 하나님께 제사를 드리는 것으로 생각할 것이고, 자신의 제사를 하나님께서 기쁘게 받으실 것이라 믿을 것이다. 전도서의 반성적 지혜는 누구나 이러한 우매자가 될 수 있는 가능성을 말한다. 따라서 하나님을 경외하는(두려워하는) 신앙인(반성적 지혜자)은 자신이 악한 행동을 했을 가능성, 하나님께서 보시기에 의롭지 못할 가능성을 염두에 두고 항상 조심스러운 태도를 보여야 한다. 욥이 자신의 아들들의 범죄 가능성을 고려한 까닭도 마찬가지이다(욥 1:5).

B. 2-7절 말이나 서원을 함부로 하지 마라

하나님의 뜻에 부합하는 옳고 참된 말만 하는 것, 그리고 서원한 것을 반드시 지키는 것이 규범적 지혜라면, 반성적 지혜는 자신의 말이 틀릴 수도 있고, 서원이나 약속을 지키지 못할 가능성을 고려하는 것이다. 잘못된 말을 할 가능성은 말을 많이 할수록 높아진다(3절). 왜냐하면 누구나 잘못할 수 있고 누구나 실수할 수 있기 때문이다. (규범적) 지혜가 부족해서가 아니다. 지혜자 또한 언제든 잘못을 저지를 수 있다("선을 행하고 전혀 죄를 범하지 아니하는 의인은 세상에 없기 때문이다", 전 7:20). 실수할 가능성을 고려하는 지혜자는 그러므로 말을 적게 할 수밖에 없다. 반면에 우매한 자는 말을 많이 한다(전

10:14).

여기서 "하나님 앞에서"(2절)와 "하나님께"(4절)라는 표현은 반드시 하나님께 직접 드리는 기도와 서원만을 의미한다고 한정해서 볼 필요는 없다. 오히려 일상적으로 하는 모든 말과 약속도 어떤 면에서는 모두 "하나님 앞에서" 하는 것이다. "하나님은 하늘에 계시고 너는 땅에 있음이니라"(2절)는 표현은 중의적 의미를 지니고 있다. 이 표현은 첫째, (앞에서도 설명했듯이) 하나님의 크심과 인간의 작음을 대비하여 하나님의 절대주권을 강조하려는 반성적 지혜의 전형적인 표현이다. 둘째, 하늘에 계신 하나님은 이 땅의 인간들의 말과 행동과 마음을 모두 살피신다는 의미를 내포한다. 따라서 사람의 모든 생각과 말과 행동은 곧 "하나님 앞에서", "하나님께" 하는 것이 된다. 마찬가지로, "천사"로 번역된 **말아크**(מַלְאָךְ)는 하나님과 인간 사이에 소식을 전하는 메신저인데, 전도서의 관점에서는 누가 하나님의 메신저인지 알 수가 없다. 그러므로 지혜자는 누구를 대하든지 하나님의 사자를 대하듯이 해야 하며 모든 말과 행동을 "하나님 앞에서", "하나님께" 하듯 해야 한다(히 13:2 참조). 이것이 하나님을 경외하는 자의 겸손한 태도이다(7절).

전도자는 '꿈'을 잠시 있다 사라지는 **헤벨**로 이해한다. 현대인들은 '꿈'이라는 단어를 '헛된 욕망' 혹은 '금세 사라지는 것'과 같은 의미로 이해하는 데 익숙하다. 그러나 성경에서 히브리어 **할롬**(חֲלוֹם)은 하나님의 뜻이 계시되거나 장래의 일을 미리 보는 통로를 뜻한다(창 20:3, 6; 31:10-11, 24; 37:5-10; 40:5; 41:7-32; 민 12:6; 삿 7:13-15;

삼상 28:6, 15; 왕상 3:5, 15; 욥 7:14; 20:8; 33:15; 시 73:20; 단 1:17; 2:1-3; 욜 3:1 등. 반면에 신 13:1-5과 렘 23:25-28, 32; 27:9; 29:8 및 슥 10:2은 꿈을 통한 메시지가 잘못된 경우를 경고한다). 전도자가 '꿈'을 이해하는 방식은 '꿈'에 대한 성경의 주류적인 이해와 전혀 관련이 없다. 여기에서도 전도서의 반성적 지혜로서의 독특성이 드러난다.

C. 8절 불의한 일을 경험하더라도 놀라지 마라

"정의와 공의를 짓밟는 것을 볼지라도 그것을 이상히 여기지 말라"(8절)라는 표현은 규범적 지혜의 틀에서는 있을 수도 없고 있어서도 안 되는 가르침이다. 만약 불의한 일이 발생하면 그것은 신속히 원래의 자리(규범)로 되돌아가야 한다. 혹시 그렇지 못하더라도 언젠가는 반드시 정의가 이루어질 것을 믿는다. **미쉬파트(מִשְׁפָּט)와 쩨데끄(צֶדֶק)**는 하나님의 뜻과 의로움을 표현하면서 동시에 그분의 뜻에 맞게 사는 것을 의미한다. 전도자는 이 표현을 '규범적 지혜의 관점에서 본 당위/올바름'이라는 의미로 사용하고 있다. 가난한 자가 억압받아서는 안 되는 것이 당위이고 규범이지만, 그 당위대로 되지 않는 현실은 언제나 있어 왔다. 예외가 너무 많은 규범을 더 이상 규범이라고 할 수 있을까? 전도서의 반성적 지혜가 던지는 질문이다.

전도서 5장 9-20절

9-20절에는 특별히 재물에 대한 반성적 지혜의 가치관이 잘 드러난다. 땅의 소산을 먹고 사는 점에서는 왕과 일반인의 차이가 없고, 물질적 욕망을 추구할수록 만족이 없다. 소유가 많을수록 비용이 늘어나며, 재산이 많다고 평온히 잠을 잘 수 있는 것도 아니다. 큰 재물이 있어도 한순간에 없어질 수 있고, 죽을 때 그 재물을 가지고 가지도 못한다. 그러므로 지금 자신에게 주어진 것에 만족하는 것이 지혜로운 삶이다.

더바이블 오리지널 전도서 5장 9-20절

어리석은 재물관

9   그러나 땅에서 나오는 것은 모두를 위한 것이다. 왕조차도 들판에 의
    존한다.

10 돈을 사랑하는 자는 돈에 만족할 줄 모른다.

    풍요를 사랑하는 자 역시 자신의 소득에 만족하지 못한다.

    그러나 이것 역시 잠시 스쳐가는 것일 뿐이다.

11 좋은 것이 많아지면 그걸 먹는 자들도 많아진다.

    그러니 그 주인은 (그 좋은 것을) 눈으로 보는 것 외에 달리 무엇을 할
    수 있겠는가?

12 노동자는 많이 먹든 적게 먹든 단잠을 자는데

9절   왕조차도 들판에 의존한다//^{개역}왕도 밭의 소산을 받느니라: 원문 **멜레크 레싸데
      네에바드**(מֶלֶךְ לְשָׂדֶה נֶעֱבָד)는 **네에바드**(נֶעֱבָד)가 무엇을 수식하느냐에 따
      라 크게 두 가지로 해석 가능하다: (1) 왕도 밭에 의해 섬김을 받는다, (2) 왕
      도 경작된 밭에 종속되어 있다. 어느 해석이든 전반절의 "땅의 소산물은 모
      든 사람을 위하여 있나니"와 연결되어 왕 또한 일반인들과 마찬가지로 밭의
      소산으로 음식을 섭취하여 생명을 유지한다는 의미로 이해하는 것이 좋다.

11절 그 주인은 (그 좋은 것을) 눈으로 보는 것 외에 달리 무엇을 할 수 있겠는가//^{개역}그
      소유주들은 눈으로 보는 것 외에 무엇이 유익하랴: 아무리 소유가 많아도 소유
      주의 눈앞에 놓인 음식 이외에는 먹지 못함을 의미한다.

12절 부자의 부요함이 그에게 편안한 숙면을 주지는 못한다//^{개역}부자는 그 부요함 때문
      에 자지 못하느니라: 원문을 직역하면, '부자의 만족함/풍족함이 그에게 잠을
      주지 않는다'이다. 이것은 두 가지로 이해 가능하다: (1) (개역개정의 번역처
      럼) 부자는 부요함으로 인해 잠을 자지 못한다, 혹은 (2) 부요함이 부자에게
      잠을 주는 것은 아니다. 즉, 부자라고 잠을 잘 자는 것은 아니라는 뜻이다. 상

부자의 부요함이 그에게 편안한 숙면을 주지는 못한다.

13   내가 해 아래에서 본 끔찍한 악이 있다.

재물을 지키려는 것이 오히려 그 소유주에게 해악이 되는 경우이다.

14   불행한 일을 당해 가진 재산이 사라지면

그가 낳은 자식의 손에는 아무것도 없게 된다.

15   어머니 배 속에서 벌거벗고 나온 것처럼, 그는 나온 것과 똑같이 돌

아간다.

즉, 자신의 손으로 행한 수고의 어떤 대가도 그는 가져가지 못한다.

16   또한 이것 역시 끔찍한 악이다. 이 세상에 온 바로 그대로 저 세상으

로 간다는 것.

그에게 남는 것이 무엇이란 말인가? 단지, 그는 바람처럼 스쳐가는

것을 위해 수고했을 뿐.

반절과 비교해 볼 때 후자의 해석이 더 적절해 보인다.

13절 끔찍한 악//^{개역}큰 폐단 되는 일: 원어의 표현인 **라아 홀라**(רָעָה חוֹלָה)는 명사
    라아(רָעָה, '악, 나쁨')와 형용사/분사인 **홀라**(חוֹלָה, '아픈, 병든')로 이루어
    져있다. 이는 고통스러울 정도로 매우 나쁜 일을 나타낸다.

13절 재물을 지키려는 것이 오히려 그 소유주에게 해악이 되는 경우이다//^{개역}소유주가
    재물을 자기에게 해가 되도록 소유하는 것이라: 두 가지 해석이 가능하다: (1) 재
    물 자체가 소유주에게 해가 된다, (2) 화를 당해 재물이 사라진다. 만약 14절
    의 "그 재물이 재난을 당할 때 없어지나니"와 유사한 표현을 반복한 것이라
    면 후자의 해석이 적절하다.

16절 이것 역시 끔찍한 악이다//^{개역}이것도 큰 불행이라: 13절의 "큰 폐단"과 동일한
    표현인 **라아 홀라**(רָעָה חוֹלָה)가 사용됐다.

17   게다가 그는 (살아있는) 모든 날에 어둠 속에서 먹고,

많은 화와 질병과 분노 (속에서 먹고 살았다).

지혜로운 재물관

18   자, 내가 아는 선은 바로 이것이다.

하나님께서 그에게 주신 살아있는 날들 동안 해 아래에서 열심히 일

한 대가로 먹고 마시고 좋은 것을 보는 것이 아름다운 것이다.

왜냐하면 그것이 그에게 주어진 몫이기 때문이다.

19   하나님은 누구에게나 재산과 재물을 주시고, 그걸로 먹고 살 수 있게

하시며, 자신의 몫을 받고 자신의 일을 통해 기뻐할 수 있게 하신다.

이것이 하나님의 선물이다.

20   자신의 생명이 얼마 남았는지 자주 생각하지 않는 것이 좋다.

왜냐하면 하나님은 사람의 마음이 기뻐하기를 바라시기 때문이다.

18절 살아있는 날들 동안//개역그 일평생에: 원문 **미쓰파르**(מִסְפַּר)는 '숫자'라는 뜻
으로, 숫자를 셀 수 있을 정도의 짧은 인생을 나타내는 표현이다.

18절 열심히 일한 대가로 먹고 마시고 좋은 것을 보는 것이//개역모든 수고 중에서 낙을
보는 것이: 원문의 표현은 '자신의 모든 수고(노력)에서 선(טוֹבָה또바)을 보는
것'이다.

20절 자신의 생명이 얼마 남았는지 자주 생각하지 않는 것이 좋다//개역자기의 생명의 날
을 깊이 생각하지 아니하리니: 원문을 직역하면 '그는 자신의 생명의 날들을 많
이 기억하지는 않는다'이다.

20절 사람의 마음이 기뻐하기를 바라시기 때문이다//개역그의 마음에 기뻐하는 것으로
응답하심이니라: **아나**(עָנָה) 동사의 가장 흔한 의미는 '대답하다, 응답하다'이
지만, 히필형으로 '바쁘게 하다, 몰두하게 하다'라는 의미가 있다(참조,
HALOT)

전도서 5장 9-20절 해설

9-20절에는 재물과 부요에 대한 반성적 지혜의 경구들이 모여 있다. 전도서가 독자로 상정하는 사람들이 가지고 있는 재물에 대한 인식을 수정하려는 목적을 가진다. 인과응보의 원리에 따르면, 재물은 하나님의 뜻에 따라 선한 것(수고와 부지런함 등)을 뿌린 대가로 주어지는 것이므로, 부자는 곧 의인과 지혜자의 동의어가 된다. 전도서의 반성적 지혜는 이러한 잘못된 재물관을 비판한다.

9-17절 어리석은 재물관

규범적 지혜의 정수가 잠언에 있기 때문에 전도서의 반성적 지혜를 이해하기 위해서 잠언과의 비교가 필수적이다. 그러나 전도서의 반성적 지혜가 잠언 그 자체에 대한 반명제(안티테제)인 것은 아니다. 전도서가 비판하는 규범적 지혜는 보다 단순화되고 세속화된, 혹은 기복주의적인 인과응보의 원리로 보인다: 부지런히 열심히 일하면 그 결과로 재물이 따라오고, 따라서 물질적인 부요함이 규범적 지혜를 잘 실천한 증거가 된다는 논리 혹은 신앙. 이 믿음에 따르면 부자는 곧 하나님의 복을 받은 의인이요 지혜자이고, 반면에 가난은 규범적 지혜를 충실히 따르지 못한 자에게 주어지는 하나님의 징벌이 된다. 현대인의 시각에서는 '부자 됨'을 이해하는 다양한 설명 방식(부정적인 설명을 포함하여)이 있지만, 성경 시대의 사람들에게 부자는 곧 하나님의 복과 사랑을 가장 많이 받은 사람으로 인식됐다(예수님의 부자와 거지 나사로의 비유, 부자 청년과의 대화 등은 이러한 배경 속에서 이해되어야 한다).

그러나 잠언의 재물관은 위에서 설명한 것만큼 단순하지 않다. (1) 재물과 부요는 하나님의 뜻을 알고 그 패턴에 따라 사는 의인/지혜자에게 주어지는 결과물이지만(잠 3:16; 8:18; 10:4, 22; 21:17; 22:4), 동시에 (2) 지나친 소유욕과 재물에 대한 의존을 경계한다(잠 11:28; 13:8; 14:24; 22:1; 23:4; 28:20; 30:8). 지혜로운 사람은 하나님을 경외하는 겸손한 사람으로(잠 22:4), 그는 게으르거나(10:4), 술과 연회를 즐기며 흥청망청하지 않는다(21:17). 이러한 지혜자에 대한 하나님의 보응은 "재물과 영광과 생명"(22:4)이다. 근면한 사람은 부하게 되지만 게으른 사람은 가난하게 된다(10:4). 하지만 잠언은 재물의 위험성과 부정적 가능성에 대해서도 경고한다. 재물은 그것이 누구의 손에 있느냐에 따라 좋은 것일 수도 나쁜 것일 수도 있다(14:24). 재물을 의지해서는 안 되며(11:28), 부 자체에 삶의 목적을 두어서도 안 된다(23:4; 28:20). 즉, 재물은 지혜에 뒤따르는 결과이지만, 그 결과를 목적으로 삼아서는 안 된다고 경고한다.

잘못된 재물관에 대한 전도서의 비판은 잠언과는 다르다. 첫째, **헤벨**로서의 인간의 작음을 강조하는 관점에서, 왕과 일반인의 차이가 없음을 지적한다(전 5:9). 이 문맥에서 왕은 가장 많은 소유를 가진 사람을 상징하는데, 이 단어의 의미를 이해하기 위해서는 규범적 지혜에서 '왕'이라는 단어가 가진 위치를 알아야 한다. 잠언에서 왕과 연결된 어휘는 "의/공의"(잠 8:15; 16:12-13), "재판/심판/정의"

(16:10; 29:4), "정직"(16:13), "생명"(16:15), "지혜"(20:26) 등이다. 왕은 악을 행하는 것을 미워하고(16:12), "그 눈으로 모든 악을 흩어지게" 한다(20:8). 그는 "의로운 입술"과 "정직히 말하는 자"(16:13)를 사랑하고, "마음의 정결을 사모하는 자"(22:11)의 친구이다. 즉, 규범적 지혜에서 "왕"은 의와 지혜의 화신이며, 심지어는 하나님을 나타내는 메타포로 사용된다. 그러나 전도서의 관점에서는 많은 재물을 가진 왕이나 일반인이나 모두 이 땅에 잠시 있다 사라지는 **헤벨**일 뿐 별 차이가 없다. 왕조차도 땅의 소산물에 의지하며 살아갈 수밖에 없는 존재이다.

둘째, 재물이 만족을 주지는 못한다(전 5:10). 왜냐하면 많이 가질수록 그 재산을 함께 관리하는 사람들이나 식객들이 늘어나기 때문이다. 그들에 대한 비용도 함께 증가한다(11절). 아무리 많은 소유를 가지고 있다 해도 그 소유주가 먹을 수 있는 것은 자신의 눈앞에 차려진 음식일 뿐이다(11절). 소유가 많다고 남보다 몇 배나 더 많은 음식을 먹을 수 있는 것은 아니다(몇 배나 비싼 음식을 먹을 수는 있겠지만). 또한 부요함을 유지하기 위한 걱정에서든 더 많은 재물을 얻기 위한 노고 때문이든, 그 부요로 인해 잠을 못 잘 수도 있다. 혹은 그렇지 않더라도 재물이 잠과 휴식을 보장해 주지는 못한다(12절).

셋째, 인과응보의 원리에 따르면 재물과 부요는 의와 지혜의 결과물이다. 규범을 잘 따르는 지혜자가 재산을 잃게 되는 일은 없다. 좋은 것을 심은 결과가 나쁠 리가 없기 때문이다. 만약 가지고 있는 재물을 잃게 된다면 그것은 악과 무지에서 비롯된 것이다. 그러나 전도서의 반성적 지혜가 말하듯이 누구나 넘어질 수 있고(4:10) 패하거나 끊어질 수 있다(4:12). 죽음과 질병, 무너짐과 찢김, 미움과 전쟁마저도 하나님이 정하신 때에 발생하는 일일 뿐(3:1-8), 하찮은 **헤벨**인 인간이 하나님이 정하신 **올람**의 패턴에 영향을 주지는 못한다(3:14). 따라서 재물의 소유주가 지혜자이든 아니든, 그 재물이 해악을 가져올 수 있고, 화를 당해 재물을 모두 잃게 되는 일도 얼마든지 벌어질 수 있다(5:13-14). 언제 어느 때건 없어질지 모르는 것을 위해 수고하고 애쓰는 것은 지혜가 아니다.

넷째, 전도서의 가장 핵심적인 주제인 '인간은 이 세상에 잠시 머물다 가는 **헤벨**'이라는 관점에서도 재물을 모으려고 애쓰는 것은 아둔(무지)한 일이다. 삶은 짧다. 죽음은 언제든지 닥칠 수 있다. 죽은 후에 재물을 무덤으로 가지고 가지는 못한다. 벌거벗은 채로 태어난 것과 마찬가지로 아무것도 가지지 못한 채로 죽음을 맞이하게 된다(5:15). 걱정하고 아파하고 애써서(17절) 모은 재산은 뒤에 올 후손에게 넘겨줄 뿐이다(2:18, 21). 재물을 물려받을 이가 지혜자일지 우매자일지도 모른다(2:19). 짧은 **헤벨**의 일생(5:17)을 바람처럼 스쳐 지나갈(16절) 재물을 위해 바치는 것은 고통스러울 정도로 나쁜 일(רָעָה חוֹלָה 라아 홀라)이자 바보 같은 짓이다(16절).

18-20절 지혜로운 재물관

전도서가 제시하는 대안적인 재물관은 지금 자신에게 주어진 것에 만족하며, 자신의 노동으로 먹고 살며 그 안에서 선함(טוֹבָה 또바)을 발견하는 것이다(5:18). 이것은 전도서 전체에서 계속 반복되는 주제이다(2:24; 3:22; 9:9). 더 가지려고 더 부유해지려고 잠도 못 자고 어두운 곳에서 걱정하고 아파하고 애쓰는 것("근심과 질병과 분노", 5:17)은 미련한 짓이다. 하나님께서는 누구에게나 그 사람이 먹고 살 몫을 주신다(19절). 그것을 "하나님의 선물"로 알고 감사함으로 현재의 삶에 충실하는 것이 지혜로운 재물관이다(19절).

　반면에, 규범적 지혜의 가치관에서는 지금의 순간에 집중하는 것은 오히려 어리석은 일이다. 패턴을 잘 알아서 언제나 다음에 닥칠 일을 미리 대비하는 것이 지혜이고 현명한 태도이다. 이러한 규범적 지혜가 놓치고 있는 '지금 여기 이 순간'(*hic et nunc*)의 가치를 전도서는 발견해낸다. 인생은 짧고 "뒤에 일어날 일"(3:22)을 알 수 없으며, 예측할 수 없는 미래를 미리 준비하는 것이 불가능하다면, 시선을 미래에 두지 말고 지금 살고 있는 이 '순간'(**헤벨**)에 집중하는 것이 지혜로운 태도이다. **헤벨**이라는 주제어를 통해 인생의 짧음을 강조하는 전도서의 세계관은 결코 허무주의로 귀결되지 않는다. 세상 것은 다 헛되니 하늘을 바라보며 살라는 것도 전도자의 가르침이 결코 아니다.

전도서 6장 1-12절

6장은 뿌린 대로 거둔다는 원리가 적용될 수 없거나 그 원리로는 설명할 수 없는 예들을 나열한다. 하나님의 복을 많이 받았으나 그 복을 충분히 누리지 못할 수도 있고, 사는 동안 온갖 축복을 받았으나 죽을 때 묻힐 무덤이 없는 경우도 있다. 아무리 오래 산다고 해도 영원히 살 수는 없다. 영원(올람)의 관점에서 보면 지혜자나 아둔한 자의 구분도 큰 의미를 지니지 못한다.

더바이블 오리지널 전도서 6장 1-12절

인과응보의 원리로 설명할 수 없는 경우들

1   해 아래에서 내가 본 나쁜 일이 있는데, 이런 것은 사람이 감당할 수 없는 것이다.

2   이런 사람이 있다, 하나님께서 그에게 재물과 부귀와 존경을 주시고 그가 원하는 모든 것에 부족함이 없는 사람. 그런데 하나님께서는 그로 하여금 그것들을 누리도록 허락하지 않으시고, 반면에 전혀 관련 없는 누군가가 그것들을 누린다.

이것은 말도 안 되는 일이며 끔찍한 악이다.

1절   나쁜 일//^{개역}불행한 일: '악, 나쁜 것'을 뜻하는 히브리어 **라아**(רָעָה)의 번역이다.

1절   사람이 감당할 수 없는 것이다//^{개역}사람의 마음을 무겁게 하는 것이라: "무겁게 하는"으로 번역된 원문은 **랍바**(רַבָּה)로서, 기본적인 뜻은 '많음'이다. 직역하면 '많음이 사람 위에 있다'가 되는데, 두 가지 정도로 이해될 수 있다: (1) 사람이 감당하기에는 너무 많다, 혹은 (2) 사람에게 흔하게 벌어지는 일이다. 개역개정은 첫 번째 의미로 해석하고 있으며, 새번역("그것은 참으로 견디기 어려운 것이다")과 공동번역("사람의 마음을 무겁게 하는 억울한 일")도 표현은 다르지만 모두 첫 번째 계열의 해석을 취하고 있다. 영어 번역 중에서 NASB("it is prevalent among men")와 KJV("it is common among men")가 두 번째 해석을 선택했다.

2절   전혀 관련 없는 누군가//^{개역}다른 사람이: **노크리**(נָכְרִי)는 '낯선'(strange), 혹은 '외국의'(foreign)라는 의미를 가진 형용사이다.

2절   끔찍한 악//^{개역}악한 병이로다: 원문 **홀리 라으**(חֳלִי רָע)는 직역하면 '나쁜 질병'이다. 전 5:13("큰 폐단")과 5:16("큰 불행")의 **라아 홀라**(רָעָה חוֹלָה)와 단어의 위치를 바꾼 형태로서, 고통스러울 정도로 나쁜 일을 나타내는 의미는 동일하다.

3 만약 누군가가 백 명의 자식을 낳고 많은 햇수를 살아왔는데도 아직 그의 살날이 많이 남아있다고 하자. 그런데 그의 영혼이 좋은 것에 만족하지 못하고, 게다가 그를 위한 무덤도 마련되지 않았다고 하자. 나는 이 사람보다 사산아가 더 낫다고 말하겠다.

4 왜냐하면 사산아는 생겨났다가 어둠으로 가는데, 그의 이름마저 어둠 속에 가려지고

5 게다가 그는 태양조차 보지 못하고 알지 못한다. 이(사산아)가 저보다 더 나은 쉼을 누린다.

6 천 년을 두 번이나 살면서도 좋은 것을 보지 못할 수도 있다. 모두가 한곳으로 가지 않는가!

헤벨로서의 인간의 보잘것없음

7 사람은 먹기 위해 온갖 수고를 다하지만, 자신의 목구멍조차 채우지 못한다.

8 지혜로운 자가 어리석은 자보다 무언가 더 많이 남길 수 있겠는가!

3절 무덤도 마련되지 않았다고 하자//^{개역}그가 안장되지 못하면: 직역하면 '매장/무덤이 그에게 없다면'이다.

4절 사산아는 생겨났다가//^{개역}낙태된 자는 헛되이 왔다가: "헛되이"는 **바헤벨**(בַּהֶבֶל)의 번역으로, 잠깐 존재했다가 죽는다는 의미로 이해하는 것이 좋다.

4절 그의 이름마저 어둠 속에 가려지고//^{개역}그의 이름이 어둠에 덮이니: 죽음과 잊혀짐을 의미한다(새번역, "영영 잊혀진다").

5절 이(사산아)가 저보다 더 나은 쉼을 누린다//^{개역}이가 그보다 더 평안함이라: **나하트**(נַחַת)는 '쉼, 휴식'을 의미한다.

8절 고통받는 자가 오래 사는 법을 알아 봤자 대체 무슨 소용인가//^{개역}살아 있는 자들 앞에서 행할 줄을 아는 가난한 자에게는 무슨 유익이 있는가: 개역개정은 최대한

고통받는 자가 오래 사는 법을 알아 봤자 대체 무슨 소용인가!

9   숨이 넘어가는 것(죽음)보다 눈으로 보는 게(생명) 낫다고 하나

이것(생명) 역시 잠시 있다 사라지는 것(헤벨)이고 스쳐 지나가는 바람

일 뿐이다.

10   이미 있었던 것에는 이름이 붙어 있다. 그리고 그가 "사람"이라는 것

은 알려져 있다.

그는 자신보다 더 강한 이를 이길 수 없다.

11   잠시 있다 사라지는 것들(헤벨)을 많이 만들어봤자

그것들 중 없어지지 않고 남아 있는 것이 있기나 할까?

12   사람의 일생은 셀 수 있을 만큼 짧다. 마치 그림자처럼 지나가는 인

생을 사는 사람에게 무엇이 선한 것인지 대체 누가 알겠는가?

누군가 이 세상을 떠나간 후 무슨 일이 벌어질지 그에게 알려줄 사람

이 있겠는가!

원문을 직역했다. 이 구절에 대해서는 다양한 해석들이 제기됐으나(참조, 롤랜드 E. 머피, 『전도서』, WBC 23 [솔로몬, 2008], 193-194), 문장의 정확한 의미가 무엇인지 알기가 쉽지 않다. 한 가지, **하임**(חַיִּים)은 남성복수 형용사('살아있는 자들')일 수도 있고, 추상명사('생명')일 수도 있다. 칠십인역(LXX)은 추상명사 '생명'으로 이해한다.

9절   숨이 넘어가는 것(죽음)//ᵃ⁾개역마음으로 공상하는 것: 원문 **할라크-나페쉬**(הֲלָךְ נָפֶשׁ)의 의미에 대해서는 해설을 참조하라.

11절   잠시 있다 사라지는 것들(헤벨)을 많이 만들어봤자//ᵃ⁾개역헛된 것을 더하게 하는 많은 일들이 있나니: 원문을 한 문장으로 볼 것이냐 두 문장으로 볼 것이냐에 따라 해석이 갈린다: (1) 한 문장인 경우, "**헤벨**을 많게 하는 많은 것들이 있다", (2) 두 문장인 경우, "말이 많으면 **헤벨**이 증가한다." 개역개정은 첫 번째 해석을 따른 것이고, 공동번역("말을 많이 할수록 그만큼 헛수고를 하는 것이라")은 두 번째 문장 분석을 선택했다.

전도서 6장 1-12절 해설

4-5장의 대안적인 지혜(규범을 알 수 없고 패턴을 예측할 수 없는 상황의 지혜)를 제시하기 위해 1-3장의 전제(하나님의 무한성과 인간의 유한성의 대비)가 필요했다. 이와 마찬가지로, 전도서는 후반부(7-12장)의 중심 주제('죽음을 기억하라')를 위해 6장에서 다시 한번 중요한 전제들을 반복한다. 이 장에서는 **헤벨**로서의 인간의 유한성을 강조하면서 인과응보의 원리로 설명할 수 없는 현실을 독자들에게 일깨운다.

1-6절 인과응보의 원리로 설명할 수 없는 경우들

6장은 지금까지 다룬 주제들을 다시 한번 반복한다. 뿌린 대로 거두는 원리가 적용되지 않는 예들, 인생이 짧다는 사실에 기인한 인간의 한계성, 그리고 선악 기준을 포함한 규범과 미래에 대한 인간의 인식 불가능성 등을 다시 한번 되짚으며 7장과 11-12장의 '죽음을 기억하라'는 중심 주제로 넘어가기 위한 전제를 제공한다.

　　1절 하반절('많음이 사람 위에 있다')은 도움말에 설명했듯이 크게 두 가지로 해석이 나뉜다: (1) 사람이 감당하기에는 너무 많다, 혹은 (2) 사람에게 흔하게 벌어지는 일이다. 문장만을 보아서는 두 가지 다 가능한 해석이지만, 문맥을 살펴보면 (개역개정, 공동번역, 새번역 등이 모두 선택한) 첫 번째 해석이 더 적절해 보인다. 그 이유는 뒤따라 나오는 경우들이 흔하게 발생하는 일이라고 보기 어렵기 때문이다. 전도자는 인과응보의 원리가 적용되지 않는 극단적인, 혹은 극히 예외적인 경우들을 언급하고 있다. 전도자는 "재물과 부요와 존 귀"(2절)라는 (세속화된, 혹은 기복주의적) 인과응보 사상의 긍정적 가 치를 모두 가진 '상상할 수 있는 최고의 인간'을 상정한다(2절). "백 명의 자녀"에 더하여 "장수하여 사는 날"(3절) 역시 하나님께 받은 '상상할 수 있는 최고의 축복'을 나타낸다. "천 년의 갑절"(6절), 즉 이천 년을 사는 사람은 물론 없을 테니, 전도자는 지금 극단적으로 과장된 수사법으로 규범적 지혜의 화신을 가정하고 있는 것이다.

이 상상할 수 있는 최고의 규범적 지혜자에게 전도자는 마찬가 지로 상상할 수 있는 최악의 결과를 이어 붙인다. 하나님께 받은 최 고의 축복을 전혀 누리지 못한 채 다른 사람에게 넘겨주고(2절), 장 수의 복을 받았음에도 그 오래 사는 동안 선한 것(טוֹבָה 또바)을 즐기 지 못하므로 결국 고통의 세월만 오래 살게 되는 인생(3절), 그리고 자녀가 백 명이나 있지만 그중 어느 누구도 돌아가신 부모를 위해 무덤을 마련해 주지 않는 경우(3절)는 실재하는 경우이기보다는 그 야말로 최악의 경우를 가정하는 것이다. 받은 복을 빼앗기고 고난 의 연속인 인생, 제대로 된 장례도 치르지 못하는 것 등은 규범적 지혜의 관점에서는 악과 무지의 결과여야 한다. 전도자는 규범적 지혜의 양끝을 동시에 경험하는 극단적인 예를 제시하면서, 규범적 지혜로 무장한 이들에게 '이것을 어떻게 설명할래?'라고 묻고 있 다.

규범적 지혜의 관점에서 최악 중의 최악은 아마도 "낙태된 자"(3-4절)일 것이다. **네펠**(נֶפֶל)은 '떨어지다'라는 어원을 가진 **나팔**

(נָפַל)의 명사형으로, '자궁에서 떨어진' 사산아를 가리킨다. 시편 58:8의 개역개정은 같은 단어를 "만삭되지 못하여 출생한 아이", 즉 조산아로 이해하고 있는데, 욥기 3:16("낙태되어 땅에 묻힌 아이")과 전도서 6:5("햇빛도 보지 못하고 또 그것을 알지도 못하나")에 비추어 보았을 때 이 단어는 사산아를 의미한다고 보는 게 더 적절하다. 시편 58편은 "악인"(3절)이 어떠한 존재인가를 묘사하며 그를 저주하는 시편이다. 악인은 "뱀의 독"과 "귀머거리 독사"(4절), "술객의 요술도 따르지 아니하는 독사"(5절)로서, 하나님께서 그를 "소멸하여 가는 달팽이"와 "햇빛을 보지" 못하는 사산아(נֵפֶל네펠, 8절), 뜨거운 불 앞의 "가시나무"와 "불 붙은 나무"(9절)가 되게 해주시기를 시인은 간청한다.

이렇듯 악인을 묘사하는 데 사용되는 표현인 "낙태된 자"(사산아)를, 전도서는 6:2-3에 묘사된 사람보다 더 낫다고 선언한다(3절). 사산아는 이 땅에 '잠깐'(헤벨) 왔다가("헛되이"라기보다는), 어둠 속으로 가고(4절), 한 번도 햇빛을 보지 못한 존재로서(5절), 규범적 지혜의 관점에서는 하나님으로부터 최악의 징벌을 받은 것이지만, 이 세상에서 상상할 수 있는 끔찍한 고통(2-3절)을 경험하지 않고 "평안함"(נַחַת나하트, 어원적인 의미는 '쉼')을 누린다는 점에 있어서는 재물과 장수와 자녀의 복을 최고로 받은(그러나 그것을 누리지 못한) 사람보다 더 낫다. 이천 년을 산 사람이나 사산아나 그들의 귀결은 모두 죽음이다(6절). 이렇듯 전도자는 규범적 지혜에서 상상할 수 있는 최선과 최악을 나란히 대비하고, 또 심지어 그 최악이 최선보다 더 나은 점도 있다는 것을 지적함으로써 인과응보의 원리를 공격한다.

7-12절 헤벨로서의 인간의 보잘것없음

잠언과 같은 규범적 지혜는 하나님의 창조물로서의 인간이라는 존재에 대해 긍정적 가치와 부정적 가치를 동시에 가지고 있다. 인간은 하나님의 형상으로 창조된 하나님의 자녀와 같은 존재로서 그분의 말씀을 들으며 무엇이 옳고 무엇이 그른지를 깨달을 수 있는 존재이다. 그러나 동시에 듣기를 거부하고 알고자 하지 않는 악인이 될 가능성 또한 충분하다. 따라서 잠언은 반복적으로 선과 악의 기준을 분명히 하면서 선을 선택하고 지혜를 추구해야 할 당위를 제시한다. 그러나 욥기와 전도서 같은 반성적 지혜는 피조물로서 인간의 보잘것없음과 한계에 더 주목한다. 인간은 한낱 흙(עָפָר아파르)으로 지어진 존재(욥 10:9; 14:19; 전 3:20)이며, 크신 하나님께서 보시기에 짐승과 다를 바가 없다(전 3:19).

　　7절에서 인간은 그저 먹고 살기 위한 존재로 묘사된다. 열심히 노동하고 애쓰는 것은 "다 자기 입을 위함"이고, 열심히 매 끼니를 먹어도 다시 배가 고파서 음식을 섭취해야 한다. "식욕"으로 번역된 히브리어 단어는 **네페쉬**(נֶפֶשׁ)로서, 이 단어의 어원적 의미는 '목, 목구멍'이다. 추상적인 의미의 "식욕"보다는, 전반절의 "입"과 상응하여 '목, 목구멍'으로 이해하는 것이 더 낫다. 즉, 아무리 먹어도 '목구멍은 채워지지 않는다'는 뜻이다.

　　이 **네페쉬**(נֶפֶשׁ)가 9절에서는 "마음"으로 번역됐다. 9절에서도 신체 일부인 "눈"(עֵינָיִם에이나임)과 대구를 이루기 때문에, 여기서도 추상적인 의미의 "마음"보다는 구체적인 신체 일부인 '목, 목구멍'으로 이해하는 것이 적절하다. 즉, 전도자는 '눈으로 보는 것'과 '목으로 넘어가는 것'을 대비하고 있다. 먹으면 바로 없어지는 음식보다 금은보화의 재물이 더 오래 지속된다는 점에서 더 가치 있다(טוֹב또브). 그러나 짧은 인생을 사는 **헤벨**인 인간에게 부귀와 재물 역시 바람처럼 잠시 있다가 사라지는 것일 뿐이다(הֶבֶל וּרְעוּת רוּחַ헤벨 우레우트 루아흐).

　이런 보잘것없는 인간들 사이에서 지혜자와 우매자의 구분은 크게 의미가 없다(8절). "살아 있는 자들" 혹은 '생명'으로 해석되는 **하임**(חַיִּים)은 규범적 지혜에서 긍정적 가치(선)에 해당되며, "가난한 자"(עָנִי아니)는 하나님의 복을 받은 '부자'의 반대말로서 부정적 가치를 지닌다. 상반절에서 지혜자와 우매자의 차이가 없는 것처럼, 생명을 향해 가는 "살아 있는 자들"(지혜자, 의인)과 "가난한 자" 역시 차이가 없다. 인간은 모두 "자기보다 강한 자"인 창조주에 비할 바가 없는(10절) 한낱 **헤벨**로서, 무엇이 선한 것인지 알지 못하며, 죽은 뒤 미래의 일도 알 수 없는 존재이다(12절).

전도서 7장 1-14절

1-10절	규범적 지혜의 가치 전복
a. 1-4절	생명보다 죽음이 좋다
b. 5-7절	즐거움보다 고통이 좋다
c. 8-10절	과거보다 지금이 좋다
11-14절	반성적 지혜의 유익

7장에서는 좋은 것과 나쁜 것에 대한 전통적인 개념을 뒤집는다. 죽음이 생명보다 좋고 고통이 웃음보다 좋다. 꾸지람이 노랫소리보다 좋고 과거보다 지금이 좋다. 반성적 지혜는 하나님의 절대주권을 인정하는 겸손한 자세를 요청한다. 선과 악, 좋은 것과 나쁜 것 모두 하나님께서 만드신 것으로서, 인생을 사는 중에 좋은 것이 올 때도 나쁜 것이 올 때도 있음을 아는 것이 지혜이며 겸손이다.

더바이블 오리지널 전도서 7장 1-14절

규범적 지혜의 가치 전복: 생명보다 죽음이 좋다

1　이름을 남기는 것이 좋은 기름보다 낫다.

　죽는 날이 태어난 날보다 낫다.

2　초상집으로 가는 것이 잔칫집으로 가는 것보다 좋다.

　그곳(초상집)이 모든 사람의 종착지이기 때문이다.

　살아있는 자는 이것을 마음에 두기를 바란다.

3　괴로움이 웃음보다 좋다.

1절　이름을 남기는 것이 좋은 기름보다 낫다//^{개역}좋은 이름이 좋은 기름보다 낫고: 원문에는 "좋은 이름"이 아니라 "이름"(<ruby>שֵׁם<rt>쉠</rt></ruby>)만 있다. 직역하면 '좋은 기름보다 이름이 더 좋다'가 된다. "이름"과 "기름"의 의미에 대해서는 해설을 참조하라.

2절　살아있는 자는 이것을 마음에 두기를 바란다//^{개역}산 자는 이것을 그의 마음에 둘지어다: 직역하면, '살아있는 자는 (이것을) 그의 심장에 주어야 한다(혹은 주기를 바란다)'이다. 동사 **잇텐**(<ruby>יִתֵּן<rt></rt></ruby>)은 **나탄**(<ruby>נָתַן<rt></rt></ruby>, '주다')의 당위적 의미의 미완료형일 수도 있고('주어야 한다'), 3인칭 청유형(Jussive)일 수도 있다('주기를 원한다').

3절　괴로움이 웃음보다 좋다//^{개역}슬픔이 웃음보다 나음은: "슬픔"으로 번역된 단어 **카아쓰**(<ruby>כַּעַס<rt></rt></ruby>)는 전도서 전체에서 자주 사용되는 단어로서(1:18; 2:23; 5:16; 7:3, 9; 11:10), 마음과 육체의 고통과 괴로움을 뜻한다. 개역개정은 주로 "분노", "고통", "화", "성냄" 등으로 번역한다. 규범적 지혜에서는 부정적인 의미를 지니는 어휘이다(잠 12:16; 17:25; 21:19; 27:3 참조).

3절　슬픈 얼굴을 하는 것이 마음에는 유익하기 때문이다//^{개역}얼굴에 근심하는 것이 마음에 유익하기 때문이니라: 전치사 **브**(<ruby>בְּ<rt></rt></ruby>)가 개역개정의 번역에서 생략되어 있다. 원문을 직역하면 '나쁜 얼굴일 때(혹은 얼굴이 나쁠 때) 심장에는 이롭다'이다. 문맥상 '나쁜 얼굴'은 장례식장에서의 슬픔과 애통을 나타낸다.

왜냐하면 (장례식장에서) 슬픈 얼굴을 하는 것이 마음에는 유익하기
때문이다.

4　　지혜로운 사람들의 마음은 슬픔의 집에 있고

아둔한 자들의 마음은 기쁨의 집에 있다.

규범적 지혜의 가치 전복: 즐거움보다 고통이 좋다

5　　지혜자의 꾸지람을 듣는 것이 아둔한 자들의 노랫소리를 듣는 것보
다 좋다.

6　　왜냐하면 솥단지 아래서 가시나무들의 (타는) 소리같이

아둔한 자의 웃음은 그와 똑같기 때문이다.

이것도 잠시 있다 사라지는 것(헤벨)이다.

7　　억압은 지혜자를 아둔하게 하고

4절　　슬픔의 집-기쁨의 집//^{개역}초상집-혼인집: "초상집"은 **베이트 에벨**(בֵּית אֵבֶל, '애
통의 집')의 번역이고, "혼인집"은 **베이트 심하**(בֵּית שִׂמְחָה, '기쁨의 집')의
번역이다. **에벨**(אֵבֶל)은 주로 타인의 죽음에 대한 애통을 나타내기 때문에
"초상집"이라는 번역이 적절하다. 그러나 '기쁨의 집'이라는 표현이 반드시
결혼식이 열리는 장소나 혼인 잔치만을 지칭하는 것은 아니다. 오히려 2절의
"잔칫집"(**בֵּית מִשְׁתֶּה**^{베이트 미쉬테})처럼 다양한 목적과 용도의 잔치가 벌어지는
곳으로 이해하는 것이 낫다.

5-6절　노랫소리-가시나무들-솥단지//^{개역}노래-가시나무-솥: 세 단어 사이에 언어유
희 현상이 나타난다: **쉬르**(שִׁיר, "노래")-**씨림**(סִירִים, "가시나무")-**씨르**(סִיר,
"솥").

7절　　억압은 지혜자를 아둔하게 하고//^{개역}탐욕이 지혜자를 우매하게 하고: 개역개정,
공동번역, 새번역 모두 **오쉐끄**(עֹשֶׁק)를 "탐욕"으로 번역한다. 그러나 전도서
의 다른 구절에서는 같은 단어를 억압이나 학대로 번역하고 있다(전 4:1;
5:8). 참고로, 동사 **아샤끄**(עָשַׁק)는 타인을 억압하는 것을 의미한다(레 5:21;

선물은 정신을 죽게 한다.

규범적 지혜의 가치 전복: 과거보다 지금이 좋다

8 일의 나중이 시작보다 좋다.

호흡을 길게 가져가는 것이 호흡이 빠른 것보다 좋다.

9 호흡이 가빠져 성급히 화를 내지 않기를 바란다.

왜냐하면 분노는 아둔한 자들의 가슴에 머물러 있기 때문이다.

10 '왜 옛날이 지금보다 더 나은가'라고 묻지 말라.

이런 질문은 지혜로운 질문이 아니다.

반성적 지혜의 유익

11 지혜는 물려받은 재산만큼 좋고

태양을 보는 자들에게 유익을 준다.

12 왜냐하면 지혜의 그늘 아래 있는 것은 돈의 그늘 아래 있는 것과 같

기 때문이다.

지식의 유익이란, 지혜는 그것을 소유한 사람을 살린다는 것이다.

13 하나님께서 만드신 것을 보라!

19:13; 신 24:14; 삼상 12:3-4; 대상 16:21; 욥 10:3 등). 명사 **오쉐끄**(עֹשֶׁק)는
성경에서 대부분 '억압'(oppression)을 뜻하지만, 억압으로 빼앗은 탈취물을
가리키기도 한다(참조, 시 62:10).

8절 호흡을 길게 가져가는 것이 호흡이 빠른 것보다 좋다//개역참는 마음이 교만한 마
음보다 나으니: 원문을 직역하면 '**루아흐**(רוּחַ)가 긴 것이 **루아흐**(רוּחַ)가 높
은 것보다 좋다'가 된다. 다양한 해석이 가능한 표현이다.

그분이 구부리신 것을 대체 누가 곧게 펼 수 있겠는가!

14 좋은 날에는 좋게 지내라.

그리고 나쁜 날에는 반드시 알아두어라,

이날 역시도 좋은 날과 더불어 하나님이 만드신 것이라는 걸.

나중에 무엇이 닥칠지 인간은 모른다.

전도서 7장 1-14절 해설

전도서가 대화 상대자로 상정하는 규범적 지혜가 어떤 것인지 좀
더 구체적으로 추정할 수 있다. 출생(1절)과 잔치(2절), 웃음(3, 6절),
기쁨(4절), 노래(5절), 권력과 선물(7절), 돈(12절) 등에 긍정적 가치(선)
를 부여하는 일종의 '번영신학'(prosperity theology)이다. 하나님의
복을 받은 의인이자 지혜자가 누려 마땅한 이러한 것들에 대해 전
도서의 반성적 지혜는 그 반대의 것을 더 나은 선으로 규정한다.

1-10절 규범적 지혜의 가치 전복

1절의 "이름"과 "기름"은 우리말 번역에서처럼 히브리어 원어에서

14절 좋은 날에는 좋게 지내라. 그리고 나쁜 날에는 반드시 알아두어라//[개역개정]형통한 날
에는 기뻐하고 곤고한 날에는 되돌아보아라: "형통한 날"은 '좋은 날'(יוֹם טוֹבָה
욤 또바)의 번역이고, "곤고한 날"은 '나쁜 날'(יוֹם רָעָה 욤 라아)의 번역이다. "되
돌아보아라"는 명령형 르에(רְאֵה)의 번역으로 이후에 이어지는 문장을 목적
절로 취한다.

도 언어유희가 나타난다: **쉠**(שֵׁם, '이름')-**쉐멘**(שֶׁמֶן, '기름'). 이 "이름"
과 "기름"이 무엇을 의미하는가에 대해서는 다양한 견해들이 제시
되어 왔다. 성경의 용례를 보아도 이름과 기름이라는 단어는 다양
한 상황에서 다양한 의미로 사용된다. "장사 지낼 때 값비싼 향수와
기름을 준비할 수 없으나 명성이라는 더 좋은 보배를 갖고 있었던
사람을 위로하기 위해 쓰인 말"이라는 머피의 제안(머피, 217)은 가
능성과 설득력이 있는 주장이지만, 그 주장의 문헌적 근거가 제시
되지는 않았다. 전도자가 정확히 어떤 의미로 '이름이 좋은 기름보
다 좋다'는 표현을 사용했는지는 명확하지 않다. 다만, 전도서 7장
의 문맥으로 보자면, "이름"은 죽음과, "기름"은 삶의 기쁨과 연결
된다(아 1:3 참조).

　　1-10절은 전도서의 반성적 지혜의 가치관을 잘 드러낸다. "죽는
날이 출생하는 날보다 나으며"(1절)라는 문장의 가치를 이해하려면,
생명과 죽음에 대한 잠언의 가치판단과 비교하면 된다. 잠언에서
죽음은 음녀의 집이며(2:18; 5:5; 7:27), 악과 무지의 특질이자 결과이
다(5:23; 8:36; 10:21; 11:7, 19; 14:12; 15:10; 19:16; 21:6, 25; 26:18). 반면에 의
와 지혜는 죽음을 면한다(10:2; 11:4; 12:28; 13:14; 14:27, 32). 전도서의
반성적 지혜는 생명과 죽음에 대한 규범적 지혜의 가치를 전복시
킬 정도로 강력하고 충격적이다. 전도서 7:3의 "슬픔"과 "얼굴에 근
심하는 것"이라는 표현도 문맥상 장례식장에서 애통해하는 것을
뜻하는 것으로 죽음과 연결된다. 여기서 말하는 "죽음"은 죽음 자
체, 혹은 죽음 그 이후를 의미하는 것이기보다는, 정확히는 죽음을

기억하는 것, 인간이 죽을 수밖에 없는 존재라는 것을 염두에 두는 것을 뜻한다. 타인의 죽음("초상집")을 통해, 우리에게 주어진 삶이 무척 짧다(**헤벨**)는 인간의 유한성에 시선을 놓지 않고 사는 것이 (반성적) 지혜이다.

전도자의 진술은, 생명은 좋은 것이지만 죽음(을 기억하는 것)은 더 좋다는 정도의 의미를 넘어선다. 초상집은 지혜와 연결되고, 생명의 기쁨(שִׂמְחָה실하)은 무지(우매)와 이어진다(5절). 생명이 탄생되는 순간(1절), 살아있음을 기뻐하는 잔치(2, 4절)와 행복한 웃음(3절)에 가치를 두는 것은 지혜가 아니라고 강조한다. 생명의 탄생, 기쁨, 웃음 등을 의인/지혜자에게 (인과응보 원리에 따라) 주어진 것으로 이해하는 신학을 비판한다. 그러한 것들은 모두 "가시나무가 타는 소리"(6절)와 같은 것으로, 금세 타고 없어지는 것, 잠시 있다 사라지는 **헤벨**일 뿐이다(6절). 뿌린 대로 거두는 원리만을 붙들고서 의인/지혜자에게는 복과 생명이 주어질 것이라고 믿고, 죽음을 염두에 두지 않고 지금의 삶이 계속될 것이라 여기는 것, 기쁨과 웃음으로 가득한 행복의 잔치가 매일매일 계속될 것이라 생각하는 것은 지혜가 아니다. 인간은 누구나 언제든 죽을 수 있고, 좋은 일이 있으면 언제든 나쁜 일도 생길 수 있다는 것, 즉 기대하고 예측한 패턴으로만 하나님의 창조 세계가 돌아가지 않는 것을 기억하는 것이 지혜이다.

8절의 "일의 끝"은 죽음을 의미한다는 점에서 1-7절과 연결된다. 그러나 동시에 8절과 10절은 규범적 지혜의 '과거지향적 세계관'을 비판한다(전 1:9-11 해설 참조). 주로 '영원'이라고 번역되는 히브리어 **올람**(עוֹלָם)의 어원적 의미는 '옛날, 태고'인데, 이 옛날을 기억하고 배우는 것이 후대의 의무이다. 왜냐하면 하나님께서 천지창조 때 이미 창조 세계의 규범을 정하셨기 때문이다. 따라서 나이 든 사람은 젊은 사람보다 **올람**('태고')에 더 가까이 있고, 하나님의 규범을 더 잘 아는 사람이 된다. 규범적 지혜에서 '늙음'과 '지혜'가 동의적 개념인 이유가 바로 이것이다. 그렇기에 잠언은 부모 세대가 자녀 세대에게 규범을 가르치는 형식을 취한다. 신명기 32:7의 "옛날(עוֹלָם올람)을 기억하라 역대의 연대를 생각하라 네 아버지에게 물으라 그가 네게 설명할 것이요 네 어른들에게 물으라 그들이 네게 말하리로다"라는 표현은 이러한 과거지향적 세계관을 바탕으로 이해되어야 한다. 그러나 반성적 지혜는 늙음(나이 듦)과 지혜의 연결 고리를 끊는다: "어른이라고 지혜롭거나 노인이라고 정의를 깨닫는 것이 아니니라"(욥 32:9), '늙고 무지한 왕'(전 4:13). 전도자는 과거("옛날")에 가치를 두는 세계관에 대해 "지혜가 아니"라고 선언한다(10절).

11-14절 반성적 지혜의 유익

11-12절의 표현은 규범적 지혜의 언어를 구사한다. "유산"(נַחֲלָה나할라)과 "유익"(יֹתֵר요테르)(11절), "그늘, 보호"(צֵל쩰), "지식"(דַעַת다아트), "유익함"(יִתְרוֹן이트론), "살림, 생명"(חָיָה하야)(12절)은 전도서에서보다 잠언에 더 어울리는 표현으로 보인다. 그러나, 기표(記表, *significant*시니피앙)

가 같다고 그 기의(記意, *signifié*시니피에)가 같은 것은 아니다. 규범적 지혜가 규정하는 지혜는 규범(패턴)을 아는 것이고, 과거에서부터 지속된 것("유산" = 패턴)을 하나님의 말씀과 자연의 법칙, 선조로부터 배운 것을 통해 익히는 것이다. 규범에 대한 지식의 보호 아래 있는 것(다른 표현으로는, '안전한 상자' 안에 있는 것)이 사람의 생명을 지키며, 부귀와 장수, 자녀의 축복 등을 보장한다.

그러나 전도서의 지혜는 하나님이 천지창조로부터 정하신 영원(올람)의 패턴이 있음을 (잠언과 마찬가지로) 인정하지만, (1) 그 패턴을 인과응보의 원리로 설명하지 않는다는 점, 그리고 (2) 그 영원의 패턴의 전모를 **헤벨**인 인간은 파악할 수 없다는 점에서 규범적 지혜와 차이를 보인다("그의 장래의 일을 능히 헤아려 알지 못하게 하셨느니라", 14절; 참조, 3:11 하반절). 패턴이 있지만 그 패턴을 인지할 수 없다면, 사람에게 그 패턴은 없는 것이나 마찬가지이다. 하나님이 정하신 패턴을 인간은 인식할 수 없다는 것을 아는 지혜는 마치 "돈"(12절)처럼 어려운 일이 닥쳤을 때를 대비할 수 있게 해준다(전 10:19 참조). 규범적 지혜가 패턴을 아는 것이 생명을 살리고 생명으로 가는 길이라고 가르칠 때, 반성적 지혜는 누구나 넘어지거나 패할 수 있고(4:10, 12), "형통한 날"이 있으면 "곤고한 날"도 있으니(7:14) 여러 가능성에 대비하는 것이 생명을 보호하는 일이라고 말한다. 한 가지 덧붙이자면, 규범적 지혜에서 "유산"(נַחֲלָה나할라)이 과거로부터 전해온 지혜와 규범을 의미한다면, 11절의 "유산"이라는 단어는 12절의 "돈"의 평행어로서, 여러 상황에 대비할 수 있게 해주는 것을 가리키는 의미로 쓰인다.

반성적 지혜는 인간의 한계성을 인지하는 데서부터 시작하는 지혜이다. 하나님의 크심과 인간의 작음을 극명하게 대비한다. "하나님께서 굽게 하신 것을 누가 능히 곧게 하겠느냐"(13절)라는 표현은 하나님의 절대주권을 나타낸다. 이 세계를 잠깐 살다 갈 뿐인 인간이 아무리 애쓰고 수고해도 하나님의 영원한 패턴을 바꿀 수는 없다(1:3, 15; 2:11, 22; 3:9, 14 등). 좋은 날도 나쁜 날도 모두 하나님께서 만드신 것이고, 인간은 언제 좋은 날이 올지 언제 나쁜 날이 올지 알지 못한다(7:14). 13절의 표현에서 흥미로운 것은 '곧은/똑바른 것은 좋은 것이고 굽은/비뚤어진 것은 나쁜 것'이라는 규범적 지혜의 이분법을 벗어난다는 점이다. 하나님께서 비뚤어지게 하셨고 인간은 그것을 똑바르게 할 수 없다. 그러니 구부러진 것을 펴려고 애쓸 필요가 없다.

전도서 7장 15-29절

15-29절은 규범적 지혜의 선과 악의 경계선에 대해 반성적으로 고찰한다. 인과응보의 패턴대로만 인생이 흘러가지 않고(의인이라도 멸망하며 악인이라도 장수할 수 있다), 또 의인에게서도 얼마든지 악한 행위를 발견할수 있으니(20-22절), 규범적 지혜가 정의하는 선과 악, 지혜와 무지의 틀에 너무 지나치게 자신을 가둬두는 것은 지혜가 아니다. 하나님의 가치판단은 인간의 기준과는 다르다.

더바이블 오리지널 전도서 7장 15-29절

규범적 지혜의 선악의 경계선에 대한 반성적 고찰

15 나는 나의 잠시 스쳐가는 삶(헤벨)의 날에서 모든 것을 보았다.

의인이 의로운 채로 멸망하기도 하고

악인이 악한 채로 오래 살기도 한다.

16 (그러니) 너무 많이 의로울 필요도 없고

넘치도록 지혜롭고자 할 필요도 없다.

왜 스스로를 멸망시키려(혹은, 피폐하게 하려) 하는가?

15절 나의 잠시 스쳐가는 삶(헤벨)의 날에서//^{개역}내 허무한 날을 사는 동안: "허무한"은 **헤벨**(הֶבֶל)의 번역이다. '내 짧은 인생'의 의미로 이해하는 것을 추천한다.

15절 의인이 의로운 채로 … 악인이 악한 채로//^{개역}자기의 의로움에도 불구하고 … 자기의 악행에도 불구하고: 전치사 브(בְּ)는 문맥에 따라 아주 다양한 의미를 갖는다: (1) 장소(~안에), (2) 시간(~할 때), (3) 교환(~을 대가로), (4) 수단/방법(~으로써) 등. 개역개정에서처럼 "~에도 불구하고"라는 뜻으로 쓰인 경우는 (없지는 않지만) 극히 드물다. 다른 해석 가능성으로는 '의로울 때, 악할 때' (시간), 혹은 '의로움으로써, 악함으로써'(수단/방법) 등을 제안할 수 있다.

16절 너무 많이 의로울 필요도 없고//^{개역}지나치게 의인이 되지도 말며: "지나치게"는 **하르베**(הַרְבֵּה)의 번역으로, '많이'라는 뜻이다. 하반절의 **요테르**(יוֹתֵר, '남은 것')와 더불어 '넘치도록 많이'라는 뜻으로 이해될 수 있다.

16절 스스로를 멸망시키려(혹은, 피폐하게 하려) 하는가//^{개역}스스로 패망하게 하겠느냐: 어근 **샤맘**(שׁמם)은 어원적으로 아무도 살지 않는 사막을 가리킨다(참조: 창 47:19; 사 49:8, 19; 61:4; 겔 6:6; 12:19; 19:7; 33:28; 35:12, 15; 36:4; 애 1:4 등). 이 본문의 폴렐형은 재귀적인 뜻으로, '스스로를 망하게 하다', 혹은, '스스로를 피폐하게 하다'는 의미로 해석될 수 있다.

17　또한 너무 많이 악해질 필요도 없다.

우매자가 되지 않기를 바란다.

왜 주어진 수명이 다하기도 전에 죽으려고 하는가?

18　하나를 붙잡는 것은 좋은데, 다른 것도 손에서 놓지 말기를 바란다.

왜냐하면 그 모두가 두려우신 하나님께로부터 나온 것이기 때문이다.

19　지혜는 사람을 성읍에 있는 열 명의 지도자들보다 더 강하게 만들 수 있다.

20　세상에 선한 것만 행하고 죄를 범하지 않는 의인은 아무도 없다.

21　사람들이 하는 모든 말을 다 들으려고 애쓰지 마라,

네 종이 너를 저주하는 말을 듣지 않으려거든.

22　너 역시도 다른 이들을 저주한 아주 많은 경우가 있다는 것을 네 자신이 잘 알고 있지 않은가.

17절　왜 주어진 수명이 다하기도 전에 죽으려고 하는가//개역어찌하여 기한 전에 죽으려고 하느냐: **벨로 이테카**(בְּלֹא עִתֶּךָ)는 직역하면 '너의 때가 아닐 때'이다. 문맥상 하나님께서 정해주신 원래의 수명을 다 못 살고 죽는 것을 가리킨다.

18절　그 모두가 두려우신 하나님께로부터 나온 것이기 때문이다//개역하나님을 경외하는 자는 이 모든 일에서 벗어날 것임이니라: 원문은 문법적으로 쉽지 않고 다양한 해석이 가능한 문장이다. 해설을 참조하라.

22절　다른 이들을 저주한 아주 많은 경우가 있다는 것을//개역가끔 사람을 저주하였다는 것을: 원문 **페아밈 랍보트**(פְּעָמִים רַבּוֹת)는 '많은 경우'라는 뜻이다. 참조, 새번역, "너 또한 남을 욕한 일이 많다는 것을"; NASB, "you likewise have many times cursed others."

하나님의 가치판단은 인간의 기준과 다르다

23   나는 이 모든 것을 지혜로 시험해 보았다.

나는 말했다, "나는 지혜롭고 싶다."

그러나 지혜는 내게서 멀다.

24   어떤 것은 아주 멀리 있고 아주 깊숙한 곳에 있기도 하다.

그것을 발견할 수 있는 사람이 어디 있겠는가!

25   나는 내 마음을 돌이켜 지혜와 명철을 알고자,

그리고 어리석음의 악함과 무지의 아둔함을 알고자 연구하고 탐구

하였다.

26   내가 발견한 것은,

마음이 올가미나 그물 같고 손이 포승줄 같은 여자는 죽음보다 더 쓰

다는 것이다.

하나님 앞에 올바른 자는 그녀에게서 도망치지만,

죄인은 그녀에게 잡힌다.

27   보라, **코헬렛**이 말한다,

나는 깨달음에 이르기 위해 하나씩 하나씩 발견해 나갔지만

28   내 영혼은 여전히 찾아 헤매고 있을 뿐 아직 발견하지 못했다.

24절 아주 멀리 있고 아주 깊숙한 곳에//^{개역}멀고 또 깊고 깊도다: 여기서 '멀다'와 '깊
다'는 깨닫기 어려움을 나타내는 표현일 수도 있고, 공간적으로 아주 먼 곳이
나 시간적으로 아주 오래전에 존재했다는 것을 나타낼 수도 있다. 아주 오래
된 것이기에 그 기원과 형성을 파악할 수 없다(전 3:11 해설 참조).

천 명의 남자 중 하나를 내가 찾았으나, 이들 중에 여성은 없었다.

29 단지 이것을 내가 알게 되었다.

하나님께서는 사람을 단순하게 만드셨으나,

사람들은 너무 많은 생각을 한다는 것이다.

전도서 7장 15-29절 해설

규범적 지혜의 가장 큰 특징 중 하나는 선악의 경계선이 명확하다는 것이다. 선과 악, 좋은 것과 나쁜 것, 지혜와 무지, 복과 화, 보상과 처벌 사이의 차이가 분명해야 선을 택하고 지혜를 추구해야 할 당위가 생긴다. 반성적 지혜는 두 가지 측면에서 문제를 제기한다: (1) 그 둘 사이의 경계가 정말 그렇게 분명한가? (2) 과연 누구의 시각에서 보는 것이 좋고 나쁨인가? 하나님인가, 인간인가? 나에게 좋은 것이 하나님께도 좋은 것인가?

29절 단순하게 만드셨으나//^{개역}정직하게 만드셨으나: 지혜서에서 "정직"으로 번역된 것은 히브리어 **야샤르**(יָשָׁר), 혹은 그 파생어를 번역한 것이다. 이는 '바르고 곧음'을 뜻한다. 우리말의 '정직'은 주로 마음에 거짓이나 꾸밈이 없는 상태(표준국어대사전 참조)를 가리키지만, 히브리어는 어떤 마음의 상태나 태도보다는, 하나님의 뜻에 따른 올바른 것이라는 의미로, **미쉬파트**(מִשְׁפָּט)나 **쩨데끄**(צֶדֶק)와 동의어이다(참조, 잠 1:3). 이 문맥에서는 '단순하게'(straightforward)의 의미로 해석할 수도 있다.

29절 사람들은 너무 많은 생각을 한다는 것이다//^{개역}사람들이 많은 꾀들을 낸 것이니라: 직역하면 '그들은 많은 생각/계획들을 찾는다/추구한다'이다.

15-22절 규범적 지혜의 선악의 경계선에 대한 반성적 고찰

전도서의 반성적 지혜는 규범적 지혜의 선과 악의 기준과 경계선을 문제삼는다. 인과응보의 원리로 세상을 설명하려면 무엇이 선이고 무엇이 악인지 분명해야 한다. 좋은 것을 심으면 좋은 것이 나와야 하고, 나쁜 것을 뿌리면 그 열매는 나쁜 것이어야 한다. 잠언의 형식이 선악의 대립구조로 이루어진 이유이다. 그런데 이 경계선의 명확성에 의문을 제기하는 전도서는 우선 인과응보의 원리로 현실을 모두 설명할 수 없다는 사실부터 일깨운다. 의인임에도 악인이 당해야 할 "멸망"이라는 결과를 경험할 수 있고, 악인임에도 의인에게 주어져야 할 "장수"라는 복이 임하는 경우도 현실에 존재한다(15절). 이 주제는 8:14에서 다시 반복된다("악인들의 행위에 따라 벌을 받는 의인들도 있고 의인들의 행위에 따라 상을 받는 악인들도 있다"). 욥기에서도 같은 주제가 나타난다(욥 21:7-13).

욥기와 전도서의 반성적 지혜가 주는 중요한 가르침 중 하나는 '현실을 직시하라'는 것이다. 규범과 현실이 충돌할 때, 즉 어떤 신앙의 렌즈나 자신이 믿고 있는 관념으로는 도무지 설명할 수 없는 현상을 경험할 때, 자신의 신앙이나 관념을 지키기 위해 현실을 왜곡하거나, 아니면 설명하지 못하는 현실 앞에 눈을 감고 귀를 막아 마치 그 현실이 존재하지 않는 것처럼 무시하기 쉽다. 욥의 친구들이 인과응보 사상에 대한 자신들의 신념을 지키기 위해, 그리고 하나님의 '선하심'을 변호하고 보호하기 위해 욥과 욥의 자녀들을 죄인으로 몰아간 것이 바로 이 때문이다(욥 8:4; 22:5-9). 신앙을 지키기 위해 현실을 왜곡하는 것에 대해 욥기의 하나님은 '사실이 아님'(לֹא נְכוֹנָה로 네코나)과 '우매'(הַנְּבָלָה네발라)라는 판정을 내린다(42:7-8). 반성적 지혜는 신앙인들에게 이러한 '눈 가리고 아웅하는 신앙'에서 벗어나라고, 그리고 하나님의 창조 세계를 직시하기 위해 자신의 신앙을 수정하거나 과감히 버릴 용기를 요청한다.

16-17절의 "지나치게"라는 번역은 원문의 '많이'(הַרְבֵּה하르베)와 '넘치게'(יוֹתֵר요테르)를 하나로 표현한 것이다. '지나치게'라는 것은 어느 기준, 혹은 특정 정도를 벗어나는 것을 의미한다. 그런데 그 대상이 선함과 의로움이라면, 넘어서지 말아야 할 기준점이 대체 어디인가라는 문제가 발생한다. 선과 의를 추구하라는 규범적 지혜의 요청에는 한계점이 명시되어 있지 않다. 선할수록 좋은 것이고, 의로울수록 바람직하다. 어느 정도까지만 지혜롭고 적당히 의로워야 한다는 가르침은 잠언에는 존재하지 않는다. 그렇다면, 지나치게 의롭거나 지나치게 악하지 말라는 명령의 기준점, 즉 그 이상 넘어가면 안 되는 선을 상정할 수 있을까? 중용(中庸)과 적절성을 의미한다고 이해되는 16-17절은, 그러나 양(量)적인 측면과 정도(程度)를 문제삼는 것으로 보이지 않는다. 왜냐하면 선과 의는 측량될 수 없는 것이기 때문이다.

오히려 16-17절은 규범적 지혜의 선악 개념, 좋은 것과 나쁜 것을 나누는 틀을 지나치게 고집하지 말라는 의미로 받아들이는 것이 적절하다. 15절에서 좋은 것을 뿌린다고 반드시 좋은 결과를 얻는 것은 아니라고 말하고(인과응보 원리의 예외), 18절에서는 "이것"과 "저것"을 모두 잡고 있으라고 요청하는데, 이는 문맥상 의와 악, 지혜와 우매를 지칭한다. 20절에서 순전히 선한 존재란 없다는 표현으로서, 선에도 악이 있을 수 있고, 마찬가지로 악에도 선이 있을 수 있음을 지적한다. 이것은 모두 규범적 지혜가 규정한 선악의 분명한 경계선이 실제로 그렇게 분명하지만은 않다는 것을 표현하는 것이다. 따라서 지나치게 의롭지도 지나치게 악하지도 말라는 것은 규범적 지혜의 선악 이분법의 틀에 갇혀 있지 말라는 의미로 이해된다.

22절의 "가끔"이라는 부사어는 원문에 충실한 번역은 아니다. **페아밈 랍보트**(פְּעָמִים רַבּוֹת)는 '많은 경우'이다. 원문을 직역하자면, '너 역시도 다른 사람을 저주한 적이 많다는 것을 너의 심장은 알고 있다'이다. 여기서 중요한 것은 2인칭 단수 대명사 '너'가 누구를 가리키는가 하는 문제이다. 물론, 이것은 전도서를 읽는 독자를 가리킬 것이다. 그런데 전도자가 대화 상대자로 상정한 '가상의 독자'를 좀 더 명확히 하자면, 우선 규범적 지혜에 익숙한 사람이다. 이 규범적 지혜는 정확히 잠언이라기보다는 잠언에서 좀 더 단순화되고 세속화된 형태의 기복신앙 혹은 번영신학에 가깝다. 즉, 지혜가 제시하는 규범을 잘 따르면, 생명과 장수, 재물과 자녀의 복을 누리게 된다는 신앙이다. 전도서의 잠재적 독자는 스스로를 이러한 규범을 잘 알고 따르는 의인/지혜자로 여기거나, 그러한 지혜를 얻어 지혜자가 되기 위해 (그리하여 "부자"가 되기 위해) 노력하는 사람일 것이다. 스스로를 지혜자나 의인으로 여기고 있는 독자에게 전도자는 자신의 속을 잘 들여다보면 자신이 그렇게 대단한 의인/지혜자가 아니라는 것을 스스로 이미 알고 있다는 사실을 일깨운다. 반성적 지혜는 현실을 직시하라고 가르치는 것과 동시에 자기 자신을 투명하게 들여다 보라고 말한다.

23-29절 하나님의 가치판단은 인간의 기준과 다르다

스스로를 어느 정도 지혜롭고 의로운 사람으로 여기는 독자에게 전도자는 일침을 가한다. 자신만큼 그 규범적 지혜의 끝까지 가본 사람은 없다고 말이다(23, 25, 27절; 전 2:1-11의 주제와 동일). 선과 악의 양측의 극단, 즉 한편으로는 "지혜와 명철"을, 다른 끝으로는 "악한 것"과 "어리석은 것"과 "미친 것"을 "살피고 연구하여" 보았으나(25절), 이 규범적 지혜를 아는 것만으로 지혜의 전부를 다 안다고 할 수 없음을 토로한다. 지혜에 가까이 갈수록, 즉 지혜를 깨달아 갈수록 지혜의 끝은 더 멀리 달아난다(23절). 그 '멀고 깊은' 지혜의 끝을 가본 사람은 아무도 없다("누가 능히 통달하랴", 24절).

28절의 "천 사람 가운데서 한 사람을 내가 찾았으나 … 여자는 한 사람도 찾지 못하였느니라"는 표현은 현대의 관점에서는 여성차별 혹은 여성 비하로 받아들여질 수 있는 표현이다(그리고 그렇게 해석되어 오기도 했다). 그러나 앞에서 언급한 전도서의 '독자'를 고려한다면(아마도 여성을 독자로 상정하지는 않았을 것이다), 이 표현은 스스로 지혜롭고 의롭다고 여기는 이들에 대한 비판으로 읽혀야 한다.

규범적 지혜로 무장한 사람들(남자들)에게, 전도자는 자신이 만나본 지혜자는 천 명의 한 명 정도로 극히 드물다는 것을 말함으로써, '그 한 명이 당신은 아니다'라고 에둘러 표현하는 것이다.

29절을 직역하면 '그러나 보라, 내가 발견한 것은 이것이다: 하나님은 사람을 곧게/바르게 지으셨으나 그들은(사람들은) 많은 생각들을 뒤좇는다'이다. 이 문장은 하나님의 지혜와 사람의 생각이 다르다는 것을 의미한다. 전도서 3:1-8의 해설에서도 설명했듯이, 하나님이 모든 것(규범적 지혜가 규정한 선과 악 모두)을 창조하셨고, 그중 어떤 것이 언제 벌어질지 결정하시는 분도 하나님이다. 따라서 하나님의 기준에서는 모든 것이 '아름답고'(3:11) 모든 것이 올바르다(7:29). 그러나 규범적 지혜의 선악 기준은 많은 경우 인간(개인 혹은 집단)에게 좋은가 나쁜가에 따라 의미가 부여된다.

1-4절	절대주권자 앞에서의 지혜로운 자세
5-8절	미래를 예측할 수 없을 때의 지혜

패턴과 미래를 예측할 수 없을 때 무엇이 지혜인가? "왕"이라는 메타포로 표현되는 하나님은 절대주권자로서 그분의 뜻대로 모든 것을 다 하실 수 있고 하시는 분이다. 왕의 입에서 어떤 명령이 나올지 모르는 것처럼, 죽음이나 전쟁 등의 재앙은 언제 닥칠지 모른다. 언제든 나쁜 일이 생길 수 있음을 염두에 두는 것이 지혜이다.

더바이블 오리지널 전도서 8장 1-8절

절대주권자 앞에서의 지혜로운 자세

1   누가 지혜자라 할 수 있으며 누가 사물의 이치를 안단 말인가?

지혜는 사람의 얼굴을 빛나게 하며

얼굴의 근육의 긴장을 풀어준다.

2   하나님께 서약한 것을 조심해야 하는 것과 마찬가지로

왕의 입에서 나오는 명령도 조심해야 한다.

3   너는 왕 앞에서 성급히 물러나서 괜히 나쁜 일에 얽히지 마라.

1절   누가 사물의 이치를 안단 말인가//^{개역}누가 사물의 이치를 아는 자이냐: "이치"는 **페쉐르**(פֵּשֶׁר)의 번역이다. 이는 아람어에서 온 단어로서, 사물을 움직이는 원리, 혹은 그 원리에 대한 해석이나 설명을 뜻한다. 다니엘서에서는 "(꿈의) 해석"(단 4:6; 5:15, 26)으로 번역됐다.

1절   얼굴의 근육의 긴장을 풀어준다//^{개역}그의 얼굴의 사나운 것이 변하느니라: **오즈** (עֹז)는 주로 육체적인 힘을 가리키는 단어이다. '그의 얼굴의 힘이 변한다' 는 구절은 보통 '굳은 얼굴이 펴지는 것' 정도로 이해된다. '[지혜의] 힘이 그 의 얼굴을 변하게 한다'는 해석도 가능하다.

2절   … 한다//^{개역}내가 권하노라: 2절의 히브리어 원문은 "권하노라", 혹은 '말하다' 에 해당하는 단어가 없는 문법적으로 불완전한 문장이다.

2절   왕의 입에서 나오는 명령도 조심해야 한다//^{개역}왕의 명령을 지키라: 직역하면 '왕 의 입을 지켜라'이다. 왕의 입에서 나온 명령을 어김없이 잘 지키라는 뜻일 수도 있고, 그의 입에서 무슨 말이 나올지 조심스럽게 지켜보라는 의미일 수 도 있다.

2절   하나님께 서약한 것을//^{개역}이미 하나님을 가리켜 맹세하였음이니라: 원문을 직 역하면 '하나님께 대한 서약의 말에 관하여'이다. 동사가 없는 불완전한 문장 을 개역개정이 의역한 것이다.

3절   나쁜 일에 얽히지 마라//^{개역}악한 것을 일삼지 말라: **알-타아모드 베다바르 라아**

전도서 8장 1-8절   **171**

왕은 자신의 기분이 내키는 대로 아무 일이나 하는 사람이기 때문이
다.

4   왕의 말은 곧 권력이다.

대체 누가 그에게 "왜 이러십니까"라고 할 수 있겠는가!

미래를 예측할 수 없을 때의 지혜

5   명령을 잘 지키는 자는 나쁜 일이 닥치지 않게 된다고,

지혜로운 마음은 일이 벌어지는 시기와 방법을 알고 있다고들 한다.

6   모든 일에는 시기와 방법이 있는 건 맞다.

그러나 그중에는 사람이 감당하기 어려운 끔찍한 재앙도 있다.

7   언제 무슨 일이 생길지 미리 알고 있는 사람은 아무도 없다.

일이 어떻게 될지 알려줄 사람도 없다.

(אַל־תַּעֲמֹד בְּדָבָר רָע)는 직역하면 '나쁜 일 가운데 서있지 말라'이다. 악한 행위를 하지 말라는 의미보다는 나쁜 일에 연루되지 말라는 의미로 이해된다.

4절 왕의 말은 곧 권력이다//^{개역}왕의 말은 권능이 있나니: "권능"으로 번역된 **쉴톤** (שִׁלְטוֹן)은 아람어로서, 자신의 마음대로 처분할 수 있는 지배자의 권력을 뜻한다(전 2:19; 8:9; 느 5:15 참조).

4절 "왜 이러십니까"//^{개역}왕께서 무엇을 하시나이까: 의문사 **마**(מָה)는 '무엇?' (what)의 의미로도, '왜?'(why)의 의미로도 사용된다. 본문을 '(왕께서는) 왜 그렇게 하십니까?'로 이해할 수도 있다.

5-6절 시기와 방법//^{개역}때와 판단: "때"는 **에트**(עֵת)의 번역으로, 어떤 일이 발생하는 적절한 시간을 가리킨다. 전 3:1-11의 '모든 것은 때가 있다'에서 같은 단어가 쓰인다. "판단"은 **미쉬파트**(מִשְׁפָּט)의 번역으로, **미쉬파트**는 주로 '정의' 혹은 '재판'이나 '심판'으로 번역된다. 어원적인 의미는 '(하나님의 뜻에 부합하는) 올바른 판단'이다.

8   어느 누구도 바람을 다스릴 수도, 바람을 멈추게 할 수도 없다.

누구도 자신이 언제 죽을지 정확히 알 수 없다.

누구도 전쟁을 피할 수 없다.

전쟁을 일으킨 사람들이라도 그 전쟁에서 살아남는다는 보장은 없다.

전도서 8장 1-8절 해설

전도서 7:26의 '죽음보다 더 쓴 여인'과 본문 2-4절의 "왕"이라는 표현은 규범적 지혜에서 흔히 사용하는 메타포이다. 전도서는 이러한 어휘를 사용함으로써 규범적 지혜에 익숙한 독자들의 주의를 집중시킨다. 그러나 중요한 것은, 같은 어휘, 유사한 표현이라도 반성적 지혜는 규범적 지혜와 다른 의미로, 혹은 다른 강조점을 가지고 어휘나 표현을 사용한다. 이 차이점을 이해하는 것이 핵심이다.

8절   바람을 다스릴 수도//^{개역}바람을 주장하여: 개역한글은 "생기를 주장하여 생기로 머무르게 할 사람도 없고"로 번역했으나, 개역개정은 **루아흐**(רוּחַ)를 "바람"으로 개정했다.

8절   바람을 멈추게 할 수도 없다//^{개역}바람을 움직이게 할 사람도 없고: 어근 **칼라**(כלא)는 '가두다, 멈추다'의 의미를 가진다. '끝나다, 죽다'는 뜻의 **칼라**(כלה), 혹은 **칼랄**(כלל)의 이형(異形)이다. 바람을 움직이게 하는 것이 아니라 바람을 멈추고 가두는 것을 뜻한다.

8절   언제 죽을지 정확히 알 수 없다//^{개역}죽는 날을 주장할 사람도 없으며: "주장"은 4

1-4절 절대주권자 앞에서의 지혜로운 자세

7:26의 "죽음보다 더 쓴 여인"과 8장의 "왕"이라는 표현은 잠언의 대표적인 두 메타포 "음녀"와 "왕"의 이미지를 연상시킨다. 그 "여인"을 묘사하는 "올무"와 "그물"과 "포승"은 젊은이를 무지와 악의 함정으로, 죽음과 멸망의 구덩이로 빠뜨리려는 "음녀"와 연결되어 있다(잠 7:22; 22:14; 23:27). 이 "음녀"(원어적 의미는 '낯선 여인, 이방 여인'이라는 뜻)에 대한 잠언의 묘사와 전도서의 "죽음보다 더 쓴 여인"의 근본적인 차이는 다음과 같다: 잠언에는 "음녀"가 인도하는 악과 무지가 무엇인지 분명히 언급되어 있어서, 어떤 행위를 하지 않게 주의해야 하는지 자세히 묘사되어 있다. 하지 말아야 할 구체적인 행위를 몇 가지만 예로 들자면, 타인의 아내와의 통간(잠 6:29; 7:10-22), 도둑질(6:30; 9:17), 간음(6:32) 등이 있다. 그러나 전도서의 "죽음보다 더 쓴 여인"은 구체적으로 어떤 행위를 하도록 유도하는지, 어떻게 하면 그 여인의 손아귀에 빠지지 않을 수 있는지 전혀 언급이 없다. 다만 "죄인"은 그녀에게 붙잡히지만, "하나님을 기쁘게 하는 자"는 그녀에게서 피할 수 있다고만 언급되어 있다(전 7:26). 그런데 문제는 전도서의 반성적 지혜에 따르면 인간은 어떻게 해야 하나님을 기쁘게 할 수 있는지 알 수 없다는 데 있다.

　　잠언과 전도서 모두 "왕"의 이미지를 두려운 절대주권자로 묘사한다. 그 왕은 사자만큼 무서운 존재이고(잠 20:2), 쳐다보기만 해

절에서도 사용된 **쉴톤**(שִׁלְטוֹן)의 번역이다. 즉, 죽는 날을 자신의 마음대로 결정할 수 있는 사람이 없다는 의미이다.

도 "모든 악을 흩어지게" 한다(8절). "악인들을 키질하며 타작하는 바퀴를 그들 위에" 굴리고(26절), "사람의 깊은 속"을 모두 헤아려 보시는 분이시라 절대 속일 수 없는 분으로 묘사된다(27절). 이 왕이 무엇을 싫어하는지, 그래서 우리가 무엇을 경계해야 하는지 잠언은 상세히 묘사한다: 다툼(3절), 게으름(4절), 모략(5절), "한결같지 않은 저울 추와 한결같지 않은 되"(10절), "잠자기"(13절) "속이고 취한 음식"(17절), 한담과 비밀 누설(19절), 부모를 저주하는 것(20절) 등을 싫어하고, 반면에 인자함과 충성됨(6절), 올바른 품행과 정직(11절), 지혜로운 말(15절) 등을 사랑한다.

전도서의 "왕" 역시 자신의 마음대로 명령과 처분을 내릴 수 있는 "권능"(שִׁלְטוֹן 쉴톤)을 가진 존재이다. 어느 누구도 "왕께서 무엇을 하시나이까"라고 물을 수 없다(전 8:4). 그러나 그 왕이 어떤 명령을 내릴지, 어떤 것을 좋아하고 어떤 것을 싫어하는지에 대한 언급이 전혀 없다는 점이 잠언과의 차이다. 이것은 반성적 지혜가 하나님의 하나님 되심(절대주권)과 하나님의 선하심(절대선) 중에서 하나님의 절대주권에 강조점을 두기 때문이다. 욥기의 하나님이 주시기도 하고 거두시기도 하고(욥 1:21), 복도 주고 화도 주는 존재(2:10)로 묘사되는 것과 일치한다. 전도서의 하나님 역시 "자기가 하고자 하는 것을 다" 행하시는 분이다(전 8:3). 하나님의 절대주권, 혹은 하나님의 자유를 강조하면서, 하나님은 어떤 틀에 가둬둘 수 없는 크신 존재라는 것을 강조한다. 인간의 보잘것없음, 인간의 작음에 대한 묘사가 두드러지는 것도 같은 이유에서이다.

절대주권자 앞에서 겸손한 태도는 어느 누구도 하나님의 정하신 규범과 창조 세계의 원리("사물의 이치")를 파악할 수 없다는 것을 인정하는 태도이다. 어느 누구도 지혜자라 할 수 없다(1절). 그렇기에 인간은 절대주권자의 "입"에 주목할 수밖에 없다. 왜냐하면 그 입에서 어떤 말이 나올지 모르기 때문이다. '왕의 입을 지키라'(피-רוֹמשׁ שׁ מ לֶ מ피-멜레크 쉐모르)는 표현은 하나님의 명령을 잘 지켜야 한다는 표면적인 의미와 더불어 어떠한 명령이 나올지 모르니 주의하라는 뜻을 내포하고 있다. 그렇기에 왕 앞에서 두려운 마음으로 조심스러운 태도를 취하는 것이 지혜로운 것이다(3절). 왜냐하면 왕은 자기 마음대로 하시는 분이시며(3절), 인간은 누구도 그분께 왜 그렇게 하시냐고 이유를 따져 물을 수 없기 때문이다(4절). 잠언과 전도서가 동일한 혹은 유사한 어휘를 사용한다고 해서 그 의미마저 동일한 것이 아님을 파악하는 것이 성경의 지혜(규범적 지혜와 반성적 지혜)를 이해하는 길이다. 따라서 전도서의 표현의 의미를 잠언으로부터 도출하려거나 전도서가 설명하고 있지 않은 빈 자리를 잠언의 표현에서 끌어와서 이해하려는 시도는 방법론적으로 바람직하지 못하다.

5-8절 미래를 예측할 수 없을 때의 지혜

5절의 표현("명령을 지키는 자는 불행을 알지 못하리라"와 "지혜자의 마음은 때와 판단을 분변하나니")은 마치 잠언이 연상되는 규범적 지혜의 어휘를 구사하고 있다. 여기서도 1-4절과 마찬가지로 독자들에게 익숙한 '잠언스러운' 표현으로써 주의를 환기시킨다. "때"(עֵת에트)는 어떤 일이 발생하는 적절한 시간을 가리킨다. 지혜서 안에서는 각각의 일들이 발생하도록 하나님이 정하신 시간을 의미한다. "판단"으로 번역된 **미쉬파트**(מִשְׁפָּט)는 주로 "의", "정의", "재판", "심판" 등으로 번역되는데, 어근 **샤파트**(שׁפט)는 올바른 판단을 내리는 것을 의미한다. 올바른 판단이란 지혜의 관점에서는 하나님의 뜻에 부합하는 것을 뜻한다. 하나님의 뜻과 그분이 창조하신 규범에 맞게 판단하고 행동하는 것이 의이고 정의이고, 올바른 재판이자 심판이다(잠 2:8-9; 8:20; 12:5; 13:23; 16:8, 10-11, 33; 17:23; 18:5; 19:28; 21:3, 7, 15; 24:23; 28:5; 29:4, 26).

그러나 만일 "때와 판단을 분변"하는 것이 지혜자의 특질이라면, 전도서의 관점에 따르면 어느 누구도 지혜자가 될 수 없다. 전도자는 모든 것에는 하나님께서 정하신 때가 있음을 이미 천명했다(전 3:1). 그러나 문제는 **헤벨**인 인간은 그때가 언제 임할지 예측할 수 없다는 데 있다(3:11). 누구도 미래에 어떤 일이 발생할지 알 수 없다(8:7). 어느 누구도 바람이 부는 방향과 시간을 조정하거나 마음대로 멈출 수 없고, 자신이 죽는 날과 시간을 정확히 예측할 수 없다. 천재지변이나 전쟁과 같은 불행이 닥쳤을 때 거기에서 영향을 받지 않고 자유로울 수 있는 사람은 없다(8절).

한 가지 지적하자면, "악이 그의 주민들을 건져낼 수는 없느니라"(8절)는 표현은 "악이 행악자를 건져낼 수도 없느니라"라는 개역한글의 번역을 개정한 것인데, 오히려 이전의 번역이 더 나아 보인다. **베알라브**(בְּעָלָיו)를 직역하면 '그의 주인들'인데, 이것을 "그의 주민들"로 번역함으로써 정확히 어떤 의미의 문장인지 알기 어렵게 됐다. '그의 주인들'은 '악의 주인들'을 말한다. 즉, 악을 주도적으로 저지르는 사람들이다. 이 문장은 '악은 그 악을 행하는 사람들을 건지지 못한다'는 뜻으로, 전쟁 같은 악을 저지르는 "행악자"조차도 그 전쟁에서 살아남지 못한다는 의미이다. 즉, 8절은 전쟁에 수동적으로 참여하든 능동적으로 참여하든 그 전쟁의 해악에서 누구도 벗어날 수 없음을 뜻한다.

전도서의 반성적 지혜는 **헤벨**로서의 인간의 한계성을 명확히 인식하는 것이 지혜라고 가르친다. 하나님이 정하신 패턴을 파악할 수 없고, 무엇이 옳고 그른지 판단할 수 없는 경우들이 많다는 것을 인정하는 것이다. 모르는 것을 설명하려고 하지 않고 모르는 것을 모른다고 하는 것이 하나님을 경외하고 하나님 앞에서 겸손한 지혜자의 태도이다.

전도서 8장 9-17절

전도자는 자신의 지혜로 살펴본 모든 것들, 그중에서 악한 것들을 나열한다. 다른 사람들에게 악을 행하는 악인들, 그 악인들에 대한 올바른 심판이 적절히 행해지지 않는 현실, 악인들이 오히려 이 땅에서 장수하고, 의인이 마땅히 받아야 할 복을 악인들이 누리는 (인과응보의 원리가 적용되지 않는) 부조리 역시 하나님이 하시는 일이다. 인간의 지혜로 그것을 설명할 수는 없다.

더바이블 오리지널 전도서 8장 9-17절

인과응보의 원리로 설명할 수 없는 현실

9   나는 이 모든 것을 다 살펴보았다.

나는 해 아래에서 행해지는 모든 일들을 마음을 다해 살펴보았다.

사람이 사람에게 나쁘게 대하는 경우도 (살펴보았다).

10   이렇듯 나는 나쁜 자들이 죽어 묻혀서 거룩한 곳으로 들어가는 것(혹

은 거룩한 곳에서 떠나는 것)을 보았는데, 그들은 자신들이 그렇게(악하

9절   마음을 다해 살펴보았다//^{개역}마음에 두고 살핌즉: 원문은 '내 심장을 주었다'이
다. 전심을 다해 온갖 지혜로 철저히 살펴보고 조사하는 것을 표현하는 전도
서의 전형적인 표현이다(전 1:13, 17; 2:3, 20; 7:25; 8:16; 9:1).

9절   사람이 사람에게 나쁘게 대하는 경우도 (살펴보았다)//^{개역}사람이 사람을 주장하여
해롭게 하는 때가 있도다: "주장"으로 번역된 **샬라뜨(שָׁלַט)**는 자기 마음대로
행하는 지배자의 권력을 뜻한다. 8:4의 **쉴톤(שִׁלְטוֹן)** 참조. 본문은 누군가가
자기 마음대로 타인에게 악을 행사하는 것을 나타낸다.

10절   거룩한 곳으로 들어가는 것(혹은 거룩한 곳에서 떠나는 것)//^{개역}거룩한 곳을 떠나:
민(מִ)은 '원래의 장소'(original place)를 가리키는 전치사로, 문맥에 따라 '~
에서/로부터'의 의미를 취할 수도 있고, 그 반대로, '~로/쪽으로'의 뜻을 가
질 수도 있다(후자의 경우가 나타난 예로는 창 3:24; 11:2이 있다). "거룩한
곳"(מָקוֹם קָדוֹשׁ ^{메꼼 까도쉬})이 무엇을 의미하는가에 따라 크게 두 가지로 해석
이 갈린다. (1) "거룩한 곳"이 무덤, 혹은 스올 같은 사후 세계를 가리킨다면,
'그들은 거룩한 곳으로 간다'로 해석 가능하다. (2) 만약 "거룩한 곳"이 하반
절의 "성읍"(עִיר ^{이르})을 지칭한다면, 개역개정처럼 "거룩한 곳을 떠나"로 번
역할 수 있다.

10절   잠시 스쳐 지나가는 존재(헤벨)이다//^{개역}이것도 헛되도다: 이 문맥에서의 **헤벨
(הֶבֶל)**은 '헛됨, 부조리' 등의 의미를 가질 수도 있고, 악인들의 생명이 죽고
잊혀지는 것 역시 영원(**올람**)의 관점에서 보면 아주 짧은 순간에 불과하다는
것을 나타내는 표현일 수도 있다.

게) 행한 도시에서 잊혀지고 만다.

이들도 잠시 스쳐 지나가는 존재(헤벨)이다.

11 악한 행동을 한 자에 대한 판결이 곧바로 행해지지 않는다.

그래서 사람의 속이 악을 행하려는 마음으로 가득한 것이다.

12 하나님을 두려워하고 그분을 경외하는 자가 형통할 것이라는 걸 나

또한 잘 알고 있다.

그러나 악을 백 번이나 행한 죄인이 장수를 누리는 경우도 있다.

13 '악인은 잘되지 않는다, 그의 수명은 마치 그림자처럼 오래가지 않는

다.

그는 하나님을 두려워하지 않기 때문이다'(라는 걸 나 또한 잘 알고 있다).

11절 악한 행동을 한 자에 대한 판결//^{개역}악한 일에 관한 징벌: "징벌"로 번역된 단어
피트감(פִּתְגָם)은 왕의 결정이나 그 결정을 통고하는 공문을 뜻하는 페르시
아어로서, 성경에서는 이 구절과 에 1:20에서 나타난다.

11절 악을 행하려는 마음으로 가득한 것이다//^{개역}악을 행하는 데에 마음이 담대하도다:
원문을 직역하면 '악을 행하려는 마음이 사람들("아담의 자손들")에게 가득
하다'이다.

12절 하나님을 두려워하고 그분을 경외하는 자가 형통할 것이라는 걸 나 또한 잘 알고
있다//^{개역}또한 내가 아노니 하나님을 경외하여 그를 경외하는 자들은 잘될 것이
요: 원문의 접속사 키(כִּי)가 개역개정의 번역에 반영되지 않았다. 접속사로
연결되는 두 문장이 상반된 의미를 가지고 있으므로, 본문은 '하나님을 경외
하는 자가 잘된다는 것을 내가 알고 있음에도 불구하고' 정도의 의미로 이해
하는 것이 적절하다.

13절 악인은 잘되지 않는다, 그의 수명은 마치 그림자처럼 오래가지 않는다//^{개역}악인은
잘되지 못하며 장수하지 못하고: 13절은 독립된 문장이기보다는 12절의 접속사
키(כִּי)에 계속 종속되는 문장으로 보아야 한다: '하나님을 경외하는 자가 잘
된다는 것과 악인이 잘되지 못하며 장수하지 못한다는 것을 내가 알고 있음
에도 불구하고.'

14   그러나 이 땅에서 벌어지는 말도 안 되는 일(헤벨)이 있다.

악인들에게 벌어져야 하는 일을 겪는 의인들이 있고,

의인들에게 일어나야 할 일을 겪는 악인들도 있다.

그러나 나는 이것 역시도 잠시 있다 사라지는 것이라고 말한다.

하나님이 하시는 것을 인간의 지혜로 이해할 수 없다

15   그래서 나는 기쁨(즐거움)을 칭송한다.

왜냐하면 해 아래에서 먹고 마시고 즐거워하는 것보다 사람에게 더

좋은 것이 없기 때문이다.

누구나 해 아래에서 하나님께서 그에게 주신 날에 열심히 일하면서

이것들을 하지 않을 수 없다.

16   나는 지혜를 알고자, 그리고 이 땅에 행해지는 일들을 알고자 내 마

음을 다 바쳤다.

낮에도 밤에도 잠을 자지 못하면서 살펴보았다.

17   나는 하나님께서 하시는 모든 일들, 즉 해 아래서 행해지는 모든 것

을 사람이 알 수 없다는 사실을 알았다.

15절 기쁨(즐거움)을 칭송한다//^{개역}희락을 찬양하노니: "희락"은 **심하**(שִׂמְחָה)의 번
역이다. 전 2:1-2 해설 참조.

16절 낮에도 밤에도 잠을 자지 못하면서 살펴보았다//^{개역}밤낮으로 자지 못하는 자도 있
도다: 접속사 키(כִּי)가 이끄는 종속절은 주문장의 **인얀**(עִנְיָן)에 대한 설명으
로 보인다. '밤낮으로 자지 못하면서 하는 수고를 살피느라 온 마음을 쏟았
다.' 혹은, (문법적으로 가능성은 좀 덜하지만) 주문장의 '마음을 쏟았
다'(נָתַתִּי אֶת־לִבִּי^{나타티 에트-립비})를 강조하는 표현일 수도 있다: '나는 밤낮으
로 자지 못하면서 온 마음을 쏟았다.'

그것을 사람이 아무리 애써 찾아도 찾을 수 없다.

어느 지혜로운 사람이 자기는 안다고 말해도 사실 알 수 있는 건 아
니다.

전도서 8장 9-17절 해설

9-17절은 그 앞의 1-8절과 마찬가지로 규범적 지혜의 언어와 반성
적 지혜의 언어를 함께 배치하고 있다. 하나님을 경외하지 않는 악
인은 잘되면 안 되는데(13절), 그 악인들이 범죄함에도 불구하고 잘
먹고 잘사는 현실이 존재함을 토로한다. 그러나 인과응보의 원리가
적용되지 못하는 현실이 오히려 인간의 한계성을 직시하게 하고 하
나님을 더욱 경외하게 만든다.

9-14절 인과응보의 원리로 설명할 수 없는 현실

전도자는 악의 현실이 실재함을 직시하고(9절), 그 악을 바로잡는
인과응보의 원리가 규범적 지혜가 말하는 것처럼 제대로 작동하지
않음을 토로한다(10-11절). 악/죄/무지에 대한 징벌이 "속히 실행"
되어야 사람들은 하나님께서 만드신 규범에 경외심(두려움)을 가지
고 따르게 된다. 그러나 현실은 그 규범적 원리가 적절히 작동하지
않는 때가 적지 않다. 심지어 "죄인은 백 번이나 악을 행하고도"(다
시 한번, 전도자가 예로 드는 경우들은 대부분 규범적 지혜의 원리에서 벗어난

극단적인 예들이다) 잘 먹고 잘살며, 게다가 아주 오랫동안 장수하며 평안을 누린다(12절). 이러한 규범적 지혜의 '예외'로 인해 사람들은 규범을 따라야 할 당위성을 심각하게 받아들이지 못하고 "악을 행하는 데에 마음이 담대"하게, 원문을 직역하면, 사람들의 심장은 악을 행하려는 마음으로 충만하게(מָלֵא 말레) 된다(11절).

전도서의 반성적 지혜를 오해하지 않기 위해서는 다음의 것들에 대한 올바른 이해가 필요하다. 첫째, 반성적 지혜는 악의 세계를 지배하는 (하나님 외의) 어떤 존재를 상정하지 않는다는 것이다. 하나님이 모든 것을 다스리신다(절대주권)는 것과 하나님은 선하시다(절대선)라는 신학적 명제는, 그렇다면 왜 악한 현실이 존재하며 부당한 고통이 존재하는가 하는 문제를 해결하기 어렵다. 이 신정론의 문제를 풀어가는 현대 신학의 방식은 주로 '그럼에도 불구하고 하나님은 선하시다'라는, 하나님의 절대선을 강조하는 입장을 취한다. 그리고 사탄 등의 악의 세계를 지배하는 주권자를 상정하여, 어떤 불행한 일이나 악한 현실이 벌어지는 이유가 그 '악의 주권자'에게 있다고 책임을 돌린다. 그러나 악에게 책임을 전가하는 것은 반성적 지혜의 가르침이 아니다. 우선 욥기는 "사탄"과 같은 악한 세력을 상정하고 있음에도, 불행과 고통을 주시는 분은 하나님이시라는 사실을 명확히 한다(42:11). 사탄은 욥의 고난이 시작되는 원인을 제공하지만, 욥기 1-2장에서만 등장하는 조연일 뿐 3장 이하부터는 언급조차 되지 않는다. 특히 하나님의 언설(38-41장)은 모든 것을 다스리시는 분이 하나님임을 천명하는 것이 핵심이다. 전도서의 반성적 지혜는 잠언의 "음녀"나 욥기의 "사탄" 같은 존재를 아예 등 장시키지 않는다. 오히려 이 세상에서 벌어지는 모든 것은, 심지어 는 죽음이나 질병, 전쟁과 미움 등도 하나님의 때에 적절하게("아름 답게") 발생하는 것이다(3:1-11). 즉, 반성적 지혜는 '하나님의 선하심' 이라는 개념보다 하나님의 절대주권을 강화하고 강조하는 방식으 로 신정론의 문제를 풀어간다. 세상에 벌어지는 악하고 부당한 현 실은, 한 개인의 입장에서는 '나쁜 것'(악)이라고 규정할 수 있겠지 만, 영원(올람)이라는 하나님의 관점에서는 그렇게 볼 수 없다는 것, 그리고 인과응보의 원칙을 설명할 수 없는 현실은 단지 크신 하나 님을 작은 인간이 이해할 수 없을 뿐이라는 것을 강조한다. 참고로, 잠언의 규범적 지혜 역시 악한 세력("음녀")의 유혹을 언급하고 있 지만, 그 유혹에 넘어가는 것은 규범을 이해하지 못하고 악한 길을 선택한 자의 '무지' 때문이며, "지혜"의 부름을 듣지 않은 사람의 책 임이고 잘못으로 묘사된다.

둘째, 반성적 지혜는 규범적 지혜를 틀렸기 때문에 폐기되어야 할 것으로 여기지 않는다는 것이다. 욥 또한 규범적 지혜의 화신으 로 묘사되며(욥 1:5), 전도자 역시 뿌린 대로 거두는 원칙에 따라 좋 은 것들을 심고 그 결과로 좋은 열매들을 얻는다(전 2:4-9). 그러나 욥기의 반성적 지혜는 (1) 인과응보의 원칙이 언제나 적용되는 기 계적인 법칙이 아니며, 그 예외도 존재한다는 점(규범적 지혜의 한계), (2) 그리고 하나님의 창조 세계는 인간의 이해 범위를 훨씬 넘어선 다는 점(인간의 한계)을 지적한다. 전도서의 반성적 지혜는 (1) 한 사람의 인생의 범위 안에서는 인과응보의 원칙을 설명할 수 있겠지만, 아주 긴 시간(영원)의 관점에서는 뿌린 대로 거둔다는 원칙을 모두 적용할 수 없다는 점(규범적 지혜의 한계), (2) 그리고 하나님과 창조 세계의 영원성(올람)과 인간의 한계성(헤벨)을 대비함으로써, (욥기와 마찬가지로) 인간은 하나님을 다 알 수 없음을 강조한다.

규범적 지혜(인과응보의 원칙)가 무가치한 것은 전혀 아니다. 하나님의 창조 세계는 뿌린 대로 거두는 원리로 설명될 수 있는 것이 훨씬 많다. 그렇기에 그것이 규범이 될 수 있는 것이다. 그러나 모든 것을 한 가지 원리만으로 이해할 수 있는 것은 아니며, 규범은 당위로서 가치를 지니지만 그것이 항상 현실화되는 것은 아니다. 전도자 역시 규범적 지혜를 잘 알고 있으며, 그 규범적 지혜의 원리대로 현실이 되어야 한다고 믿는다(전 8:12-13). 참고로, 12절의 하반절과 13절을 접속사 키(כִּי)에 종속되는 것으로 해석한다면 다음과 같은 문장이 된다: '하나님을 경외하는 자는 잘되며 악인은 잘되지 못하고 장수하지 못한다는 것을 나 역시도 잘 알고 있음에도 불구하고, 백 번이나 악을 행하고도 장수하는 죄인도 있다.' 전도자는 규범적 지혜의 원리가 적용되어야 함에도 불구하고 적용되지 않는 현실을 아프도록 직시하며 끔찍한 고통으로 받아들인다(2:17-21; 4:8; 5:16; 6:1-2). 전도서의 지혜는 시각과 시야를 확장하되 현실을 탈피하거나 초월하지 않는다.

15-17절 하나님이 하시는 것을 인간의 지혜로 이해할 수 없다

전도자는 "마음을 다하여" "세상에서 행해지는 일"을 살펴본다(16절). 이 "세상에서 행해지는 일"을 17절에서 다른 표현으로 나타낸 것이 바로 "하나님의 모든 행사"이다. 규범적 지혜의 원리(인과응보)로 설명될 수 있는 현상만이 아니라 그 원리에서 벗어난 도무지 이해할 수 없는 일들마저 모두 하나님께서 하시는 일이다. 전도서의 반성적 지혜는 하나님의 주권에서 벗어나서 주체적으로 활동하는 악의 존재(사탄, 마귀 등)를 상정하지 않으며 언급조차 하지 않는다(하나님의 절대주권).

　이 설명할 수 없고 이해되지 않는 일들 앞에 인간은 어느 누구도 지혜자가 될 수 없다. "비록 지혜자가 아노라 할지라도" 하나님이 행하시는 것을 이해하고 아는 지혜란 **헤벨**인 인간에게는 허락되지 않았다. 여기서 반성적 지혜는 규범적 지혜의 '교만과 겸손'을 재정의한다. 규범적 지혜에서는 아는 것이 지혜이다. 하나님이 창조하신 패턴을 알고 그것에 따라 사는 것이 **쩨데끄**(의)와 **미쉬파뜨**(정의)이다. 하나님이 창조하신 이 세계의 규범을 알고자 노력하는 것이 그 규범을 창조하신 분 앞에서 인간이 가질 수 있는 가장 겸손한 자세이다. 반면에, 반성적 지혜에서는 안다고 하는 것이 교만이다. 어떤 특정 원리로 하나님의 창조 세계에서 벌어지는 모든 것을 설명하려는 태도는 하나님을 그 원리 안에 가두려는 교만이다. 하나님은 규범(패턴)을 창조하신 분인 동시에, 그 규범 안에 갇혀 계신 분이 아니다. 그렇기에 인간의 한계를 인정하고 인간의 지혜로는 하나님

을 다 이해할 수 없다고 고백하는 것이 바로 지혜이다. 모르는 것을 모른다고 인정하는 것이 겸손이고 하나님에 대한 경외(두려움)이다.

전도서 9장 1-10절

1절	판단은 하나님의 것이다
2-3절	의인과 악인 모두 죽을 운명이다
4-10절	살아있음에 감사하고 현재 주어진 것에 만족하는 것이 지혜이다

9장은 미래에 벌어질 일을 알 수 없고 사후 세계가 어떠할지 알 수 없을 때 무엇이 지혜로운 삶인가를 다룬다. 의인과 악인, 지혜자와 우매한 자 모두 죽음 앞에서 평등하다. 모두 죽을 운명이라고 할 때 현재 주어진 삶을 기뻐하며 즐거워하고 사랑하는 사람과 행복하게 살아가는 것이 최선이자 지혜로운 삶의 태도이다.

더바이블 오리지널 전도서 9장 1-10절

판단은 하나님의 것이다

1   나는 이 모든 것에 마음을 다해 샅샅이 살펴보았다.

누가 의인이고 지혜자인지, 그들이 무슨 일을 할지는 모두 하나님 손에 달린 것이다.

하나님이 좋게 보실지 싫어하실지 사람은 모른다. 모든 것은 하나님께 달려 있다.

의인과 악인 모두 죽을 운명이다

2   그런데 모두에게 똑같이 닥치는 한 가지가 있다.

의인에게도 악인에게도, 선한 이에게도, 정결한 이에게도 부정한 이에

1절   나는 이 모든 것에 마음을 다해 샅샅이 살펴보았다//^{개역}이 모든 것을 내가 마음에 두고 이 모든 것을 살펴 본즉: 원문을 직역하면 '이 모든 것을 살펴보는 데 내 마음(레브, '심장')을 주었다'이다. 여기서 '살펴보다'로 해석한 단어는 **부르**(בור)로서, 만약 이 단어가 '구덩이'(בור부르)라는 단어와 같은 어근을 가진 단어라면 그 의미는 구덩이를 파듯 샅샅이 뒤져보는 행위를 가리킨다.

1절   모든 것은 하나님께 달려 있다//^{개역}모두 그들의 미래의 일들임이니라: 원문은 '모든 것은 그들의 앞에 있다'이다. 복합 전치사 **리프네이**(לִפְנֵי)는 장소적으로는 '앞'을 가리키며, 시간적으로는 (미래가 아니라) '과거'를 가리킨다. 따라서 개역개정의 번역과, 이와 유사한 공동번역("사람을 기다리고 있는 것은")은 '앞'을 미래로 이해하는 현대의 미래지향적 세계관이 반영된 것으로서 적절한 번역으로 보이지 않는다. 참고로 새번역은 "자기 앞에 놓여 있는 일"이라고 직역하고 있다. 또 다른 한 가지 가능한 해석은 **리프네이헴**(לִפְנֵיהֶם)의 남성복수 인칭어미가 **아담**(אָדָם, '사람')이 아니라 **엘로힘**(אֱלֹהִים, '하나님')을 지칭한다고 보는 해석이다.

게도, 제사를 드리는 자에게도, 제사를 드리지 않는 자에게도, 선한 자
나 악한 자나, 서약하는 자나, 서약하기를 두려워하는 자를 막론하고.

3   해 아래서 행해지는 모든 것 중에 이것이 가장 나쁘다.

모두에게 같은 일이 벌어진다는 것이다.

심지어, 사는 동안 마음이 악과 미친 것으로 가득한 자마저도 나중에
는 죽은 자들의 세계로 간다.

살아있음에 감사하고 현재 주어진 것에 만족하는 것이 지혜이다

4   현재 살아있는 자들에게 확실한 것이 있다.

살아있는 개가 죽은 사자보다 낫다는 것이다.

5   왜냐하면 살아있는 자는 그들이 죽을 것을 알지만,

죽은 자들은 아무것도 모르며,

3절   모두에게 같은 일이 벌어진다는 것이다//개역모든 사람의 결국은 일반이라: 원문
      의 의미는 '한 가지 일이 모두에게 벌어진다'이다. 그 한 가지 일은 죽음을 가
      리킨다.

4절   확실한 것//개역소망: "소망"(개역개정) 혹은 "희망"(새번역, 공동번역)으로 번
      역된 단어 **비따혼**(בִּטָּחוֹן)은 '신뢰'와 '확신'을 가리키는 말이다. 같은 단어가
      쓰인 왕하 18:19과 사 36:4을 개역개정은 각각 "의뢰"와 "믿는 것"으로 번역
      한다. 미래에 대한 소망이나 기대보다는, '확실한 것, 분명한 것'을 나타내는
      표현이다.

5절   더 이상 그들이 받을 몫은 없다. 그들에 대한 기억이 모두 잊혀지면 말이다//개역그
      들이 다시는 상을 받지 못하는 것은 그들의 이름이 잊어버린 바 됨이니라: "상"으
      로 번역된 **사카르**(שָׂכָר)는 주로 노동에 대한 대가로서의 임금을 가리킨다
      (참조, "품삯"[창 30:32]; "품값"[출 22:14 공동번역]; "뱃삯"[욘 1:3]; "삯"[슥
      8:10]). 5절의 마지막 접속절은 '그들의(에 대한) 기억이 잊혀졌기 때문이다'
      로 직역할 수 있다. 원문에 "이름"이라는 단어는 없다.

더 이상 그들이 받을 몫은 없다. 그들에 대한 기억이 모두 잊혀지면 말이다.

6   그들의 사랑이나 미움, 질투조차도 이미 없어졌다.

해 아래에서 행해지는 모든 일에 더 이상 그들의 지분은 없다.

7   (그러니) 가서 기쁨으로 네 음식을 먹어라, 즐거운 마음으로 네 포도주를 마셔라.

왜냐하면 하나님께서는 네가 행한 것들을 이미 기뻐하시기 때문이다.

8   언제나 네 옷가지들이 깨끗하게 하고

네 머리에 향 기름이 모자라지 않게 하라.

9   하나님께서 이 땅에서 네게 주신 짧은(헤벨) 인생의 모든 날 동안

사랑하는 사람과 함께 삶을 누려라.

네 짧은(헤벨) 인생의 모든 날이 네가 이 땅에서 살며 열심히 수고한

7절 이미 기뻐하시기 때문이다//^{개역}벌써 기쁘게 받으셨음이니라: 동사 **라짜**(רָצָה)는 '기뻐하다, 좋아하다, 긍정적으로 받아들이다, 인정하다'라는 의미로 쓰인다 (참조, 신 33:11; 암 5:22).

8절 언제나 네 옷가지들이 깨끗하게 하고 네 머리에 향 기름이 모자라지 않게 하라//^{개역}네 의복을 항상 희게 하며 네 머리에 향 기름을 그치지 아니하도록 할지니라: 흰 의복이 무엇을 상징하는지는 명확하지 않으나 기름 바른 머리는 기쁨과 잔치를 의미한다(참조, 시 23:5). 머리에 기름을 바르지 않는 것은 장례식의 상주나 유족의 상징이다(삼하 14:2).

9절 네게 주신 짧은(헤벨) 인생의 모든 날 동안//^{개역}네 헛된 평생의 모든 날 곧 하나님이 해 아래에서 네게 주신 모든 헛된 날에: "헛된"으로 번역된 **헤벨**(הֶבֶל)은 그 일차적인 의미인 '잠깐 존재했다 사라지는 것'으로 해석하는 것이 문맥적으로 보다 적절하다.

대가로 주어지는 네 몫이기 때문이다.

10   네 손에 주어지는 모든 일거리를 온 힘을 다해 행해라.

왜냐하면 네가 가게 될 스올에는 일거리도 계획할 것도 지식도 지혜

도 없기 때문이다.

전도서 9장 1-10절 해설

전도서는 세 가지 지점에서 불가지론을 전개한다: (1) 인간은 미래
를 예측할 수 없고, (2) 인간의 행위가 하나님의 시각에서 어떻게 보
일지 모르며, (3) 사후 세계가 어떠할지 알 수 없다. 인간은 하나님
께서 창조하신 패턴을 알 수 없으므로 미래에 어떤 일이 일어날지
예측할 수 없다. 하나님의 관점에서의 선악 판단이 어떠할지 인간
은 알 수 없다. 그리고 죽음 이후의 세계에 대해서도 전도서의 신학
적 입장은 판단을 정지한다.

1절 판단은 하나님의 것이다

규범적 지혜의 관점에서 의인과 지혜자는 하나님의 뜻을 따르는 이
들로서 하나님의 복과 사랑을 받는 존재로 정의된다. 이러한 정의
가 하나님의 뜻과 그분이 창조하신 규범(패턴)에 대해 알아야 할 당
위성을 부여한다. 그러나 전도서는 의인과 지혜자의 행위가 하나님
의 관점에서 좋게(선) 보일지 나쁘게(악) 보일지 인간은 알 수 없다

고 선언한다. 아무리 의인이라도 그의 모든 행위가 하나님의 눈에 선으로 여겨진다는 보장은 없다. 이것은 "선을 행하고 전혀 죄를 범하지 아니하는 의인은 세상에 없"다라는 이전의 발언과 일치한다 (7:20). 여기서 중요한 것은 전도서는 선악의 가치판단의 기준을 인간이 아닌 하나님께 두고 있다는 것이다. 한 개인의 삶에서 벌어지는 좋고 나쁨을 선악의 기준으로 삼지 않는다. 또한 인간을 가치판단의 주체로 여기지도 않는다. 하나님께서 보시기에 무엇을 좋게 혹은 나쁘게 여기실지 인간은 모른다. 알 수 없는 것을 알 수 없다고 인정하는 것이 전도서의 반성적 지혜가 말하는 지혜이고 겸손이다.

개역개정의 "사랑을 받는지 미움을 받는지 사람이 알지 못하는 것은 모두 그들의 미래의 일들임이니라"라는 번역은 규범과 패턴을 앎으로써 미래를 예측하려는 규범적 지혜를 반대한다는 측면에서는 지금까지 설파한 전도자의 반성적 지혜와 잘 어울린다. 그러나 '앞에'라는 뜻의 전치사 **리프네이**(לִפְנֵי)는 시간적으로 과거를 가리키는 표현이지 미래를 의미하지 않는다. 만약 '그들의 과거의 일이기 때문에' 사랑을 받을지 미움을 받을지 모른다는 문장이라면, 문맥상 어울리지 않는다. 여기서 제안하는 해석은 "그들"이라는 대명사가 1절의 유일한 남성복수 명사인 **엘로힘**(אֱלֹהִים, '하나님')을 가리킨다는 해석이다. 그렇다면 1절의 마지막 문장은 '모든 것은 하나님 앞에 있다', 즉 인간의 행동이 하나님께 좋게 보일지 나쁘게 보일지는 오직 하나님께 달려 있다는 의미가 된다.

2-3절 의인과 악인 모두 죽을 운명이다

규범적 지혜의 선악 구분은 전도서의 관점에서는 큰 가치를 갖지 못한다. 하나님의 크심과 인간의 작음을 극명하게 대비하는 반성적 지혜는 인간 사이의 차이점을 부각하지 않는다. 누군가가 혹은 어떤 행동이 선일지 악일지, 지혜일지 무지일지를 판단하는 것은 오직 하나님뿐이다. 이 세상을 잠시 살다가 가는 인간 사이에 존재하는 선악의 스펙트럼은 '영원'이라는 거대한 관점에서는 무시되어도 좋을 정도이다. 특히 죽음이라는 운명은 선인과 악인, 지혜자와 무지자 모두에게 찾아온다.

전통적인 규범적 지혜는 의/지혜에게는 생명이, 악/무지에게는 죽음이라는 견고한 이분법에 바탕을 두고 있다. 그러나 전도자가 고통스럽게 관찰한 사실은 죽음은 모두에게 임한다는 것이다. 이것이 "모든 일 중의 악한 것"(3절)인 이유는 규범적 지혜의 이분법을 모두 무너뜨리기 때문이다. 그 이분법이 하나님의 뜻에 맞게 살아갈 당위성을 부여하고, 따라서 하나님의 뜻과 그가 창조한 규범을 알아야 할 이유가 된다. 그런데 만약 지혜자와 무지자 모두 똑같이 죽음이라는 결말을 맞이한다면, 의와 선과 지혜를 추구해야 할 목적과 당위는 대체 무엇인가? 의인과 악인, 선인과 죄인, 정결한(טָהוֹר따호르) 자와 부정한(טָמֵא따메) 자, 적절한 제사를 드리거나 드리지 않거나, 그들이 모두 같은 죽음을 맞이한다면, 선하고 의로운 길을 선택하고 죄인의 자리에 앉지 않으며, 정결함을 유지하고 반드시 제사를 드려야 할 이유가 사라진다.

3절 하반절은 '악의 결과는 죽음'이라는 지극히 잠언스러운 규범적 지혜를 말하고 있는 것이 아니다. 혹은, "사람들의 마음은 악으로 차고 넘쳐 얼빠진 생각을 하며 살다가 죽을 수밖에 없다"는 공동번역의 해석처럼 모든 사람에게 해당하는 일반론을 전개하는 것도 아니다. 전도자는 "악이 가득하여 그들의 평생에 미친 마음을 품고 있"는 상상할 수 있는 가장 악한 사람이라도 의인과 선인, 정결한 자들과 더불어 같은 죽음을 맞이한다는 사실에 탄식하고 있다. 최악의 인간이 최고의 의인들과 똑같이 죽는다는 것이 전도자에게는 "해 아래에서 행해지는 모든 일 중"에서 가장 악한 것이다.

4-10절 살아있음에 감사하고 현재 주어진 것에 만족하는 것이 지혜이다

전도서가 상정하는 사후 세계는 의인과 악인, 지혜자와 무지자가 함께 가는 곳이며(2절) 아무것도 모르는 곳이며 아무 기억도 없는 곳이다(5절). 사랑과 미움과 질투도 없고 할 일도 계획도 지식도 지혜도 없는 곳이다(6절). 여기서 특별히 "일"과 "계획", "지식"과 "지혜"는 규범적 지혜를 대표하는 단어들로서, 전도자는 사후 세계를 규범적 지혜의 선악 체계가 사라진 공간으로 이해하고 있다. 이러한 내세관은 욥기 3장과 일치한다. 욥이 묘사하는 사후 세계는 "임금들"과 "모사들"(욥 3:14), "금을 가지며 은으로 집을 채운 고관들"(15절)이 "낙태되어 땅에 묻힌 아이"나 "빛을 보지 못한 아이들"(16절)과 함께 거하는 곳이며, "악한 자"와 "피곤한 자"(17절), "작은 자와 큰 자", "종"과 "상전"(18절)이 모두 함께 "쉼을 얻는"(17절)

평등한 곳이다.

선과 악의 구분이 사라지는 이러한 내세관은 실재로서의 내세를 묘사하기보다는 알 수 없는 것에 판단을 정지하려는 반성적 지혜의 속성에서 비롯된 것으로 보인다. 즉, 모르는 것을 모른다고 하는 것이 지혜이다. 하나님의 관점에서 어떤 것이 선인지 악인지 알 수 없는 인간으로서, 죽음 이후의 세계를 상상하는 것은 인간의 한계성을 초월하려는 교만한 시도이다. 사람이 아무리 하나님의 뜻을 따라 살려고 노력하고 또 그렇게 살아왔다고 자부하더라도, 그 삶이 정말 하나님의 뜻에 부합하는지 그렇지 않은지를 결정하실 분은 오직 하나님 한 분이시다. 죽음 이후의 삶, 혹은 죽음 이후의 공간이 어떠할지는 인간으로서는 오직 상상만 할 수 있을 따름이다. 유일하게 확실한 것(בַּטָּחוֹן비따혼, 4절)은 모두 죽음을 맞이한다는 것이다. 전도서와 욥기의 반성적 지혜는 이 죽음 이후의 세계를 알 수 없다는 인간의 한계에서 출발한다.

이러한 한계성은 전도자로 하여금 '지금 이곳'이라는 시공간에 집중하게 만든다. 하나님께서 주신 "일용할 양식"에 감사하며, 지금 하고 있는 일을 하나님께서 기뻐하시는 일로 여기며(7절), 옆에 있는 사랑하며 사는 것을 하나님께서 허락하신 "몫"으로 인식하는 것이 지혜이다. 성경의 자료 안에서는 흰 의복이 정확히 무엇을 의미하는지 명확하지 않다. 다만 머리에 기름을 바르는 것은 기쁨과 잔치를 의미한다(참조, 시 23:5). 머리에 기름을 바르지 않는 것은 장례식의 상주나 유족의 상징이다(삼하 14:2). 여기서 흥미로운 것은,

이 구절이 지혜자의 마음은 잔칫집(혼인집)이 아니라 초상집에 있다는 진술(전 7:2-4)과 병행한다는 것이다. 그러나 초상집을 향해 있는 지혜자의 마음이라는 표현이 곧 주어진 삶을 장례식처럼 살아가라는 뜻은 결코 아니다. 전도자가 말하는 지혜로운 삶은 인간의 삶이 **헤벨**이라는 것, 즉 언제든 죽음이 닥칠 수 있다는 것을 인식하면서 (혹은 죽음을 인식하기 때문에) 하나님께로부터 주어진 지금 이 순간의 삶을 축제처럼 기뻐하며 감사하는 것이다.

전도서 9장 11-18절

규범(패턴)을 익히면 불행을 피하고 성공할 확률이 높아지지만, 그렇다고 성공이 보장되는 것도 아니고 불행이 닥치지 않는 것도 아니다. 불행은 누구에게나 언제든 임할 수 있다. 우리는 그때가 언제인지 알지 못한다. 그러나 동시에 규범에 어긋나 보이는 사건 역시도 헤벨로서, 잠시 스쳐 지나가는 일일 뿐이다.

더바이블 오리지널 전도서 9장 11-18절

규범대로 되지 않는 현실

11   내가 이 세상을 되돌아보니 빠르다고 달리기에서 항상 이기는 것도 아니고

용사라고 전쟁에 항상 승리하는 것도 아니다.

또한 지혜롭다고 항상 먹을 게 풍족한 것도 아니고

11절   **빠르다고 달리기에서 항상 이기는 것도 아니고**//^{개역}빠른 경주자들이라고 선착하는 것이 아니며: 원문은 '경주는 빠른 자들(혹은 가벼운 자들)에게 속한 것이 아니다'로 직역할 수 있다. 개역개정이 의역한 것처럼, 몸이 가볍고 날래다고 해서 달리기 경주에 이긴다는 보장이 있는 것은 아니라는 의미이다.

11절   **용사라고 전쟁에 항상 승리하는 것도 아니다**//^{개역}용사들이라고 전쟁에 승리하는 것이 아니며: 앞의 문장과 동일한 구조로서, '전쟁은 강한 자들에게 속한 것이 아니다'라고 원문에 표현되어 있다. 이후의 문장들도 동일한 구조로 되어 있다.

11절   **지혜롭다고 항상 먹을 게 풍족한 것도 아니고 분별력이 있다고 재물을 얻는 것도 아니며**//^{개역}지혜자들이라고 음식물을 얻는 것도 아니며 명철자들이라고 재물을 얻는 것도 아니며: 전도서가 비판하고 있는 규범적 지혜가 지혜와 명철을 음식물과 재물에 연결시키고 있다는 것을 드러낸다. 즉, 그 규범적 지혜는 물질적 부요를 지혜와 명철의 결과(혹은 목적)로 삼는 세속적인 번영신학이다. 이것은 잠언의 재물관과는 차이가 있다.

11절   **때와 기회는 모두에게 일어난다**//^{개역}시기와 기회는 그들 모두에게 임함이니라: "시기"는 **에트**(עֵת)를, "기회"는 **페가아**(פֶּגַע)를 번역한 것이다. **페가아**를 권지성은 "우연"으로 해석하는데, 적절한 이해로 여겨진다(권지성, 『특강 전도서: 허무, 죽음, 기쁨에 대한 모놀로그』 [IVP, 2021], 353-55). 여기서 "우연"의 의미는 규범을 통해 예측 가능한 패턴을 벗어나서 발생하는 현상을 의미한다. 12절과 연결하여 이해한다면, 재난과 재앙이 예측하지 못한 시점에 누구에게나 발생할 수 있다는 뜻으로 해석된다.

분별력이 있다고 재물을 얻는 것도 아니며

지식이 있다고 은혜를 입는 것도 아니다.

때와 기회는 모두에게 일어난다.

12 그러나 사람은 자신의 때를 알지 못한다.

마치 재앙의 그물에 걸린 물고기처럼, 덫에 걸린 새처럼,

사람들 역시 그들에게 갑자기 닥친 나쁜 일에 사로잡힐 수 있다.

지혜도 헤벨이다

13 내가 해 아래서 발견한 지혜는 이것이니, 이것은 내게 아주 큰 것이다.

14 작은 도시가 있고, 거기에 적은 사람들이 살고 있었는데,

거기로 큰 왕이 와서 에워싸고, 그 도시를 공격할 커다란 흉벽들을

건설하였다.

13절 내가 해 아래서 발견한 지혜는 이것이니//^{개역}내가 또 해 아래에서 지혜를 보고: 11
절의 "내가 다시 해 아래에서 보니"라는 표현이 13절에서 반복되고 있다. "해
아래에서"라는 표현은 이 세상(하나님의 창조 세계)의 현실을 강조하는 표현
이고, "보니/보고"라는 동사 **라이티**(רָאִיתִי, '내가 보았다')는 직접 경험한 것
을 강조하는 표현이다.

13절 이것은 내게 아주 큰 것이다//^{개역}내가 크게 여긴 것이 이러하니: 원문은 '그것(지
혜)은 내게 크다'이다. '크다'라는 형용사 **가돌**(גָדוֹל)은 이 문맥에서 중요하
다는 의미일 수도 있고, 3절의 "악한 것"을 반어적으로 표현한 것으로 감당
하기 어려울 정도의 고통스러운 현실을 가리킬 수도 있다.

14절 작은 도시가 있고, 거기에 적은 사람들이 살고 있었는데, 거기로 큰 왕이 와서 에워
싸고//^{개역}작고 인구가 많지 아니한 어떤 성읍에 큰 왕이 와서: 성읍의 작음과 왕
의 큼을 극명하게 대비하고 있다. 이것은 실제 벌어진 사건이기보다는 성이
함락될 가능성이 아주 높은 경우를 가정한 것이다.

15   그런데 그 도시에는 가난하면서 지혜로운 사람이 있었다.

그는 자신의 지혜로 그 도시를 구해냈다.

그러나 누구도 그 가난한 사람을 기억하지 못했다.

16   지혜가 힘보다 낫다고 말하지만,

그 가난한 자의 말은 무시당하고 그의 말을 듣는 이가 없다.

17   지혜자가 조용히 하는 말은 지배자가 멍청한 자들에게 외치는 소리

보다 더 잘 들리고

18   지혜가 전쟁 무기보다 더 낫다고 하지만,

단 한 사람의 잘못으로 좋은 것을 모두 망쳐버릴 수도 있다.

전도서 9장 11-18절 해설

반성적 지혜는 현실을 직시하라고 가르친다. 규범을 잘 아는 것이
지혜로 나아가는 첫걸음이지만, 그 규범을 배운 이후에는 예외도
존재한다는 것, 현실(하나님의 창조 세계)이 규범대로만 흘러가지 않

15절 가난하면서 지혜로운 사람//^{개역}가난한 지혜자: 규범적 지혜의 관점에서 "가난"
      과 "지혜"는 반대말이다.

17절 지혜자가 조용히 하는 말은//^{개역}조용히 들리는 지혜자들의 말들이: 원문을 직역
      하면 '지혜자들의 말들은 조용할 때 들린다'이다. 이 문장은 (1) 화자가 조용
      히 말할 때 잘 들린다는 뜻인지, (2) 아니면 청자들이 조용히 있을 때 잘 들린
      다는 것인지 분명치 않다.

는다는 것을 아는 것 또한 지혜이다. 반성적 지혜는 규범적 지혜와 상충하지 않고, 오히려 상보적이다. 성경의 지혜는 규범적 지혜와 반성적 지혜가 함께 있어 온전한 지혜를 형성한다.

11-12절 규범대로 되지 않는 현실

규범적 지혜에서 패턴을 배우고 따라야 할 이유는 그것이 실패와 재난을 피하고 성공으로 이끌기 때문이다. 그 지혜를 소유하고 있는 이들이 "지혜자들", "명철자들", "지식인들"로 불린다. 다시 한 번 강조하지만, 지혜서에서 지식과 지혜는 동의어이다. 규범을 알고 따르는 것을 지칭하는 표현들이다. 그러나 규범을 따른다고 해서 반드시 성공이 보장되는 것이 아니라는 것을 현실 경험을 통해 알게 된다. 그것이 반성적 지혜의 중요한 가르침이다.

　빠르고 가볍고 날래면(어근 קלל깔랄의 의미) 달리기를 잘할 것이고, 그러면 경주에서 승리할 확률이 높아진다. 강한(어근 גבר가바르의 의미) 자는 전쟁에서 이길 확률이 높다. 그러나 그렇다고 언제나 경주와 전쟁에서의 승리가 보장되는 것은 아니다. 토끼가 항상 거북이와의 시합에서 이기는 것은 아니라는 것을 알려주는 것이 반성적 지혜이다.

　11절의 흥미로운 점은 "지혜자들"과 "음식물"을, "명철자들"과 "재물"을, "지식인들"과 "은총"을 연결시킨다는 점이다. 전도서의 반성적 지혜가 대화 상대자로 상정하고 있는 규범적 지혜의 실체를 엿볼 수 있는 표현들이다. 이 규범적 지혜를 소유하는 자가 하나님으로부터 얻게 되는 것은 물질적 부요이다. 먹을 것이 풍성하여 잘 먹고 잘사는 사람이 하나님의 뜻에 맞게 사는 지혜자이자 의인이고, 반면에 먹을 것이 없고 가난한 현실은 무지와 악의 결과물이다.

　부요는 지혜/의와 동의어이고, 가난은 무지/악과 연결되는 이러한 '세속적 번영신학'은 아마도 전도자 시대에 널리 퍼져 있던 신앙의 모습인 듯하다. 이것은 비단 전도자가 살던 시대만이 아니라 신약시대에도 주된 신앙관이었던 것으로 사료된다. 예수님의 '부자'와 관련한 비유들과 부자 청년과의 대화 등은 전도서가 비판하는 지혜관과 유사한 신앙관을 소유하고 있는 사람들을 독자로 상정하고 이해해야 한다.

　예를 들어, 부자와 거지 나사로의 비유(눅 16:19-31)에서 부자가 "음부"에 가고 거지 나사로가 "아브라함의 품"에 들어간다는 이야기는 예수님 시대의 사람들이 가지고 있던 부자와 거지에 대한 이해를 완전히 뒤집는다. 하나님의 복을 가장 많이 받은 지혜자이자 의인을 가리키는 표현이 바로 "부자"이고, 그 정반대에 위치하고 있는 사람이 "거지"이다. 이 관점에서는 죽어서 가장 좋은 대접을 받아야 할 사람이 바로 부자이고, 거지는 "음부"의 맨 아래에 위치해야 마땅하다. 예수님의 비유는 전도서가 그러한 것처럼 당대의 규범적 지혜의 가치관을 무너뜨린다.

　부자 청년과의 대화(마 19:16-30; 막 10:17-31; 눅 18:18-30) 역시 규범적 지혜의 틀을 깨는 이야기로 읽을 때 잘 이해된다. "청년"이라는 단어는 규범적 지혜에서 아직 지혜에 다다르지 못한 상태를 가리킨다. 그런데 비유 속의 청년은 젊은이임에도 불구하고 이미 지혜를 소유한 자로 나타난다. 그의 부요함이 그가 의인이자 지혜자임을 나타내는 표상이다. 그가 성경의 계명을 모두 지킨 자로 묘사되는 것 역시 그가 의인으로 여겨진다는 것을 뒷받침한다(마 19:20). 즉, 젊은이자 부자라는 인물 상정은 (세속적) 규범적 지혜가 상상할 수 있는 최고의 의인이자 지혜자를 의미한다. 그런데 예수님은 "부자는 천국에 들어가기가 어려우니라"(19:23)라고 말씀하시며 규범적 지혜의 가치관을 뒤집는다. 예수님의 비유가 (전도서의 지혜만큼이나) 충격적으로 받아들여졌다는 것은 제자들의 반응으로 잘 알 수 있다: "제자들이 듣고 몹시 놀라 이르되 그렇다면 누가 구원을 얻을 수 있으리이까"(19:25). 제자들 또한 규범적 지혜의 신앙관을 가지고 있었다는 것을 알 수 있다.

포도원 품꾼의 비유(20:1-16) 역시 투자한 만큼 대가를 얻는, 뿌린 대로 거두는 인과응보의 원리를 깨뜨리는 비유이며, (심령이) 가난한 자가 복이 있어 천국/하나님의 나라를 소유한다는 예수님의 선포(마 5:3; 눅 6:20)도 같은 맥락에서 이해되어야 한다. 이렇듯 규범적 지혜와 반성적 지혜의 긴장과 대립, 상호 보완은 지혜서를 넘어 성경의 다른 부분을 이해할 때에도 유효하고 유용한 해석 틀을 제공한다.

13–18절 지혜도 헤벨이다

헤벨이라는 개념은 전도서의 반성적 지혜의 핵심이다. 욥기의 반성적 지혜가 규범의 예외에 집중한다면, 전도서는 (아주 긴 시간의 관점에서) 그 예외를 과연 예외라 할 수 있을까 하는 의문을 제기한다. 하나님의 관점에서는 모든 것이 적절한 때에 발생하는 '규범'이다. 어떠한 현상이 규범의 예외처럼 보이는 것은 단지 하나님께서 창조하신 영원의 패턴을 인간이 이해하지 못해서일 뿐이다. 또한 규범에서 어긋나 보이는 일이 발생하더라도 그것마저도 잠시 있다 사라지는 **헤벨**이라는 것이 전도서가 욥기의 반성적 지혜에 첨가하는 부분이다.

14절은 규범적 지혜에서 패턴대로 될 가능성이 가장 높은 경우를 상정한다: 대단히 막강한 침략 세력과 아주 작고 힘없는 마을. 강한 자가 전쟁에 승리할 확률이 높은 것처럼(11절) 이 성읍은 무너질 가능성이 매우 높다. 그러나 "가난한 지혜자"라는 규범에서 벗어난 사람에 의해 이 규범적 지혜의 가능성은 실현되지 못한다. 마치 욥기처럼 규범(패턴)의 예외에 대해 말하고 있는 듯하다. 그러나 전도서는 여기서 한발 더 나간다. 이렇게 마치 불가능해 보이는 예외적 현상이 벌어지더라도 그 일마저도 곧 잊혀지고 마는 **헤벨**일 뿐이다. 그 놀라운 구원의 역사를 일으킨 사람마저도 곧 잊혀지고 만다(15절). 이것은 8:10의 악인들의 악한 행실도 곧 잊혀지는 **헤벨**일 뿐이라는 전도자의 관찰과 일치한다. 규범대로 되지 않는 경우("악인들의 행위에 따라 벌을 받는 의인들도 있고 의인들의 행위에 따라 상을 받는 악인들도 있다", 8:14)가 발생하더라도 그것마저도 곧 사라지고 마는 **헤벨**이다. 그러니 세상이 기대하고 예측한 대로 흘러가지 않더라도 그것을 이상하게 여길 필요는 없다("정의와 공의가 짓밟는 것을 볼지라도 그것을 이상히 여기지 말라", 5:8). 지혜가 "힘"(9:16), "다스리는 자의 호령"(17절), "무기"(18절)보다 더 선하고 좋지만, 그 지혜마저도 멸시당하고 잊혀지고 무너진다.

전도서 10장 1-11절

인과응보의 패턴에 따른 지혜가 아닌 전도서가 제시하는 대안적인 (반성적) 지혜가 10장에 열거되어 있다. 백 번 패턴에 맞아떨어진다고 해도 단 한 번의 예외로 모든 것이 무너질 수 있고, 또 언제 재앙이 닥칠지 모르니 재앙의 가능성이 있는 자리를 피하는 것이 지혜이다. 우매한 자가 지도자가 될 수 있고 지혜자(= "부자")가 낮은 자리에 앉을 수도 있다. 전문가(=지혜자)들도 자신의 일에서 실수할 때가 있다는 것을 아는 것이 지혜이다.

더바이블 오리지널 전도서 10장 1-11절

지혜와 우매의 관계

1   죽은 파리가 향수를 악취 나게 하는 것처럼

조금의 우매함이 지혜와 존귀보다 중요하다.

2   지혜자의 심장은 오른쪽에 있고 우매자의 심장은 왼쪽에 있다.

3   우매자는 길을 걸을 때 정신이 없이 우왕좌왕한다.

그는 말할 때마다 자신의 멍청함을 모두에게 드러낸다.

규범적 지혜가 뒤바뀐 현실

4   통치자의 화가 네게로 향하거든 네 자리에 가만히 서 있지 마라

1절   조금의 우매함이 지혜와 존귀보다 중요하다//^{개역}적은 우매가 지혜와 존귀를 난처하게 만드느니라: 원문을 직역하면 '적은 우매가 지혜와 존귀보다 더 중요하다/귀하다(יָקָר야까르)'이다.

2절   지혜자의 심장은 오른쪽에 있고 우매자의 심장은 왼쪽에 있다//^{개역}지혜자의 마음은 오른쪽에 있고 우매자의 마음은 왼쪽에 있느니라: 직역하면 '지혜자의 심장은 오른쪽에 있고 우매자의 심장은 왼쪽에 있다'가 된다. 이 문장의 명확한 의미를 파악하기는 어렵다.

3절   우매자는 길을 걸을 때 정신이 없이 우왕좌왕한다//^{개역}우매한 자는 길을 갈 때에도 지혜가 부족하여: 직역하면 '우매한 자는 심장이 결여된 채로 걸어간다'이다.

4절   통치자의 화가 네게로 향하거든//^{개역}주권자가 네게 분을 일으키거든: 직역하면 '통치자의 숨결(רוּחַ루아흐)이 네 위로 올라가면'이다. 의미가 명확하지는 않지만, 많은 번역들처럼 '통치자가 네게 화를 낼 때' 정도로 이해될 수 있다.

4절   네 자리에 가만히 서 있지 마라//^{개역}너는 네 자리를 떠나지 말라: **메코메카 알-탄나흐**(מְקוֹמְךָ אַל־תַּנַּח)를 "네 자리를 떠나지 말라"(개역개정), "자리를 뜨지

통치자의 분노가 누그러지면 큰 잘못들도 용서될 수 있다.

5   이 땅에서 내가 본 악이 있는데,

그것은 다스리는 자에게서 나온 잘못이다.

6   아둔한 자에게 아주 높은 자리가 주어지고

부자들이 낮은 자리에 앉게 된다.

7   나는 종들이 말에 올라타고 고관들이 종처럼 땅에 걸어다니는 것을

보았다.

마라"(공동번역; 새번역도 유사)로 해석하는 것은 문맥상의 의역으로 보인다. **탄나흐**(תָּנֻחַ)의 어근 **누흐**(נוח)의 의미는 (1) '쉬다', (2) '놓다, 두다, 머무르다'이다(참조, 창 8:4; 출 10:14; 왕하 2:15; 민 10:36; 사 25:10). 누군가를 어느 장소에 남겨두고 떠나는 것을 뜻할 수는 있지만, 어느 '장소'를 남겨두고 떠나는 것을 의미하지는 않는다. 따라서 이 문장은 오히려 '네 자리에 머무르지 마라'로 이해하는 것이 적절하다.

4절   큰 잘못들도 용서될 수 있다//^{개역}공손함이 큰 허물을 용서받게 하느니라: 히브리어 원문을 직역하면 '치료가 커다란 잘못들을 누그러뜨린다/진정시킨다'이다. **마르페**(מַרְפֵּא)를 "공손함"(개역개정), "침착하면"(새번역과 공동번역)으로 번역한 것은 문맥에 맞춘 의역이다.

5절   그것은 다스리는 자에게서 나온 잘못이다//^{개역}주권자에게서 나오는 허물이라: 허물로 번역된 **쉐가가**(שְׁגָגָה)는 레위기 등에서 주로 모르고 저지른 죄, 즉 죄라는 인식이 없이 저지른 잘못을 나타낼 때 쓰이는데, 여기서는 일반적인 의미의 잘못을 나타내는 것으로 보인다.

6절   부자들이 낮은 자리에 앉게 된다//^{개역}부자들이 낮은 지위에 앉는도다: "부자들"(עֲשִׁירִים아쉬림)은 여기서 규범적 지혜에 따라 사는 지혜자를 가리키는 표현이다. 상반절의 (규범적 지혜에 따라 살지 않는) 아둔한 자/우매자(סֶכֶל쎄켈)의 반대말로 쓰이고 있다.

지혜자도 우매할 때가 있다

8   구덩이를 판 사람이 거기에 빠지기도 하고

돌벽에 구멍을 낸 자가 뱀에 물리기도 한다.

9   돌을 나르다가 그 돌에 다칠 수도 있고

나무를 쪼개다가도 위험을 당할 수 있다.

10   철이 무딘데도 날을 갈지 않으면 힘이 더 든다.

지혜로우면 더 쉽게 성공할 수 있다(직역: 지혜는 성공의 유익이다).

11   주술(혹은 부적) 없이 뱀에게 물리면

주술사의 주술은 아무 소용이 없다.

전도서 10장 1-11절 해설

반성적 지혜가 말하는 지혜와 무지(우매)의 경계선은 선명하지 않다. 지혜/의에도 무지/악이 있을 수 있고, 지혜자와 우매자의 차이도 하나님의 관점에서는 그리 크지 않다. 아무리 지혜롭다고 해도

10절 지혜로우면 더 쉽게 성공할 수 있다//[개역]지혜는 성공하기에 유익하니라: 직역하면 '지혜는 성공의 유익이다'가 되는데, 그 의미는 지혜로우면 더 쉽게 성공할 수 있다 정도의 뜻이다.

11절 주술(혹은 부적) 없이 뱀에게 물리면 주술사의 주술은 아무 소용이 없다//[개역]주술을 베풀기 전에 뱀에게 물렸으면 술객은 소용이 없느니라: 직역하면 '주술이 없을 때 뱀이 문다면, 말(< 혀)의 주인에게 유익이 없다'이다. 즉, 주술사가 주술을 통해 뱀을 통제할 수 있다고 하더라도, 그 주술을 실행하지 않을 때 뱀에게 물릴 수도 있음을 가리킨다.

누구나 우매한 일을 저지를 수 있고, 단 한 번의 우매가 전체의 지혜를 망가뜨릴 수 있다. 10장은 이러한 반성적 지혜가 규정하는 지혜와 우매의 경계선에 대한 이야기로 채워져 있다. 여기서 중요한 것은 어느 문장도 인과응보의 원리나 예측 가능한 패턴을 기반으로 하지 않는다는 것이다.

1-3절 지혜와 우매의 관계

'적은 우매가 지혜와 존귀보다 더 중요하다'로 직역되는 1절은 바로 앞 문장인 "죄인 한 사람이 많은 선을 무너지게 하느니라"(9:18b)와 연결해서 이해되어야 한다. 지혜와 존귀는 규범적 지혜의 '선'을 나타내는데, 아무리 선하고 의로운 지혜가 많이 있다고 하더라도 단 한 번의 우매(악), 혹은 잘못된 판단이 그 모든 선한 것들을 파괴할 수 있을 정도로 커다란 가치를 지닌다는 뜻으로 이해된다. 그것은 마치 좋은 향기를 줄곧 내뿜는 기름에 파리가 빠져 죽음으로써 악취를 풍기게 되는 것과 같다.

2절의 "지혜자의 마음(심장)은 오른쪽에 있고 우매자의 마음은 왼쪽에 있느니라"라는 표현이 정확히 어떤 의미인지는 알기 어렵다. 오른쪽(오른손)과 왼쪽(왼손)이라는 표현을 선과 악, 옳고 그름, 긍정과 부정의 이분법적 관점으로 해석할 수도 있다(권지성, 363-364). 그러나 이러한 관점은 규범적 지혜의 시각으로 전도서의 반성적 지혜를 이해하는 오류를 범하는 것이다. 이 구절과 유사한 구절은 "지혜자는 그의 눈이 그의 머리 속에 있고 우매자는 어둠 속에 다니지만"(전 2:14)이다. 지혜자와 우매자의 구분이 '눈이 머리에 달려 있음'과 심장의 위치에 달려 있다는 것은 일종의 해학적 표현으로 보인다. 지혜의 소유 여부와 상관없이 인간의 눈의 위치와 심장의 위치는 동일하다. 지혜자와 우매자 사이에 차이가 "그들 모두가 당하는 일이 모두 같으리라"(2:14 하반절)로 연결되는 것으로 보아, 전도자는 이러한 구분을 통해 오히려 지혜와 우매 사이의 차이가 없음을 역으로 드러내려는 듯하다. '우매자는 심장이 결여된 채로 걸어간다'로 직역되는 3절의 표현 역시 마찬가지로 해학적 표현으로 여겨진다. 심장이 없이 걸어 다닐 수 있는 사람은 없다. 전도서의 전반적인 주제는 지혜자가 우매자보다 나은 것이 없다는 것이고(6:8), 이러한 관점에서 2-3절을 해석하는 것이 보다 안전하고 적절한 방식이라 여겨진다.

4-7절 규범적 지혜가 뒤바뀐 현실

전도자가 경험한 현실(= 창조 세계)은 규범적 지혜의 패턴에 따라 움직이는 세계가 아니다(우리가 경험하는 현실도 마찬가지이다). 우선, 지혜자/의인이 아닌 사람이 주권자로서 다스리는 공간이다(5절). 규범적 지혜의 관점에서 다스리는 위치가 하나님으로부터 부여되는 자는 최고의 의인이자 지혜자이다. 잠언에서 묘사되는 왕처럼 "의로운 입술"을 가지고 "정직히 말하는 자"(잠 16:13)여야 하고, 악을 미워하며(16:12), "그 눈으로 모든 악을 흩어지게" 하는 자여야 한다(20:8). 그런데 전도자의 세계에서는 "허물"이 있는 자가 지도자가

된다(전 10:5). 마찬가지로, 규범적 지혜의 당위는 지혜자가 높은 지
위를 가져야 하고 어리석은 자가 낮은 지위를 가져야 함에도 불구
하고, 현실은 그렇지 않다. 우매한 자가 높은 지위를 얻고 "부자들",
즉 지혜자이자 의인이 낮은 지위에 있다(6절). 여기서 다시 한번,
"부자들"이라는 표현이 지혜자(의인)와 동의어로 사용되고 있는 것
에 주목하라.

　4절의 번역은 재고할 필요가 있다. **메코메카 알-탄나흐**(מְקוֹמְ‎ךָ
אַל־תַּנַּח)를 "네 자리를 떠나지 말라"(개역개정), 혹은 "자리를 뜨지 마
라"(공동번역)로 해석하는 것보다는 '자리에 머물지 마라'로 이해하
는 것이 더 적절해 보인다. 우선, **탄나흐**(תַּנַּח)의 어근 **누흐**(נוּח)의 기
본적인 뜻은 (1) '쉬다', (2) '놓다, 두다, 머무르다'이다(참조, 창 8:4; 출
10:14; 왕하 2:15; 민 10:36; 사 25:10). 이 동사의 히필형은 무엇/누구를
어느 장소에 놓아 두고 떠나는 경우에 사용되지만(창 2:5; 39:19; 레
16:23; 민 17:19; 삼상 10:25 등), 어느 장소를 떠나는 의미로는 사용되지
않는다. 오히려 반대로 어느 장소에 머무르는 의미로 쓰인다("여호
와께서 그 이방 민족들을 머물러 두사", 삿 2:23). 따라서 부정어와 함께 쓰
인 **알-탄나흐**(אַל־תַּנַּח)는 "떠나지 말라"가 아니라 '머무르지 말라'
로 해석되어야 한다. 참고로, 전도서 11:6의 **알-탄나흐**(אַל־תַּנַּח)를
개역개정은 "(손을) 놓지 말라"로 번역한다. 손을 가만히 놓아두지
말라는 말이다. 7:9의 **야누아흐**(יָנוּחַ)도 "머무름"으로 번역했다.

　왕이 화를 낼 때 그 자리에 머물러서 그 분노의 화살을 그대로
맞고 있는 것은 오히려 지혜롭지 못한 행동이다. 여기서 살펴보아

야 할 것은 왕의 분노가 정당한 사유가 있느냐는 것이다. 전도서의 관점에서는 모든 현상에 특정한 이유와 근거를 대는 것은 불가능한 일이며 또한 지혜롭지 못한 것이다. 왕은 언제든 화를 낼 수 있고, 그 분노는 어느 누구에게든 향할 수 있다.

전도서의 가장 큰 주제인 '모든 것은 **헤벨**이다'라는 관점에서 볼 때, 왕의 분노 역시 언젠가는 수그러든다. 따라서 재앙의 자리에 머물러 있지 않고 그 자리를 피하는 것이 오히려 지혜로운 행동이다. 이와 연결하여, "공손함"으로 번역된 **마르페**(מַרְפֵּא)도 재해석이 필요하다. 어근 **라파**(רָפָא)에서 파생된 이 추상명사의 기본적인 뜻은 '치료'이다(렘 8:15; 14:19; 대하 36:16; 잠 4:22; 6:15; 12:18; 13:17; 16:24; 29:1; 말 4:2). 문맥상 치료가 필요한 것은 분노하는 왕이지 신하가 아니다. 따라서 4절의 하반절은 '화가 치유되면 커다란 잘못들도 용서될 수 있다'는 의미로 이해하는 것이 적절하다. 왕이 화를 내는 것이 언제까지 계속되지는 않을 것이다. 시간이 지나서 분노가 치유가 되어 왕의 마음이 누그러지면 아주 큰 잘못들도 봐줄 수 있게 된다.

8-11절 지혜자도 우매할 때가 있다

원숭이도 나무에서 떨어질 수 있다. 어떤 일을 직업으로 삼고 그 일을 잘한다고 해서 매번 그 일에 성공할 수는 없다. 함정을 파다가 자신이 파놓은 함정에 빠지게 되는 일이 발생할 수 있고, 담을 허물다가 전혀 예상치 않게 뱀에게 물리는 일이 벌어질 가능성도 존재한다(8절). 돌을 떼어내다가 그 돌에 맞을 수도 있고, 나무를 쪼개다가 그 나무의 파편에 상처를 입을 수도 있다(9절).

　　물론 무딘 칼날로 무엇인가를 베려는 것은 아둔한 짓이다. 날카로워야 쉽게 벨 수 있다. 이렇듯 지혜가 있으면 성공할 확률이 높아진다("지혜는 성공하기에 유익하니라", 10절). 하지만 성공의 확률이 높다는 사실이 언제나 성공을 보장하는 것은 아니다. 규범적 지혜의 패턴을 아는 것은 재앙을 피하고 성공할 확률을 높인다. 하지만 그렇다고 실패나 불행을 언제나 피할 수 있는 것은 아니다. 예를 들어, 전문적인 주술사는 뱀을 통제할 수 있을 것이다. 그러나 그 주술사가 언제나 주술을 행하는 것은 아니다. 만약 주술을 행하지 않고 있을 때 뱀에게 물린다면, 주술을 행할 수 있는 능력이 있다는 사실만으로는 아무런 도움을 주지 못한다(11절). 8-11절은 지혜자라고 해서 언제나 지혜로운 것은 아니라는 전도서의 주제에 부합한다.

전도서 10장 12-20절

12-15절	우매한 말과 어리석은 수고
16-20절	성공의 가능성을 높이고 실패의 가능성을 줄이는 지혜

1-11절에 이어 반성적 지혜가 제시하는 대안적인 지혜와 우매의 구분이 계속된다. 말을 많이 하면 어리석은 말을 하게 될 가능성이 높아진다. 미래의 일(패턴)을 알지 못하는 자의 우매한 말은 스스로를 해칠 뿐이다. 가능한 한 많은 경우를 대비하는 것이 지혜이며, 나쁜 일이 벌어질 경우를 생각해서 조심하는 것이 현명한 태도이다.

더바이블 오리지널 전도서 10장 12-20절

우매한 말과 어리석은 수고

12 지혜자의 입은 은혜의 말을 뱉지만,

  아둔한 자의 입술은 그 자신을 삼킨다.

13 그의 입은 첫마디부터 멍청한 소리를 내뱉고

  마지막까지 미친 헛소리를 내뱉는다.

14 우매한 사람은 말을 많이 한다.

  그러나 사람이 나중 일을 알지 못하니

  누가 그에게 나중에 벌어질 것을 알려주겠는가?

15 우매한 자들의 수고는 그 자신을 너무 지치게 만들어서

  도시로 돌아가는 길도 모르게 한다.

12절 지혜자의 입은 은혜의 말을 뱉지만//개역지혜자의 입의 말들은 은혜로우나: "은혜로 번역된 단어 헨(חֵן)의 기본적인 의미는 두 가지로 나뉜다: (1) '불쌍히 여김, 긍휼히 여김', (2) '공짜, 값없음, 이유 없음, 까닭 없음'. 상대방을 긍휼히 여기는 마음 외에 특별한 다른 이유 없이, 그리고 대가를 바라지 않고 공짜로/값없이 주는 것이 '은혜'이다. 인과응보 사상을 비판하는 욥기의 반성적 지혜의 핵심 단어인 "까닭 없이"(욥 1:9)도 헨의 파생 부사인 힌남(חִנָּם)을 번역한 것이다. '원인과 그에 따른 결과'의 패턴을 넘어선다는 뜻이다.

12절 아둔한 자의 입술은 그 자신을 삼킨다//개역우매자의 입술들은 자기를 삼키나니: 이 문장은 히브리어 원문을 그대로 직역한 것이다. '삼키다'라는 뜻의 동사 발라(בלע)는 주로 음식물 등을 입안으로 삼키는 것을 나타낸다(창 41:7; 출 7:12; 15:12; 욥 20:15, 18; 사 28:4; 욘 2:1). 입술이 자기 자신을 삼킨다는 것은 스스로를 파괴하는 것을 의미한다. 13-14절의 문맥 속에서 볼 때 이것은 어리석은 말을 함으로써 지혜를 망치고 자신의 인생을 망치는 것을 나타낸다.

성공의 가능성을 높이고 실패의 가능성을 줄이는 지혜

16　오 저런, 어린애가 왕인 나라가 있다니!

　　그 나라의 고관들은 아침부터 처먹기만 한다!

17　고귀한 가문 출신이 왕이 된 나라는 복이 있다.

　　그 나라의 고관들은 때에 맞춰 먹고

　　그들은 기력을 보충하려고 음식을 먹을 뿐, 술을 마시기 위해서 음식

　　을 먹지 않는다.

16절　어린애가 왕인 나라가 있다니 그 나라의 고관들은 아침부터 처먹기만 한다//^{개역}왕
은 어리고 대신들은 아침부터 잔치하는 나라여: "어리고"로 번역된 **나아르**
(**נַעַר**)는 두 가지 의미를 지닌다: (1) '나이 어림': 갓난아기부터 (성인이 되기
전까지의) 청년, (2) 신분이나 계층이 낮음: 하인이나 부하 등. 신분과 계층이
낮은 사람이 왕이 된다는 것은 상상하기 어려우나 17절의 귀족 계층의 자녀
가 왕이 되는 경우("왕은 귀족의 아들이요")와 비교한다면 (2)의 의미로 이해
하는 것도 불가능하지는 않다. 규범적 지혜에서 '왕'과 '나이 어림/낮은 신분
이나 계층'은 반어적 의미를 갖는다는 것에 주목하라. 더불어, 전도서가 비판
하는 규범적 지혜에서 "잔치"는 긍정적인 의미(선/좋은 것)를 지니고 있다는
것에도 유념해야 한다.

16절　오 저런//^{개역}네게 화가 있도다: "화가 있도다"로 번역된 **이**(**אִי**)는 보다 흔한 형
태인 **오이**(**אוֹי**)의 축약형으로서, 슬픔과 절망을 표현하는 감탄사이다. '재앙
과 화가 있을 것이다'라는 저주의 표현보다는 '슬프다, 안타깝다'는 감정을
나타낸다.

17절　그 나라의 고관들은 때에 맞춰 먹고 그들은 기력을 보충하려고 음식을 먹을 뿐//
^{개역}대신들은 취하지 아니하고 기력을 보하려고 정한 때에 먹는 나라여: 원문에서
비그부라(**בִּגְבוּרָה**, '힘을 위해서')와 **밧쉐티**(**בַשְּׁתִי**, '마시기 위해서')가 평행
법으로 연결되어 있다. 따라서 본문은 '대신들이 (술을) 마시기 위해서 먹는
것이 아니라 힘을 얻기 위해 적절한 때에 먹는다'로 해석된다.

18   일을 어설프게 하면 지붕이 가라앉고

      손을 놓고 있으면(일을 아예 안 하면) 집이 무너진다.

19   음식을 만드는 건 웃음을 위해서이고

      포도주는 인생을 즐기기 위해서이지만

      돈은 모든 경우를 위한 것이다.

20   생각으로라도 왕을 저주하지 말고

      네 은밀한 침실에서도 부자를 저주하지 마라.

      왜냐하면 하늘의 새가 그 소리를 나르고

      날개 달린 것이 그 말을 전한다.

전도서 10장 12-20절 해설

12-20절은 잠언의 경구를 연상하게 할 정도로 규범적 지혜의 언어
와 형식을 구사한다. 전도서의 전반적인 운문 형식은 시편이나 잠
언, 그리고 이사야나 예레미야 같은 선지서에서 흔히 쓰이는 대구
법/평행법(parallelism)이 두드러지지 않는다. 그러나 10장은 대구

18절 일을 어설프게 하면//개역게으른즉: 원문 **아짤타임(עַצְלָתַיִם)**은 '게으름'보다는
      행동이 굼뜨고 느린 것이나 적절하게 일을 하지 못하는 것을 의미한다. 이 어
      근이 동사로 쓰인 경우 머뭇거리거나 주저하는 행위를 가리킨다(삿 18:9; 개
      역개정은 이 구절도 "게을리"로 번역했다).

법/평행법이 선명하게 사용되고 있어서 마치 잠언을 읽는 듯하다. 하지만 이 구절들의 지혜는 과거로부터 반복되어 미래를 예측할 수 있는 규범(패턴)을 전제하지 않는다는 점에서 잠언과 차이가 있다.

12-15절 우매한 말과 어리석은 수고

지혜와 우매를 대비하여 차이점을 부각시키는 것은 잠언의 전형적인 수사법이다. 전도서 10장이 형식에 있어서 잠언과 유사하다고 할지라도 그 안에 담고 있는 지혜의 내용까지 동일한 것은 아니다. 전도서의 표현을 세밀하게 살펴보고 규범적 지혜와 어떤 차이가 있는지 알아야 전도서가 말하는 반성적 지혜를 이해할 수 있게 된다. 12-14절의 핵심 단어는 '말'이다. 전도자는 이 구절을 시작하면서 지혜자의 말과 우매자의 말을 대비시킨다. 지혜자의 말의 특징은 **헨**(חֵן)이다. 12절의 도움말에서도 설명했듯이, 이 단어는 (1) '불쌍히 여김/긍휼히 여김', (2) '공짜/값없음, 이유 없음/까닭 없음'이라는 두 가지 의미를 지닌다. 이 두 가지 중 어느 의미에서 이 단어가 사용됐는지 이해하기에는 본문의 정보가 부족하다. 전도자는 어떤 말이 "은혜"의 말인지를 구체적으로 설명하고 있지 않다.

　반면에, 어리석은 자의 말에 대해서는 세 절에 걸쳐 길게 설명한다. 우매자의 말은 (1) 자기 자신을 파괴하는('삼키는') 말이고(12절), (2) 처음부터 끝까지 어리석은 말뿐이고(13절), (3) 앞으로의 일을 알지 못하면서 말을 많이 하는 특징이 있다(14절). 이것을 하나씩 살펴보자. 첫째, 우매자의 말이 자기파괴적인 말이라는 진술(12절)

은 어떤 말이 그러한 말인지 구체적인 정보를 제공하지 않는다. 둘째, 우매한 자가 우매한 말을 한다는 진술(13절) 역시 동어반복으로서, 어떠한 말이 어리석은 말인지 전혀 설명해주지 않는다. 셋째, 구체적인 정보를 제공하는 유일한 표현은 어리석은 자는 말을 많이 한다는 것이다(14절). 왜 말을 많이 하는 것이 우매한 것이 되는지에 대해서는 그다음에 설명되어 있다: 패턴에 따라 미래를 예측하는 것이 불가능하기 때문이다. **헤벨**로서의 인간은 하나님의 창조 세계의 규범이 무엇인지 알 수 없다. 비록 모든 것이 하나님이 정하신 규범에 따라 일어나는 것이지만(전 3:1-11, 14-15), 규범을 파악할 수 없는 인간에게는 그 규범이란 없는 것과 마찬가지이다. 따라서, 현실(하나님의 창조 세계)이 어떠하고 어떻게 움직이는가에 대해 말을 많이 하면 할수록 틀릴 가능성이 높아진다.

말을 삼가는 것이 지혜라는 주제는 5:2-7에서도 등장했다. 이 구절도 삶에 대한 예측이 불가능한 상태에서 하나님께 "함부로", "급한 마음으로"(5:2) 서원하는 것을 "우매"로 규정한다(5:4). 하나님을 경외하는 자(5:7), 즉 크신 하나님 앞에서 인간의 작음을 인정하고 하나님의 운행하심을 함부로 예측하지 않는 겸손한 자는 말을 삼가는 태도를 갖는 것이 지혜이다. 서원을 많이 할수록 그 서원을 지키지 못할 확률이 높아지는 것처럼(5:6), 말을 많이 할수록 잘못된 말을 하게 될 가능성이 높아진다.

전도서의 반성적 지혜는 어떤 말이 선한 말(지혜)이고 어떤 말이 악한 말(우매)인지 선악 기준을 분명히 하는 규범적 지혜와는 다르다. 잠언은 죄 없는 자를 해치고 타인을 속이는 말을 악한 것으로 규정한 뒤 이러한 우매한 말을 하지 말라고 가르친다. 그러나 전도서는 이러한 방식을 취하지 않는다. 어떤 말이 지혜의 말이고 어떤 말이 무지의 말인지 구체적으로 설명하지 않는다. 다만, 말을 함부로 하고 급하게 하고 많이 하는 것만이 문제가 된다. 내용이 아니라 태도를 문제삼는다.

15절의 "우매한 자들의 수고"에 대해서도 말에 대한 것과 동일한 논리가 적용된다. 어떤 일/노력/수고(עָמָל아말)가 악하고 어리석은 행동인지 잠언에서처럼 선악의 기준을 구체적으로 제시하지 않는다. 다만 우매한 자들의 수고는 자기 자신을 지치게 한다는 특징이 있을 뿐이다. 너무 지쳐서 자신의 집으로 돌아가는 길조차 모르게 만든다. 이것 역시 의인의 길과 악인의 길을 구분한 뒤, 옳은 길로 인도하는 수고가 좋은 것이고 나쁜 길로 인도하는 열심은 악이라는 잠언의 이분법을 따르지 않는다. 이와는 다르게, 마치 우매한 자의 말이 자신을 삼키는 것과 동일하게, 우매한 자의 수고는 자신을 지치게 한다. 패턴을 예측할 수 없고 어떤 길이 옳은 길인지 모르는 것을 전제로, 스스로를 갉아먹을 정도로 일만 하여 돌아갈 집조차 찾지 못하게 하는 것을 전도자는 "우매한 자들의 수고"라고 정의한다.

16-20절 성공의 가능성을 높이고 실패의 가능성을 줄이는 지혜

말을 많이 하는 것과 일을 많이 하는 것이 반성적 지혜의 '우매'(무지)라고 정의할 때, 그렇다면, 반대로 말을 아예 안 하는 것과 일을 전혀 하지 않는 것은 현명한 일이 되는가? 전도자는 미래를 예측할 수 없는데도 재산을 축적하기 위해 죽도록 일만 하는 것이 어리석은 일이라고 이미 말한 것처럼(4:6-8; 5:11-17), 아무 일도 하지 않는 것 역시 지혜가 아니라고 설파했다(4:5). 전도자는 오히려 모든 가능성을 고려하여 대비하는 것이 지혜라고 가르친다. 넘어짐과 추움과 패함과 끊어짐에 대비하는 것이 지혜이며(4:10-12), 누구에게 언제든 재앙과 불행이 닥칠 수 있다는 사실을 기억하는 것이 지혜이다(5:14; 7:14; 8:6-7; 9:12). 이어지는 11장에서 언급될 "네 떡을 물 위에 던져라"(11:1)라는 명령 역시 패턴을 예측할 수 없기 때문에 가능한 한 여러 경우를 고려하는 것이 전도서가 제시하는 대안적인 지혜이다.

따라서 아침부터 술 취하기 위해서(בַּשְׁתִּי밧쉐티) 잔치를 벌이는 일은 실패할 가능성을 높이는 행위이다(10:16). 오히려 기력을 보충하기 위해 음식물을 섭취하여 하루를 대비하는 것이 현명한 일이다(17절). 여기서, "기력을 보하려고"(בִּגְבוּרָה비그부라, '힘을 위해서')라는 것은 어떤 일을 하기 위해 힘을 축적하는 것을 뜻한다. 전도서의 표현에서 중요한 것은 그 일이 '어떤 일'인지를 묘사하지 않는 것이다. 즉, 어떤 일이든, 여러 가능성에 대비하여 힘을 기르는 것이 지혜이다.

"잔치"와 "포도주"는 "희락"과 "생명"을 위한 것이다(19절). 여기서 "희락"(שִׂמְחָה사마흐)과 생명(חַיִּים하임)은 규범적 지혜의 선에 속해 있는 매우 긍정적인 가치를 지닌다. 따라서 기쁨과 생명을 추구하고 증진하는 것은 선하고 지혜로운 행위에 속한다. 그러나 이러한 '긍정적 가치'를 위해 잔치를 벌이고 포도주를 마시는 것은 모든 경우를 대비하려는 지혜의 관점에서는 어리석은 일이 된다. 오히려 "돈"이 각종 불행에서 건질 수 있는 대비책이 될 수 있다(참조, "지혜의 그늘 아래에 있음은 돈의 그늘 아래에 있음과 같으나", 7:12).

사는 집이 망가지고 무너지는 불행은 누구에게나 언제든 닥칠 수 있다. 그러한 재앙에 대비하지 않은 채 아무 일도 하지 않고 손을 놓고 있는 것은 어리석은 일이다(10:18). 가만히 앉아서 불행을 기다리는 것에서 한발 더 나아가 스스로 불행을 자초하는 것은 더욱 어리석은 일이다. 20절은 자신의 숨은 행위가 드러나지 않을 것이라는 어리석은 착각에 대해 경고하고 있다. "심중"과 "침실"은 이 문맥에서 가장 은밀한 곳을 지칭하는 표현이다. 숨어서 하는 저주를 아무도 모를 거라고 예상하는 것 역시 미래를 잘못 예측하는 행위이다. 전도서의 반성적 지혜는 인생이 기대하고 예측한 대로 진행되지 않는다는 사실을 독자들에게 끊임없이 상기시킨다. 밤말은 새가 듣고 낮말은 쥐가 듣는 법이다.

전도서 11장 1-10절

1-6절	예측할 수 없는 미래를 대비하는 지혜
7-10절	인생이 짧다는 것을 기억하며 현재에 충실하라

예측할 수 없는 미래를 대비하는 현명한 방식은 다양한 가능성에 대비하는 것이다. 언제 어떤 재앙이 닥칠지 모르기 때문이다. 알 수 없는 패턴을 알려고 하는 것은 우매한 행동이다. 인간의 한계성을 인식하는 것이 지혜이다. 인간 존재의 한계 중에 가장 분명한 것은 인생이 짧다(헤벨)는 것이다. 죽음이 언제 닥칠지 모른다. 그러니 바람처럼 지나가는 인생에서 내게 주어진 지금의 순간에 집중하는 것이 지혜이다.

더바이블 오리지널 전도서 11장 1-10절

예측할 수 없는 미래를 대비하는 지혜

1   네 먹을 것을 물 위에 던져라.

많은 날이 지난 후 그것을 발견할 수도 있기 때문이다.

2   일곱 혹은 여덟 몫으로 나누어 주어라.

어떤 나쁜 일이 이 땅에 생길지 너는 모르기 때문이다.

3   구름이 가득 차면 폭우가 땅에 쏟아지고,

나무가 남쪽이나 북쪽으로 쓰러지면 그 나무는 쓰러진 곳에 누워있다.

4   바람을 살펴보는 자는 씨 뿌리지 않고

1절   네 먹을 것을 물 위에 던져라//^{개역}너는 네 떡을 물 위에 던져라: "떡"으로 번역된 **레헴(לֶחֶם)**은 좁게는 곡물로 만든 빵을 가리키고, 넓게는 음식물 전체를 가리키는 확장된 의미를 가진다. 빵을 물 위에 던지는 행위가 무엇을 의미하는 가에 대해서는 많은 연구와 제안이 있어 왔다: (1) 구제를 위한 자선 행위를 권면하는 구절이라는 설, (2) 해상 무역을 지칭한다는 설, (3) 자본의 모험적인 투자, (4) 경솔하거나 비합리적인 행동을 가리킨다는 제안 등(머피, 285-286; 권지성, 387-389). 한 가지 지적할 것은 명령형 **샬라흐(שַׁלַּח)**는 피엘형(중복 어간 형태)인데, 칼형(기본 어간 형태)과의 의미상의 차이는 다음과 같다: 칼형은 돌아올 것을 기대하며 보내는 것('손을 보내다, 하인을 보내다' 등)이고, 피엘형은 돌아올 것을 기대하지 않고 떠나 보내는 것을 의미한다.

2절   일곱 혹은 여덟 몫으로 나누어 주어라//^{개역}일곱에게나 여덟에게 나눠 줄지어다: 1절과 동일하게 명령형 동사로 시작한다(תֵּן, '주어라!'). '일곱-여덟'처럼 어떤 숫자와 그 숫자에 하나를 더한 숫자가 나란히 나오는 것은 히브리어 운문의 대구법/평행법(parallelism)의 전형적인 표현 중의 하나이다(셋-넷, 여섯-일곱 등).

4절   바람을 살펴보는 자는 씨 뿌리지 않고//^{개역}풍세를 살펴보는 자는 파종하지 못할 것이요: **쇼메르 루아흐(שֹׁמֵר רוּחַ)**를 직역하면 '바람을 지키는 자'가 된다. 동사

구름을 보는 자는 추수하지 않는다.

5　바람의 길을 네가 알지 못하는 것처럼,

만삭 여인의 배 속에서 뼈들이 (어떻게 자라는지 네가 알지 못하는 것처럼),

마찬가지로 너는 하나님이 어떻게 이 모든 일을 행하실지 알지 못한
다.

6　너는 씨앗을 아침에 뿌려라, 그리고 저녁에도 손을 쉬게 하지 마라.

왜냐하면 너는 이것이 성공할지 저것이 성공할지 아니면 그것일지,

혹은 셋 다 좋을지 너는 모르기 때문이다.

인생이 짧다는 것을 기억하며 현재에 충실하라

7　빛은 달콤하며 태양을 보는 것은 눈에 좋다.

샤마르(שָׁמַר)는 (1) '지키다/보호하다', (2) '주의 깊게 살펴보다, 관찰하다', (3) '(길 등을) 막다, (감옥 등에) 가두다' 등의 뜻으로 활용된다. 이 문맥에서는 하반절의 로에(רֹאֶה, '보는 자')와 평행하여, (2)의 의미로 사용된 것으로 보인다. 따라서 "풍세를 살펴보는 자"라는 개역개정의 번역은 적절한 번역이다.

6절　손을 쉬게 하지 마라//^{개역}손을 놓지 말라: 알-탄나흐 야데카(אַל־תַּנַּח יָדֶךָ)는 직역하면 '너의 손을 가만히 두지 마라'이다. 7:18에서 동일한 표현이 사용됐다("손을 놓지 아니하는 것"으로 번역). 이는 부정어 알(אַל)과 더불어 '가만히 있지 않는 상태'를 가리킨다. 알-탄나흐(אַל־תַּנַּח)는 10:4에서도 쓰인 표현으로, 한곳에 가만히 머무르지 말라는 해석이 더 적절한 해석임을 보여준다.

7절　빛은 달콤하며//^{개역}빛은 실로 아름다운 것이라: 이 번역은 의역으로서, 원문은 '빛이 달다, 달콤하다(sweet)'이다.

7절　태양을 보는 것은 눈에 좋다//^{개역}눈으로 해를 보는 것이 즐거운 일이로다: "즐거운 일"도 의역으로서, 원문은 '선하다, 좋다'는 의미의 또브(טוֹב)가 쓰였다.

8   아주 오랜 세월을 살다 보면 그 모든 날이 기쁠 수야 있겠는가

어둔 날도 많다는 것을 알게 된다.

그러나 앞으로 남아 있는 날은 얼마 되지 않는다(헤벨).

9   (그러니) 젊은이여 네 어린 시절에 기뻐하라.

네 젊은 날들에 네 마음을 좋게 하라.

너의 마음이 가는 대로 너의 눈이 보는 대로 가라.

이 모든 일들에 하나님께서 너를 심판하실 것을 알아라.

10   고통을 네 마음에서 없애라.

재앙을 네 몸에서 지나가게 하라.

왜냐하면 어린 시절과 젊은 시절은 잠시 있다 사라지는 것(헤벨)이기

때문이다.

전도서 11장 1-10절 해설

과거(선조들)로부터 규범(패턴)을 배우고 익히는 것을 강조하는 규범

8절 앞으로 남아 있는 날은 얼마 되지 않는다(헤벨)//개역다가올 일은 다 헛되도다: "다
가올 일"은 미래를 나타내는 표현으로, 인생의 남은 날이 ('헛되다'보다는) 짧
다는 의미로 이해하는 것이 문맥상 적절하다.

10절 어린 시절과 젊은 시절은 잠시 있다 사라지는 것(헤벨)이기 때문이다//개역어릴 때
와 검은 머리의 시절이 다 헛되니라: 이 문맥에서도 젊은 시절의 '헛됨'을 의미
하기보다는 바람이나 안개처럼 잠시 있다 사라지는 의미로 이해하는 것이
적절하다.

적 지혜의 과거지향적 세계관은 동시에 미래에 벌어질 일을 예견하여 대비하는 미래지향적 세계관이기도 하다. 이러한 규범적 지혜가 놓치고 있는 '지금 이 순간'의 가치를 전도서의 반성적 지혜가 발견해낸다. 패턴을 아는 것이 불가능하다면, 시선을 미래에 두지 말고 지금 살고 있는 순간에 집중하는 것이 지혜이다.

11장은 두 부분으로 나눌 수 있다. "네가 알지 못함이니라"(2, 5-6절)라는 표현이 반복되는 1-6절의 전반부와, **헤벨**(הֶבֶל)이 주제어로 등장하는 7-10절의 하반부로 이루어져 있다. 전반부는 10장에 이어 예측할 수 없는 미래를 대비하는 지혜에 대해 언급하고 있고, 후반부는 인생이 짧다는 것을 기억하면서 현재를 기쁘고 충실하게 살라는 주제가 반복된다. 7-8절을 상반부에 연결하는 해석도 가능하지만(이러한 관점에 대해서는 머피, 297 참조), 7절의 "빛"은 9절의 "청년의 날들"을 상징하고, 8절의 "캄캄한 날들"은 9절의 하나님의 "심판"과 연결되기 때문에 7-10절을 하나의 묶음으로 보는 해석이 더 설득력 있다.

1-6절 예측할 수 없는 미래를 대비하는 지혜

1절의 떡/빵을 물에 던지는 행위가 정확히 어떤 의미인지 문장 자체만으로는 알기 어렵다(다양한 해석에 대해서는 1절의 도움말 참조). 성경에 이와 유사한 표현이 나타나지 않는다. 하지만 이 상반부의 핵심 구절인 **로 테다**(לֹא תֵדַע, '너는 모른다')를 기준으로 해석한다면 10장에서부터 계속 연결된 '다양한 가능성에 대비하는 행위'로 이해하는 것이 적절하다. 2절의 여러 몫으로 나누라는 명령과 동일한 문장 구조로 되어 있다는 것이 이러한 해석을 뒷받침한다. 그러나 빵을 물에 던진다고 해서 그 빵이 몇 배로 부풀려지는 것이 아니고, 만약 그 물이 흐르는 물이라면 다시 찾는다는 보장도 없기 때문에 1절은 여전히 해석상의 어려움을 가지고 있다. 설사 도로 찾는다고 해도 물에 젖은 빵을 먹을 수 있을지도 의문이다. 하지만, 1-2절의 행위가 재앙의 때를 대비하는 행위인 것만은 분명하다. 여기서, 다시 한번 강조하지만, 전도서에서는 재앙(רָעָה라아, '악, 나쁨')이 지혜가 없는 악인에게만 오는 것으로 이해하지 않는다는 점이 중요하다. 재앙은 누구에게나 임할 수 있고, 그것이 언제 임할지는 아무도 모른다.

　3-5절의 "구름", "비", "바람" 등의 자연현상은 인간의 예측을 벗어나는, 혹은 인간이 알 수 없는 하나님의 영역에 속한 것을 상징한다. 욥기의 비와 구름, 번개 등의 자연현상을 설명하는 것이나(욥 36:27-37:24), "폭풍우" 가운데에서 현현하신 하나님의 언설이 우박(38:22), 동풍(38:24), 홍수와 우레와 번개(38:25), 비(38:26-28), 얼음(38:29) 등을 언급하는 것 역시 인간의 보잘것없음과 한계를 드러내기 위함이다("하나님은 높으시니 우리가 그를 알 수 없고 그의 햇수를 헤아릴 수 없느니라", 욥 36:26).

　패턴을 알고자 하는 것은 규범적 지혜의 관점에서는 의이고 선이지만, 전도서의 반성적 지혜는 인간이 알 수 없는 것을 알려고 하는 것을 교만이고 우매한 행위로 여긴다. "바람의 길"이 어떠한지

알 수 없는데(전 11:5) 패턴을 알고자 바람과 구름을 쳐다보고 있는
자는(4절) '손을 놓고' 아무 일도 하지 않는 사람(6절; 10:18)일 뿐이
다. 아침에 씨를 뿌리는 것이 더 많은 열매를 맺는지, 저녁에 파종
하는 것이 더 나은지 인간은 알 수 없다. 패턴을 확실히 알고 있다
면 이것저것 해보는 것이 미련한 짓이겠지만, 패턴을 모를 때에는
오히려 한 가지만 고집하는 것이 미련한 행위이다. 다양한 가능성
을 염두에 두고 다양한 시도를 하는 것이 지혜로운 행위이다("이것
이 잘될는지, 저것이 잘될는지, 혹 둘이 다 잘될는지 알지 못함이니라", 6절).

7-10절 인생이 짧다는 것을 기억하며 현재에 충실하라

7-10절은 청년(젊음)과 심판(죽음)을 대비시킨다. "빛"과 "해"는 젊은
시절의 밝음을 상징하고, 반대로 "캄캄한 날"은 늙음과 죽음을 표
현한다. 이 대비는 잠언과 같은 규범적 지혜의 구도와 완전히 반대
라는 것을 명심해야 한다. 잠언에서는 늙음과 나이 듦("조상", "부모"
등)은 규범을 아는 지혜를 상징하며, 반면에 젊음과 청년은 아직 지
혜에 다다르지 못한 상태를 나타낸다. 그러나 전도서는 늙음과 지
혜의 연결고리를 끊어낸다('지혜로운 젊은이'와 '늙고 아둔한 왕', 4:13).
참고로, 욥기의 반성적 지혜도 늙음과 지혜를 동의어로 취급하지
않는다("어른이라고 지혜롭거나 노인이라고 정의를 깨닫는 것이 아니니라",
욥 32:9). 규범적 지혜를 대표하는 욥의 친구들과 비교해 보라("너는
옛 시대 사람에게 물으며 조상들이 터득한 일을 배울지어다", 8:8).
    규범적 지혜의 과거지향적 세계관을 벗어난 전도서의 현세지

향적 세계관은 '젊음'의 가치를 재발견한다. 청년이란 더 이상 지혜에 다다르지 못한 불완전한 존재가 아니다. 청년에게 더 지혜로워지라고 요구할 근거는 없다. 이제 전도자는 잠언의 규범적 지혜에서는 절대 할 수 없는 메시지를 청년들에게 전한다: 젊음의 순간을 즐기고 하고 싶은 일을 마음껏 하라고(전 11:9). 이렇게 요청할 수 있는 근거는 그 젊음이 오래 지속되는 것이 아닌 **헤벨**이기 때문이다(8, 10절). '헛된 것'이기 때문이 아니라 '잠깐 있다 사라지는' 안개와 바람 같은 것이기 때문이다. 한 사람의 인생 전체가 하나님의 시간인 영원(**올람**)에 비추어 잠시 스쳐 지나가는 것이라면, 젊은 시절은 그보다 더 짧은 순간일 수밖에 없다. 덧붙여, 청년이 성년/지혜자가 되기 이전의 상태를 가리킨다면, 어떻게 보면 전도서의 관점에서는 (인생의 마지막 단계에서 전도자만큼의 깨달음을 얻은 사람 정도를 제외하고) 모든 사람이 청년이다. 영원에 비한다면 이삼십 년이 **헤벨**인 것처럼 칠팔십 년도 **헤벨**이다. 규범을 아는 것이 지혜라고 정의한다면 어느 누구도 지혜자가 아니다. 따라서 전도서의 '청춘 찬가'는 반드시 이삼십 대만을 대상으로 하지 않는다.

9절의 의미가 청년들에게 마음대로 살라는 뜻이 아니라고 해석할 수도 있다. 그 근거는 마지막에 "그러나 하나님이 이 모든 일로 말미암아 너를 심판하실 줄 알라"라는 구절이 따라오기 때문이다. 제멋대로 살다 가는 하나님의 심판을 면치 못하니 결국 마음대로 살면 안 된다는 결론에 이르게 된다. 마치 전도자가 청년들에게 당근을 주었다가 다시 채찍을 주는 듯하다. 그러나 이러한 해석은 그

다음 10절의 "그런즉 근심이 네 마음에서 떠나게 하며"와 상충된다.

'마음대로 살아라—하나님의 심판이 임할 것을 알라—걱정하지 말라'라는 모순적인 해석은 하나님의 "심판"을 잘잘못을 따지는 선악 간의 심판으로 이해하는 잠언의 관점을 전도서에 대입하여 발생한 오류이다. 규범적 지혜의 선악 개념을 거부하는 전도서가 말하는 '하나님의 심판'은 단지 죽음을 의미한다. 청년의 때를 즐김과 젊음의 시간이 소중한 이유는 하나님의 심판, 즉 죽음이 언제 닥칠지 모르고 그 죽음이 그리 멀리 있지 않기 때문이다. 근심 걱정에 사로잡혀 살기에는 인생이 (헛된 것이 아니라) 너무 짧다(헤벨).

전도서 11:9과 10절의 구조와 의미는 9:10과 동일하다: "네 손이 일을 얻는 대로 힘을 다하여 할지어다 네가 장차 들어갈 스올에는 일도 없고 계획도 없고 지식도 없고 지혜도 없음이니라." 지금 이 순간을 기뻐하고 만족해 하며 현재에 집중하여 최선을 다해야 하는 이유는 죽음(= 하나님의 심판)이 언제 닥칠지 모르기 때문이다. "뒤에 일어날 일"(3:22)과 "다가올 일(11:8)을 알 수 없고 예측할 수 없는 미래를 미리 준비하는 것이 불가능하다면, 시선을 미래에 두지 말고 지금 살고 있는 순간에 집중하는 것이 지혜로운 태도이다. 하나님께서 허락하신 것에 만족하며 주어진 음식에 감사하고 사랑하는 사람과 행복하게 사는 것이 '선'이다(5:18). 현재 자신이 하는 일을 즐기는 것보다 더 선한 것이 없다(3:22). 흥미롭게도, **올람**(영원)의 관점에서 바라보는 지혜를 추구하는 전도서의 초거시적인 관점의 종착역은 바로 "지금 여기"이다. 잠언에서 과거와 미래가 긴밀히 연결되어 있는 것처럼, 전도서에서는 영원과 순간이, **올람**과 **헤벨**이 맞닿아 있다.

전도서 12장 1-14절

전도자는 그의 마지막 발언을 "창조주를 기억하라"로 시작한다. 창조주를 기억한다는 것은 11장의 "하나님의 심판"과 마찬가지로 죽음을 기억하는 것, 죽음이 언제든 다가올 수 있다는 것을 잊지 않는 것이다. 이 땅에서의 인간의 삶이 바람이 스쳐 지나가듯 잠시 왔다가 사라지는 헤벨이라는 것을 명심하는 것이 전도서의 반성적 지혜의 시작이자 마무리이다.

더바이블 오리지널 전도서 12장 1-14절

죽음을 기억하라

1   너는 네 젊은 날에 너를 창조하신 분을 기억해야 한다.

   재앙의 날들, 즉 네가 '내게 아무 일/기쁨이 없구나'라고 말하는 날들

   이 다가오지 않는 동안,

2   태양과 빛과 달과 별들이 아직 어두워지지 않는 동안,

   비가 온 뒤 구름이 아직 돌아오지 않는 동안.

3   그날에는 집을 지키는 자들이 떨 것이며, 힘 있는 자들이 엎드러질

   것이고

   맷돌질하는 여자들도 없어서 일을 멈출 것이고,

   창문 밖을 내다보아도 어두울 것이고,

4   맷돌 소리가 잦아들어 시장 거리의 문들이 닫힐 것이며

1절   재앙의 날들 …이 다가오지 않는 동안//^{개역}곤고한 날이 이르기 전에: "곤고"는
   악/나쁜 것을 의미하는 **라아(רָעָה)**의 번역이다.

1절   네가 '내게 아무 일/기쁨이 없구나'라고 말하는 날들이 다가오지 않는 동안//^{개역}나
   는 아무 낙이 없다고 할 해들이 가깝기 전에: "낙"으로 번역된 단어는 **헤페쯔**
   (חֵפֶץ)이다. 이는 아람어로 일/사건을 의미하는데, 그렇다면 본문을 '아무
   일/사건이 없는 날들'로 해석할 수도 있다.

3절   맷돌질하는 여자들도 없어서 일을 멈출 것이고//^{개역}맷돌질하는 자들이 적으므로
   그칠 것이며: 행위의 주체는 여성이다. **또하노트(טֹחֲנוֹת)**는 여성복수 분사형
   으로 맷돌질은 고대 이스라엘에서 여성의 역할이었다.

3절   창문 밖을 내다보아도 어두울 것이고//^{개역}창들로 내다보는 자가 어두워질 것이며:
   창문을 통해 내다보는 것(**רֹאוֹת**로오트)도 다수의 여성들이다.

4절   맷돌 소리가 잦아들어 시장 거리의 문들이 닫힐 것이며//^{개역}길거리 문들이 닫혀질

새소리만 클 뿐 여자들의 노랫소리는 사라질 것이고,

5 　사람들은 높은 곳을 두려워하고 공포가 길에 가득할 것이고

　아몬드 나무만 활짝 피고 메뚜기만 짐을 나르며, 나무 열매가 으깨져

있을 뿐이다.

　누군가 죽어서 영원(올람)의 집으로 가고

　시장 거리는 조문객들로 가득할 뿐이다.

6 　은줄이 끊기지 않고 금 그릇이 깨어지지 않으며

　항아리가 연못가에서 부숴지지 않고 바퀴가 구덩이에 깨어지지 않

을 날이 (얼마 남지 않았음을 기억해라).

7 　흙이 원래 있던 땅으로 돌아가는 것처럼

　영(바람)은 그것을 주신 하나님께 돌아간다.

것이며 맷돌 소리가 적어질 것이며: 이 두 문장은 원문에서 한 문장으로 되어
있다. 거리의 상점들이 문을 닫아 ('맷돌 소리'로 상징되는) 경제활동을 하지
않는 상태를 가리킨다.

5절　메뚜기만 짐을 나르며//^{개역}메뚜기도 짐이 될 것이며: 개역개정의 번역은 KJV을
참고한 듯하다. 히트파엘형 동사 **이쓰타벨**(יִסְתַּבֵּל)은 재귀태로서 '자신의 몸
을 끌고가다'라는 의미이다.

5절　나무 열매가 으깨져 있을 뿐이다//^{개역}정욕이 그치리니: 원문 **아비요나(ה)**(אֲבִיּוֹנָה)
는 캐이퍼베리(caperberry)라는 열매이다. 개역개정은 "정욕"이라 번역했는
데, 이 열매의 자극적인 맛에서 파생시킨 의역이다. KJV, ESV, NRSV, NIV
등이 이 의역을 선택했다. "그치리니"로 번역된 **타페르**(תָּפֵר)의 어근 **파라르**
(פרר)는 무엇인가 깨지고 부숴지는 것을 의미한다. 나무 열매가 깨진다는
것은 그 열매가 먹기 좋게 익은 상태를 가리킬 수도 있고, 바닥에 떨어져 으
깨어진 상태를 의미할 수도 있다.

7절　영(바람)은 그것을 주신 하나님께 돌아간다//^{개역}하나님께로 돌아가기 전에 기억하
라: 원문에 "전에 기억하라"는 표현은 없다.

8 "잠깐 있다 사라지는 것들이다", **코헬렛**이 말한다.

   "잠깐 있다 사라지는 것들이다. 모든 것은 잠깐 있다 사라진다."

규범적 지혜의 첨언

9 덧붙이는 말: **코헬렛**의 지혜로움에 대해 더 덧붙이자면,

   그는 백성들에게 지식을 가르쳤고

   귀를 기울여 연구했으며 많은 잠언들(비유들)을 정리했다.

10 **코헬렛**은 사물의 이치를 찾고자 하였으며

   진리의 말들을 올곧게 기술하였다.

11 지혜자들의 말들은 목자의 막대기 같고, 지혜서들의 저자들은 깊이 박

   히는 못과 같다.

   이것들은 모두 한 목자가 주신 것이다.

12 덧붙이는 말: 내 아들아, 이것들 이상의 것에 조심해라.

10절 코헬렛은 사물의 이치를 찾고자 하였으며//^{개역}전도자는 힘써 아름다운 말들을 구
     하였나니: "아름다운"은 1절에서와 마찬가지로 **헤페쯔**(חֵפֶץ)의 번역이다. **디
     브레이-헤페쯔**(דִּבְרֵי־חֵפֶץ)를 ("아름다운 말들"이 아니라) '사물의 이치' 정
     도로 해석하는 것도 가능하다.

11절 지혜자들의 말들은 목자의 막대기 같고//^{개역}지혜자들의 말씀들은 찌르는 채찍들
     같고: "찌르는 채찍들"은 의역이다. **도르반**(דָּרְבָן)은 양치기용 쇠막대를 뜻
     한다.

12절 이것들 이상의 것에 조심해라//^{개역}이것들로부터 경계를 받으라: **자하르**(זהר) 동
     사가 전치사 **민**(מ)과 함께 쓰일 때는, 무엇을 하지 않도록, 혹은 어떤 경계선
     을 넘지 않도록 조심하라는 뜻으로 사용된다(참조, 겔 3:18-19). 따라서, 개역
     개정의 번역처럼 (1) 이것들("지혜자들의 말씀들")에서 교훈을 얻으라는 의

책을 많이 써도 끝이 없고, 공부를 많이 하면 몸이 축난다.

13 모든 것을 다 듣고 난 결론: 하나님을 두려워하고 그의 명령들을 지켜라.

왜냐하면 이것이 사람의 전부이기 때문이다.

14 왜냐하면, 하나님은 모든 행위를 심판하신다.

모든 숨겨진 것까지, 선한지 악한지 판단하신다.

전도서 12장 1-14절 해설

'모든 것이 **헤벨**이다'(1:2)로 시작한 전도자의 말은 '모든 것이 **헤벨**이다'(12:8)로 끝나는 수미상관의 구조를 지니고 있다. 9-14절은 전도자의 말이 아니라 규범적 지혜의 첨언이다. 전도서의 마지막에 규범적 지혜의 말을 덧붙이는 것의 효과는 규범적 지혜에 익숙한 독자들이 전도자의 반성적 지혜의 말에서 받게 되는 불편함을 해소하는 동시에, 전도서의 목적이 규범적 지혜가 틀렸음을 입증하려는 것이 아님을 알려줌으로써 신앙적, 신학적 균형을 잡으려는 것이다.

미일 수도 있고, (2) "지혜자들의 말씀들"을 넘어서지 않도록 조심하라는, 즉 그 이상의 지혜를 추구하는 것은 위험하다는 의미일 수도 있다. 하반절의 "많은 책들을 짓는 것"이 새로운 지혜서를 만드는 것을 의미한다면, (2)의 해석이 좀 더 문맥에 어울린다.

1-8절 죽음을 기억하라

1절의 "청년의 때에 창조주를 기억하라"라는 문구는 전도서에 가장 많이 인용되는 구절 중의 하나이며 동시에 가장 많이 곡해되는 구절이기도 하다. 청년들에게 세상 헛된 것에 마음을 빼앗기지 말고 젊을 때부터 하나님을 잘 믿고 섬기라는 의미로 해석되어 왔다. 그러나 이러한 이해는 전도서의 맥락을 완전히 무시한 해석이다. 전도서 12장의 "창조주를 기억하라"는 의미는 "하나님의 심판"과 마찬가지로 "죽음을 기억하라"(memento mori)는 뜻이다.

12:1의 하반부부터 7절까지 계속 이어지는 내용은 모두 죽음을 비유적으로 표현한 것이다. "곤고한 날", "아무 낙이 없는" 혹은 아무 일거리가 없는 시간(1절), 하늘의 해와 달과 별이 어두워지는 순간과 구름이 다시 몰려오는 순간(2절), 거리에 아무 소리가 들리지 않는 때(4절), 사람이 "영원한 집"으로 돌아가는 순간과 조문객들이 거리에서 왕래하는 순간(5절), 줄이 풀리고 그릇이 깨지는 순간(6절)은 모두 "하나님께로 돌아가는"(7절) 죽음의 순간을 나타내는 표현들이다.

이 구절을 '종말의 때'를 나타내는 표현으로 해석하는 것은 "조문객들이 거리로 왕래하게 됨"(5절)이라는 구절과 충돌한다. 이는 개인들의 육체적인 죽음을 나타내는 표현이지 인류 전체와 역사의 종말을 의미한다고 보기는 어렵다. 흙이 땅으로 돌아가고 영(숨, 호흡)이 하나님께로 돌아간다는 표현(7절) 역시 흙으로 지음 받은 인간의 육체가 다시 흙으로 돌아가는 죽음을 의미하는 표현이다.

　　개역개정은 7절 하반부를 "영은 그것을 주신 하나님께로 돌아가기 전에 기억하라"라고 번역한다. 즉, 죽기 "전에" 창조주를 기억하라는 뜻이 된다. 이러한 접속사의 삽입은 '창조주를 기억하는 것'과 '죽음을 기억하는 것'을 분리시키는 효과를 자아낸다. 하지만 "전에 기억하라"라는 표현은 히브리어 원문에 없다. 7절은 단순히 "영은 그것을 주신 하나님께로 돌아간다"이다. 한마디로 "죽는다"는 뜻이다. 이때 하나님께로 돌아가는 "영"은 하나님을 믿는 '구원받은 자의 영'만을 가리키는 표현이 아니라는 것을 이해하는 것이 중요하다. 전도서의 관점에서는 선인도 악인도, 지혜자도 우매자도 모두 다 이 "영"에 포함되어 있다. 이러한 이유로 전도자의 마지막 말이, 처음과 마찬가지로, '모든 것이 **헤벨**이다'로 끝을 맺는 것이다. 모든 것은 이 세상에 잠시 있다 가는 입김이나 안개 같은 존재이다. 그 사실을 잊지 않고 매일매일의 순간을 살아가는 것이 전도서의 반성적 지혜의 핵심이다.

　　당장이라도 죽을 수 있다는 자각이 숨을 내쉬고 있는 현재에 집중하게 만든다. 지금 이 순간의 삶이 의미가 있는 것은 죽음이 가까이 있기 때문이다. 죽음은 결코 삶을 헛된 것으로 만들지 않는다. 마치 사형대로 끌려가는 도스토옙스키가 그 순간 바라보는 모든 것을 하나하나 소중히 눈에 담고 싶어했던 것처럼, 죽음을 인식하는 것은 스쳐가는 모든 순간(**헤벨**)에 생명을 불어 넣고 의미를 부여한다. 전도서의 깊이는 영원과 순간을 연결하고 죽음과 삶을 이어 붙이는 데 있다.

9-14절 규범적 지혜의 첨언

전도자의 말은 '모든 것이 **헤벨**이다'로 시작해서 같은 말로 끝내는 수미상관 구조이지만, 전도서 전체는 소위 '내레이터'(편집자)가 전도자를 소개하고(1:1), 그 이후에 전도자의 말을 직접인용문으로 나열한 뒤(1:2-12:8), 마지막으로 그의 삶과 지혜의 가치를 평가하며(12:9-11) 자신의 규범적 지혜를 덧붙이는(12:12-14) 액자 형식을 취하고 있다. 전도자의 말(1:2-12:8)과 내레이터의 말(12:9-14) 사이의 관계에 대해서는 학계에서 다양한 의견들이 제시되어 왔다(권지성, 437-452, 특히 449-452을 보라).

9-14절을 '첨언'으로 이해하고, 전도자의 반성적 지혜와는 다른 목소리라고 보는 해석의 근거는 다음과 같다. 첫째, 히브리어 원문에는 '첨가'(יֹתֵר 요테르)라는 표현이 9절과 12절의 맨 앞에 표기되어 있다. **요테르**는 덧붙이는 말, 추가 혹은 부록을 나타내는 표현이다. 개역개정은 이 **요테르**를 번역에 반영하지 않았다. 둘째, '첨가'라는 표현이 있다는 형식적인 측면에서만이 아니라 내용 면에서도 9-14절은 전도자의 직접인용문과 차이가 있다. 이 첨가문은 잠언의 언어를 구사한다. "잠언"(9절), "진리", "정직"(10절), "명령들"(13절), 그리고 "선악 간에 심판"(14절)은 모두 규범적 언어의 표현들이다. 전도자의 직접인용문(1:2-12:8)에서는 이러한 표현들이 나타나지 않는다. 전도서의 마지막에 이러한 규범적 지혜의 말을 덧붙이는 것은 규범적 지혜에 익숙한 독자들이 전도자의 반성적 지혜의 말에서 받게 되는 불편함을 해소하는 효과가 있다. 더불어, 전도서의 목적이

규범적 지혜가 틀렸음을 입증하려는 것이 아님을 알려줌으로써 신
앙적, 신학적 균형을 잡는 데에도 도움을 준다.

나가며:
다시, 전도서는 어떤 책인가?

전도서는 허무주의를 표방하지 않는다. 모든 것이 헛되다고 말하지 않는다. 다만, **헤벨**에 속한 것들은 하나님이 창조하신 세계를 아주 잠깐 살다 가는 존재라고 말한다. 전도서는 초월적이지 않다. 희로애락의 감정을 버리고 세속의 정욕을 초탈한 신비주의를 말하지 않는다. 저 높은 곳에서 이 세상을 관조하는 듯한 태도를 취하지도 않는다. 전도자는 뿌린 대로 거두지 못하는 현실에 분노하고 아파한다. 그의 깨달음은 깊은 고통과 좌절에서 출발한다. 전도서는 이 세상에 가치를 두지 말고 변하지 않는 영원한 하나님께 소망을 두라고 가르치지지 않는다. **헤벨**인 인간이 영원을 소망하는 것은 자기 주제를 모르는 교만이다.

물론 이 세상에 잠시 머물다 가는 인생이 헛될 수 있다. 영원한 것에 소망을 두며 초월적으로 살아갈 수 있다. **헤벨**인 인간이 **헤벨**

이라는 자신의 한계를 인식하지 못하고 어떤 특정한 패턴(규범)만을 붙잡고 살아가거나, 오지 않을지도 모르는 불확실한 미래에 현재의 소중한 시간을 유예하고 양보하면서 산다면 말이다. 하나님의 영원한 시간에 비해 눈 한 번 깜빡이는 '순간'(瞬間)을 살 뿐이라면 지금 살아가고 있는 이 순간을 허락하신 하나님께 감사하며 최선을 다해 '지금, 여기'에 충실하는 것이 지혜라고 전도서는 말한다.

당신의 삶이 일 년, 혹은 한 달, 혹은 일주일, 혹은 하루밖에 남지 않았다면 당신은 그 시간을 어떻게 보낼 것인가? 당신 앞에 있는 사람을 앞으로 다시는 만나지 못하게 된다면 당신은 그와의 시간을 어떤 마음으로 보내며 어떤 말을 그에게 할 것인가? 당신의 눈앞에 펼쳐진 풍경을 다시는 보지 못한다면 당신은 어떤 시선으로 그 풍경을 바라볼 것인가? 당신에게 주어진 시간이 앞으로 한 달이나 일 년밖에 없다면 당신은 지금 하고 있는 것을 계속하면서 살 것인가? 이 일을 하다가 죽어도 좋다는 생각이 들 만큼 소중한 일을 당신은 지금 하고 있는가? 전도서가 우리에게 묻고 있는 질문이다.

성경의 지혜는 한 가지가 아니다. 잠언의 지혜가 있고 또 욥기와 전도서의 지혜도 있다. 서로 다른 색깔과 목소리의 지혜가 성경에 공존하고 있다는 것은 무엇을 의미하는가? 만약 성경의 지혜가 인과응보의 패턴에 기반한 규범적 지혜로 충분했다면, 그리고 그 지혜의 시각으로 우리가 경험하는 현실(하나님의 창조세계)이 모두 설명되고 이해될 수 있다면 성경의 지혜서는 잠언 한 권만 있으면 됐을 것이다. 그러나 그렇지 않기 때문에 욥기와 전도서의 반성적 지혜가 필요하다. 또한 반성적 지혜가 욥기만으로 충분했다면 아마 전도서는 필요 없었을 것이다. 이 세 권의 서로 다른 지혜가 함께 있음으로 해서 하나님은 어떤 분이시고 그분이 창조하신 세계는 어떠하며 피조물인 우리는 하나님과 창조세계를 어떠한 태도와 자세로 대해야 하는지에 대해 보다 입체적이고 총체적인 지혜를 얻게 된다.

　　잠언은 일상의 지혜이다. 우리가 겪는 매일매일의 순간에 어떠한 가치 기준을 가지고 판단하고 선택해야 하는지 그 중심을 잡아 준다. 반면에 전도서는 하루를 마감하며, 혹은 한 시기를 마감하고 삶을 마감하며 인생을 되돌아보는 지혜이다. 이 지혜들은 마치 한 인간이 성숙해가는 과정으로 읽힌다. 잠언은 입문 단계, 마치 초중고 과정같이 하나님과 창조세계에 대한 일반적인 현상과 규범들을 배우는 단계이다. 그다음 단계는 욥기의 단계로서, 학교를 졸업하고 세상에 나가 직접 경험을 해보니, 학교에서 배운 대로 되지 않는다는 것을 깨닫는 단계라 할 수 있다. 규칙에 예외들이 있다는 것을 알게 되는 과정이다. 그다음 단계가 전도서의 단계이다. 마치 인생을 살아가면서 규범과 예외를 다 경험한 사람이, 나중에 일생을 뒤돌아 보면, 그 당시에는 예외처럼 보였던 것조차 어느 거대한 규칙의 일부였음을 깨닫게 되는 순간의 지혜이다. 신앙의 언어에 대입해서 표현하자면, 마치 하나님이 보이지 않고 하나님에게 버림을 받은 것같이 느껴지던 순간들, "하나님, 대체 나한테 왜 이러십니까?" "하나님이 계시기나 합니까?"라고 울부짖고 싶었던 욥기의 단계에서 경험한 순간들조차 다 하나님의 계획하심과 인도하심이었음을 깨닫는 순간이 바로 전도서의 단계이다. 이 세 가지 지혜는 서로 싸우고 서로 틀렸다고 외치는 것이 아니다. 셋이 함께 있음으로써 지혜의 아름다운 전모가 완성된다. 이 모든 지혜는 "다 한 목자가 주신 바"이다(12:11).

더바이블 전도서

더바이블 전도서 1장

전도서의 저자

1 예루살렘의 왕이자 다윗의 후손인 **코헬렛**이 전해 준 말입니다.

인간의 유한성

2 **코헬렛**은 말합니다. 잠깐 있다 사라져 가는 것들입니다. 잠깐 있다 사라지는 이슬 같은 것입니다. 모든 것은 잠시 스쳐 지나가는 안개일 뿐입니다.

3 이 땅에서 사람이 아무리 애를 써도 하나님이 정하신 패턴을 바꿀 수 있는 무언가를 남길 수나 있겠습니까?

4 한 세대의 사람들이 오고 또 다음 세대의 사람들이 와도 하나님이 창조하신 이 세계는 변함없이 여전합니다.

하나님의 영원성

5 하나님이 정하신 것은 변함이 없습니다. 해는 언제나 뜨고 집니다. 오늘밤 지평선 아래로 내려갔다가 다음 날 어김없이 떠오릅니다.

6 바람도 항상 붑니다. 남풍이 불었다가 북풍이 붑니다. 어제 불었던 바람은 오늘도 붑니다.

7 강물은 언제나 바다를 향해 흐릅니다. 그래도 바다를 다 채우지는 못합니다. 흘러간 강물은 돌아와 다시 흐릅니다.

8 해와 바람과 강물이 언제 지치고 피곤하다고 불평한 적이 있던가요? 너무 힘들어서 해가 그만 뜨고 바람이 그만 불고 강물이 그만 흐른 적이 있었나요? 어느 누구도 그런 것은 보지도 듣지도 못했습니다.

9 지금 우리가 경험하는 것은 하나님이 천지를 창조하실 때부터 있어 왔던 것입니다. 이미 있었던 것이 다시 반복됩니다. 하나님이 정하신 것을 사람이 새롭게 바꿀 수는 없습니다.

10 누군가 무언가를 보고 "와, 이것 보세요! 이건 정말 새로운 것입니다"라고 말한다 해도 그것은 전혀 새로운 것이 아닙니다. 아주 오래전부터 이미 있어 왔던 것일 뿐입니다.

11 그런 말은 예전에 있던 것을 모르는 사람이나 하는 말입니다. 시야를 길게 보지 못해서 그런 말을 하는 것입니다.

왕으로서 모든 지혜와 지식을 섭렵한 전도자

12 　나 **코헬렛**은 예루살렘에서 이스라엘을 다스리던 왕이었습니다.

13 　나는 하나님께서 주신 모든 지혜를 다 쏟아 해 아래에서 벌어지는 모든 일을 이해하고자 했습니다. 안 가본 데 없이 모든 곳에서 지혜를 찾아다녔고 살펴보고 또 살펴보았습니다. 그것은 정말 너무도 고통스러운 일이었습니다.

바꿀 수 없는 패턴 속을 살아가는 인간

14 　이 세상에서 벌어지는 모든 것을 살펴서 깨닫게 된 것은 모든 것은 잠시 있다 사라지는 것이고 스쳐 지나가는 바람과 같은 것이라는 사실입니다.

15 　하나님이 구부러뜨려 창조하신 것을 인간이 곧게 펼 수 없으며 하나님이 창조하지 않으신 것을 인간이 만들어낼 수는 없습니다.

지혜와 지식은 고통스러운 것이다

16 　나는 진심으로 이렇게 말할 수 있습니다. 나는 예루살렘에서 내 앞에 살았던 선조들 어느 누구보다 더 크고 많은 지혜를 얻었다고요. 그렇습니다. 나는 정말 많은 지혜와 깨달음을 얻었습니다.

17 　나는 지혜와 지식에 대해서만 아는 게 아니고 무지와 무식에 대해서까지 알게 되었습니다. 그리고 지혜와 무지가 모두 스쳐 지

나가는 바람 같은 것이라는 것도 깨달았습니다.

18 하나님께서 창조하신 이 세계에 대한 지혜가 늘어갈수록 나는 더욱 고통스러워졌습니다. 아는 것이 많아질수록 더욱 괴로워졌습니다.

더바이블 전도서 2장

기쁨과 즐거움, 웃음도 헤벨(잠시 있다 사라지는 것)**일 뿐이다**

1   나는 내 자신에게 말했습니다. "기쁨은 좋은 것이라고 한다. 자, 그럼 기쁨의 최고치를 경험해 보자. 그곳에 어떤 좋은 것이 있는지 알아보자." 그러나 내가 깨달은 것은 기쁨도 잠시 있다 사라지는 것이라는 사실입니다.

2   나는 웃음에 대해 이렇게 말합니다. "웃는 게 좋다고들 하는데, 그걸 어디에다 써 먹을 수 있는데요?" 기쁨에 대해서는 이렇게 말합니다. "기쁨이 대체 뭘 할 수 있단 말인가요?"

3   나는 최선을 다해 모든 것을 살펴보았습니다. 포도주를 깊이 음미하기도 했고 지혜의 깊은 속으로 빠져들어 가 보기도 했으며 무지의 세계를 탐구하기도 했습니다. 해 아래서 아주 짧은 인생을 사는 인간들에게 이런 것들이 어떤 좋은 것을 줄 수 있는지

알게 될 때까지요.

선한 것을 행한 대가로 얻은 결과로서의 부요함

4   나는 뿌린 대로 거두는 원리를 극한까지 경험해 보았습니다. 사업을 아주 크게 했습니다. 집을 여러 채 지어보았고 포도 농장도 크게 일구었습니다.

5   여러 정원과 공원을 만들어 거기에 온갖 과실나무를 심기도 했습니다.

6   그 나무들이 잘 자랄 수 있도록 저수지를 많이 만들어서 물을 대주었습니다.

7   선한 것을 뿌린 대가로 나는 많은 선한 열매를 맺었습니다. 집 안에 수많은 하인들을 둘 수 있었으며 우리에는 소와 양과 염소가 가득했습니다. 내 이전에 예루살렘에 살았던 그 누구보다 더 많은 재산을 갖게 되었습니다.

8   그뿐 아니라 은과 금 등 각종 귀한 보석과 수많은 이국적인 귀중품들을 수집하기도 했고 나를 위해 노래 부르는 남종과 여종들을 거느리기까지 하였습니다.

9   그렇습니다. 나는 내 이전에 예루살렘에 살았던 그 어느 누구보다 더 크게 사업을 했고 더 많은 재산을 얻었습니다. 이것이 내가 하나님의 뜻에 합당한 지혜자라는 것을 입증합니다.

10   나는 내가 직접 경험하고 싶은 모든 것들을 하나도 빠짐없이 다

경험했고 최고의 기쁨을 누리는 것을 주저하지 않았습니다. 이런 모든 일들은 참으로 기쁜 일이었고 그 기쁨이야말로 내가 애써 수고한 대가로 당연히 누려 마땅한 것이었습니다.

선한 행위의 결과물 역시 잠시 있다 사라지는 것일 뿐이다

11　그런데 내 손으로 일군 모든 사업과 내가 행한 모든 일들을 이제와 되돌아보니, 아, 그 모든 것은 잠깐 있다 사라지는 것이고 스쳐 지나가는 바람일 뿐이었습니다. 영원이라는 하나님의 시간에서 보면 그 어느 것도 남아있지 못할 것들입니다.

지혜와 무지는 반복된다

12　나는 하나님의 뜻에 맞는 지혜롭고 올바른 일뿐 아니라 그분의 뜻에 합당하지 않은 온갖 미친 짓들과 멍청한 짓들도 깊이 살펴보았습니다. 그 어느 것도 옛 사람들이 하지 않은 새로운 것이 아니었습니다. 모두 예전부터 줄곧 해온 것들이고 앞으로도 계속될 것입니다.

지혜자와 우매자는 모두 죽는다

13　빛이 어둠보다 좋은 점이 있는 것처럼 지혜가 무지보다 좋다는 것을 나도 잘 알고 있습니다.

14　지혜로운 사람의 눈은 얼굴에 붙어 있어서 앞을 잘 볼 수 있지만 무지한 사람들은 어둠 속을 헤맨다고들 합니다. 그런데, 나는

그 이상을 알고 있습니다. 지혜로운 사람이나 무지한 사람이나 그들 모두에게는 같은 일 하나가 일어난다는 것을요.

15 내 심장 속에서 이런 말이 튀어나옵니다. 무지한 자에게 벌어지는 일이 내게도 똑같이 일어난다면 나는 과연 그 무지한 자보다 더 지혜롭다고 할 수 있는가! 내가 전하는 진실은 이것입니다. 지혜로운 사람도 아둔한 사람도 모두 이 세상에 잠시 머물다 사라지는 안개 같은 존재라는 것.

16 이 세상의 어느 지혜로운 사람이나 멍청한 사람이나 영원히 살지도 못하고 영원히 기억되지도 못합니다. 시간이 지나면 모두 다 잊혀질 것입니다. 아, 대체 어떻게 지혜로운 사람과 어리석은 사람이 모두 똑같이 죽을 수 있단 말입니까!

모든 것이 헤벨이라는 고통스런 깨달음

17 이 깨달음이 너무도 고통스러워 더 이상 살고 싶지 않을 정도입니다. 이 세상에서 벌어지는 모든 일과 존재하는 모든 것은 도무지 선한 것이라고 여겨지지 않습니다. 모든 것이 잠시 있다 사라질 뿐이고 스쳐 지나가는 바람일 뿐이니까요.

수고의 결과물을 후대에 넘겨주어야 한다

18 이 세상을 살면서 그렇게 열심히 애쓰고 수고할 필요가 있을까요? 내가 열심히 살아봤자 내 뒤에 오는 후손들이 할 일을 미리 대신해주는 것일 뿐입니다.

19　내가 이 땅에서 온갖 지혜를 다해 수고하며 애써서 일군 것들을 후손 중 누군가에게 넘겨주어야 하는데 그 후손이 지혜로운 사람일지 멍청한 사람일지 어떻게 알 수 있겠습니까! 이건 정말 말도 안 되는 일입니다.

열심히 애써 봤자 아무 소용이 없다

20　내가 이 땅에서 이룬 모든 일을 되돌아보며 나는 절망합니다.

21　누군가 엄청난 지혜와 지식과 재주를 가지고 무언가를 성취한다 해도 그는 아무것도 하지 않은 다른 이에게 그가 이룬 것을 넘겨주어야 하기 때문입니다. 이건 정말 말도 안 되는 매우 나쁜 일입니다.

22　왜냐하면 이 땅에서 열심히 일한 사람에게 자신의 수고가 무용지물이 되기 때문입니다.

23　매일 낮에 아무리 고군분투하고 매일 밤 잠도 못 자며 성취한 일이 잠시 있다 사라지는 것일 뿐이라니요!

지혜와 선한 것을 추구하는 것도 아무 소용없다

24　일용할 양식을 먹으며 열심히 일하는 것에서 선한 것을 발견하는 것만큼 좋은 일은 없습니다. 이것이야말로 하나님께서 우리에게 허락하신 것입니다.

25　나보다 더 많이 먹고 더 많이 즐겨본 사람이 있겠습니까!

26　하나님께서 보시기에 선한 사람에게는 지혜와 지식과 기쁨을

주시고 죄인에게는 일거리만 잔뜩 주어 고생만 시켜서 그 결과물을 선한 사람에게 주신다고들 말하는데, 그러나 그것마저도 잠시 있다 사라지는 것이고 스쳐 지나가는 바람일 뿐입니다.

더바이블 전도서 3장

모든 일은 하나님의 주관하에 일어난다

1 모든 것은 하나님이 정하신 시기에 일어납니다. 이 땅에서 벌어지는 모든 일은 하나님이 정하신 때에 발생합니다.

2 태어날 때 태어나고 죽을 때 죽고 심을 때 심는 것이고 뽑을 때 뽑습니다.

3 죽일 때 죽이며 나을 때 낫는 것이며 건물을 헐어야 할 때 허는 것이며 지어야 할 때 짓습니다.

4 울 때 울고 웃을 때 웃으며 애통해야 할 때 눈물을 흘리며 기쁠 때 춤을 춥니다.

5 돌을 던져야 할 때 던지며 돌을 모을 때 모으고 누군가를 품에 안아야 할 때 안으며 멀리해야 할 때 멀리합니다.

6 찾아야 할 때 찾는 것이며 잃어야 할 때 잃고 지켜야 할 때 지키

며 버려야 할 때 버립니다.

7 찢어야 할 때 찢으며 꿰매야 할 때 꿰매고 잠잠해야 할 때 침묵하며 말해야 할 때 입을 엽니다.

8 사랑해야 할 때 사랑하며 미워해야 할 때 미워하는 것이며 전쟁해야 할 때 전쟁을 하며 평화해야 할 때 평화합니다.

사람은 그 때를 알 수 없다

9 이처럼 모든 일은 하나님이 정하신 때에 발생하는 것입니다. 인간은 아무리 애를 써도 하나님이 정하신 것을 바꾸지 못합니다.

10 이런 일들은 하나님께서 우리에게 일어나도록 하시는 것이니까요.

11 그분께서는 이 모든 일 하나하나가 가장 적절할 때에 일어나도록 하십니다. 그리고 이런 모든 일들에 영원성을 부여하셨습니다. 그래서 영원에 비해 잠시를 사는 인간은 하나님이 정하신 일이 언제 일어나는지 또 언제 끝나는지 도무지 예측할 수 없습니다.

올람의 세계를 사는 헤벨의 자세: 현재에 충실하라

12 나중을 알 수 없는 우리가 할 수 있고 해야 할 일은 지금 살아있는 이 순간을 기뻐하고 감사하며 최선을 다해 선한 일을 행하는 것입니다. 이것보다 더 좋은 일은 없습니다.

13 우리 모두는 일용할 양식을 주심에 감사하며 하나님께서 주신
    오늘이라는 일상 속에서 선한 것을 발견해야 합니다.

하나님의 영원한 패턴을 인간이 바꿀 수 없다

14 하나님께서 정하신 패턴은 천지창조 때부터 지금까지 계속되
    어 왔고 그리고 앞으로도 계속될 것입니다. 거기에 인간인 우리
    가 더하거나 뺄 수 있는 것이 아무것도 없다는 것을 아는 것이
    지혜입니다. 그래서 우리는 하나님을 경외하고 그분 앞에 겸손
    해야 합니다.
15 지금 있는 것은 예전부터 이미 있었던 것이고 전부터 있어왔던
    패턴이 지금도 계속됩니다. 하나님께서 예전의 패턴이 계속되
    도록 정하셨습니다.

인간의 시각과 하나님의 시각

16 이 땅에서 일어나는 일을 우리의 눈으로 들여다보면 올바른 재
    판이 있어야 할 곳에 잘못된 판단이 있기도 하고 정의가 있어야
    할 자리에 악이 존재하기도 합니다.
17 그러나 하나님의 선악 기준은 우리와 다릅니다. 그분의 판단은
    우리의 선악 개념을 뛰어넘습니다. 그래서 의로운 사람이나 악
    한 사람 모두에게 죽음이 찾아오는 것입니다.
18 심지어 하나님의 시각에서는 인간과 동물의 차이도 별로 없습
    니다. 하나님은 우리 인간도 하나님께서 창조하신 여러 피조물

중 하나에 불과하다고 알려주십니다.

19 동물들에게 벌어지는 일이 사람에게도 동일하게 벌어지니까요. 네, 둘 다 모두 죽을 수밖에 없는 존재들입니다. 사람이나 동물이나 모두 하나님으로부터 나온 호흡으로 살아가고 있습니다. 이런 점에서는 인간이 동물보다 더 나은 것이 전혀 없습니다. 모두 이 세상에 잠시 있다 사라지는 존재일 뿐입니다.

20 모두 흙에서 지음을 받았고 흙으로 돌아갑니다. 사람이나 동물이나 모두 같은 곳으로 돌아갑니다.

21 사람의 영은 하늘로 올라가고 동물의 영혼은 땅 속으로 내려간다고 주장하는 사람도 있는데, 그것을 대체 누가 알 수 있겠습니까?

죽음을 인식하며 현재에 집중하라

22 그래서 여러분께 이 말을 꼭 하고 싶습니다. 죽음이 언제 닥칠지 모르니 지금 이 순간에 집중하고 지금 자기에게 주어진 것에 충실하는 것보다 더 선한 것은 없습니다. 하나님께서 우리에게 허락하신 것은 바로 지금 이 순간입니다. 우리가 죽은 후 무슨 일이 벌어질지 우리는 알 수 없습니다.

더바이블 전도서 4장

악한 현실에 대한 고발

1   이 세상을 정직하게 살펴보면 고통당하고 억압당하는 사람이
너무도 많습니다. 아픔의 눈물을 흘려도 위로하려는 사람이 없
습니다. 억압하는 자들이 힘 있는 권력자들이어서 아무도 그들
의 눈물을 닦아줄 엄두를 내지 못합니다.

2   이렇게 살 바에야 차라리 죽는 게 더 낫겠다는 생각이 들 정도
입니다.

3   고통스럽게 살거나, 혹은 고통스럽게 살다 죽는 것보다 차라리
아예 태어나지 않아서 이 끔찍한 현실을 경험하지 않는 것이 더
나아 보이기까지 합니다.

인과응보의 원리를 기대하며 사는 것은 우매한 일이다

4   엄청난 기술에 대단한 노력을 투여하면 그 결과가 항상 좋을까요? 그렇지 않습니다. 주변의 시기와 질투를 얻는 결과를 낳을 수도 있습니다. 대단한 기술과 노력도 결국 잠시 있다 사라지는 것이며 스치는 바람 같은 것입니다.

5   그러면 아무것도 안 하고 가만히 있는 것이 지혜로운 태도일까요? 그렇지 않습니다. 팔짱을 낀 채 아무 일도 안 하는 바보들은 먹을 게 없어 결국 자기 살을 뜯어 먹게 될 것입니다.

6   물론 사라지는 안개 같은 것을 붙잡으려 열심히 애쓰는 것보다는 편안하게 잘 쉬는 것이 더 나은 것은 사실입니다.

7   이 세상에서 살아가는 사람들은 정말 곧 사라질 것들을 위해 고군분투하고 있습니다.

8   자식도 친척도 없이 혼자 살면서 만족할 줄 모르고 재물을 모으려고 끝도 없이 고생하고 있는 사람이 있다고 합시다. 재산을 물려줄 사람도 없으면서 이 사람은 왜 이렇게 사서 고생을 하는 걸까요? 그러면서 이렇게 불평을 합니다. '나는 좋은 것 하나 누리지 못하고 대체 누구를 위해 이 고생을 하고 있는가?' 이 사람은 잠시 있다 없어질 것을 위해 잘못된 수고를 하고 있는 것입니다.

전도서의 반성적 지혜

9 그러므로 혼자 있는 것보다는 둘이 함께 있는 것이 더 좋습니다. 둘이 함께 일하면 수입도 두 배가 되니까요.

10 만약 둘 중 한 사람이 넘어지기라도 하면 옆 사람이 일으켜줄 수도 있습니다. 넘어졌을 때 옆에 일으켜줄 사람이 없다면 참 안타까운 일입니다.

11 추운 날에 둘이 함께 누우면 서로의 온기로 따뜻해질 수도 있습니다. 혼자서 추운 밤을 외롭게 보낸다면 슬픈 일입니다.

12 싸움이 났을 때에도 혼자서는 못 이기더라도 힘을 합치면 맞서 싸울 수 있습니다. 한 겹 줄은 쉽게 끊어지더라도 세 겹 줄은 잘 끊어지지 않는 법입니다.

규범이 적용되지 않는 극단적인 예

13 나이가 들수록 지혜롭고 부지런히 일하면 가난할 리 없다고들 하는데 항상 그런 것은 아닙니다. 나이가 어리고 가난하지만 지혜로울 수 있고 나이 많은 왕조차 올바른 조언에 귀를 닫아 버리기도 합니다.

14 비천한 신분으로 태어난 사람이 왕이 될 수도 있고 심지어 감옥에 갇혔던 사람이 풀려나 왕이 될 수도 있습니다.

15 그러면 늙은 왕을 따르던 사람들은 금세 마음이 바뀌어 새로운 왕에게 열광하기 시작합니다.

16 늙은 왕을 추종하던 사람들이 셀 수 없이 많았다 하더라도 그들

은 이제 늙은 왕을 잊어버렸거나 싫어하게 되었습니다. 이렇듯 대단한 권력과 영광이라도 잠시 있다 사라지는 것이며 스쳐 지나가는 바람일 뿐입니다.

더바이블 전도서 5장

반성적 지혜의 겸손: 하나님 앞에서 조심스러운 태도

1 아주 조심스러운 마음으로 하나님께 나아가야 합니다. 하나님의 뜻을 따르지 않으면서 그분께 무엇을 드릴까를 생각하는 것은 지혜가 아닙니다. 하나님은 제사를 원하시지 않고 그분의 말씀을 듣기를 원하십니다.

반성적 지혜의 겸손: 말이나 서원을 함부로 하지 마라

2 말을 입 밖으로 내는 데 성급하지 않는 것이 지혜입니다. 하나님은 하늘에 계시고 우리는 땅에 있습니다. 우리는 하나님이 아닙니다. 하나님이 어떻게 하실지 모르는 우리는 말을 적게 할수록 좋습니다.

3 일을 많이 할수록 몸이 피곤해질 확률이 높아지는 것처럼 말을

많이 할수록 잘못된 말을 할 가능성도 높아집니다.

4 하나님께 서원한 것이 있거든 속히 실행해야 합니다. 우매한 자들은 서원을 하고서도 실행할 생각이 없습니다. 그러므로 여러분은 서원한 것을 반드시 실행해야 합니다.

5 그러나, 서원한 것을 실행하지 않는 것보다는 아무 서원도 하지 않는 것이 차라리 더 낫습니다.

6 서원을 함부로 하여 스스로 죄를 짓지 않도록 하십시오. 하나님의 천사들 앞에서 '아, 죄송해요. 그 서원은 실수였어요'라는 말을 하지 않으려면요. 왜 여러분의 잘못된 말들로 하나님을 화나시게 해서 인생을 망치려 듭니까?

7 잠시 있다 사라지는 것들을 욕망할수록 말이 많아지는 법입니다. 하나님을 경외하는 사람은 그러지 않습니다.

반성적 지혜의 겸손: 불의한 일을 경험하더라도 놀라지 마라

8 만일 어느 지역에 가서 보니 약자가 억압당하고 정의와 공의가 유린되는 것을 보더라도 너무 놀라지는 마시기 바랍니다. 규범대로 세상이 돌아가는 것만은 아닙니다. 억압하는 사람들을 또 억압하는 사람들이 있고, 그 위에 그들을 억압하는 사람들도 있습니다.

어리석은 재물관

9 우리 모두는 땅이 주는 먹거리에 의존해서 살아갑니다. 왕 같은 대단한 권력자라도 별반 다르지 않습니다.

10 아둔한 자는 먹지도 못하는 돈을 사랑합니다. 많이 가져도 만족을 하지 못하며 더 가지기 위해 아등바등합니다. 그러나 돈이란 잠시 스쳐가는 것일 뿐입니다.

11 돈이 많게 되어 먹을 것이 아주 많아졌다 합시다. 그러면 그 음식을 먹을 입들도 마찬가지로 많아집니다. 부자라고 그 많은 음식을 다 먹지는 못합니다. 자기가 산 음식을 남들이 먹는 걸 바라보는 것 외에 달리 무엇을 할 수 있겠습니까?

12 돈이 많으면 일을 힘들게 안 해도 되는 장점이 있다고 칩시다. 그러나 힘들게 일하는 사람은 음식을 많이 먹든 적게 먹든 단잠을 잘 수 있다는 장점도 있습니다. 돈이 많다고 편안한 숙면이 보장되는 것은 아닙니다.

13 이 세상에서 벌어지는 일 중에 정말 잘못된 일이 있습니다. 재물을 지키다가 끔찍한 재앙을 당하거나 혹은 재물을 지키는 것이 오히려 해가 되는 경우입니다.

14 아무리 부자라도 불행한 일을 당해 재산이 다 사라지면 자식들에게 아무것도 물려주지 못하게 됩니다.

15 사람은 어머니 배 속에서 벌거벗고 나온 것처럼 이 세상을 떠날 때에도 마찬가지입니다. 자신이 애써서 모은 재산을 저 세상으

로 가져가지는 못합니다.

16 사람이 이 세상에 온 그대로 저 세상으로 간다는 것도 참 억울한 일입니다. 일평생 바람처럼 스쳐 지나가는 것을 위해 그렇게 수고하고 애썼는데 아무것도 손에 들고 가져가지 못하다니요!

17 살아있는 동안 어두컴컴한 곳에서 아픔과 괴로움을 참아가며 먹고 사느라 그렇게 열심히 수고했건만!

지혜로운 재물관

18 그래서 바로 이것이야말로 선이고 지혜입니다. 하나님께서 이 세상에 살도록 우리에게 허락하신 하루하루를 최선을 다해 일하며 먹고 마시는 일상 속에서 선한 것을 발견하는 것이야말로 아름다운 일입니다. 바로 이것이 하나님께서 우리에게 주신 선물입니다.

19 하나님은 누구에게나 먹고 살 만한 것을 주시며 그 주어진 것에 충실히 살며 감사하며 기뻐할 수 있게 하십니다.

20 얼마 남았는지도 모를 미래를 위해 현재의 행복을 유예하지 마십시오. 하나님은 우리가 지금 이 순간 행복하기를 원하십니다.

인과응보의 원리로 설명할 수 없는 경우들

1 이 세상에 벌어지는 일들 중에 감당하기 어려울 정도로 나쁜 경우도 있습니다.

2 이런 사람이 있다고 합시다. 하나님께서 재물과 부귀와 온갖 명예를 주시고 바라는 모든 것을 조금도 부족함 없이 주신 사람. 그런데 하나님께서 그 사람으로 하여금 자신이 받은 것을 누리지 못하게 하시고 전혀 관련 없는 누군가가 그것들을 대신 누리게 되는 경우도 있습니다.

3 더 극단적인 경우로는, 백 명의 자식을 낳고 오랫동안 건강히 잘 살아왔고 또 앞으로도 살날이 아주 많은 사람이 있다고 합시다. 그런데 이 사람은 자신이 받은 좋은 것들에 감사하지 못하고 심지어 그 백 명의 자식들 누구도 이 사람을 노후에 모시려

들지 않고 사후에 장례식도 치르려 하지 않는 경우도 있을 수 있습니다. 나는 이 사람보다 차라리 태어나지도 못하고 죽은 사산아가 더 낫다고 말하겠습니다.

4 사산아는 모태에서 생기자마자 죽어서 이름도 없고

5 밝은 태양도 본 적이 없지만 고통 없이 편안히 쉰다는 측면에서는 사산아가 더 낫습니다.

6 아무리 천 년을 살고 이천 년을 살아도 인생에서 좋은 것을 보지 못할 수도 있습니다. 얼마를 살든 결국 우리는 다 죽음을 향해 갑니다.

헤벨로서의 인간의 보잘것없음

7 먹고 살기 위해 온갖 고생을 마다하지 않지만 먹고 또 먹어도 그다음은 언제나 배가 고프게 됩니다.

8 지혜로운 자나 어리석은 자나 먹고 나면 배고픈 것은 다 마찬가지입니다. 지혜를 깨달아 장수를 누린다 해도 그 삶이 온통 고통으로 가득 차 있다면 지혜가 다 무슨 소용입니까!

9 죽음보다 생명이 낫고 숨이 넘어가는 것보다 눈 뜨고 사는 것이 더 낫다고 하지만 그 생명이라는 것 역시 잠시 있다 사라지는 것이고 스쳐 지나가는 바람일 뿐입니다.

10 당신이라는 존재가 그렇게 대단한 것은 아닙니다. 아주 오래전부터 있어 왔던 수많은 사람들 중 하나에 불과합니다. 당신이 아무리 힘이 세다고 해도 당신보다 힘 센 사람을 이기지는 못합

니다.

11　잠시 있다 사라지는 것들을 아무리 열심히 만들어봤자 그것들 중 없어지지 않고 영원히 남아 있게 될 것이 있기나 하겠습니까?

12　한 사람의 인생은 몇십 년을 살든 그 수를 셀 수 있습니다. 셀 수 없이 많은 날을 사는 사람은 없습니다. 그림자처럼 스쳐 지나가는 인생을 사는 인간이 과연 무엇이 선한 것이며 무엇이 악한 것인지 알 수 있기나 할까요? 죽고 난 뒤에 세상이 어떠할지 그에게 알려줄 사람이 있기나 할까요?

더바이블 전도서 7장

규범적 지혜의 가치 전복: 생명보다 죽음이 좋다

1 생명은 선하고 멸망은 악한 것이라고 하지만 꼭 그런 것만은 아닙니다. 지금 당장 먹을 수 있는 고급 요리보다 죽어서 좋은 이름을 남기는 것이 더 좋을 수 있습니다.

2 잔치를 벌이며 흥겹게 노는 것보다 장례식장에 가서 죽음에 대해 생각하는 것이 더 낫습니다. 모두가 죽을 것이고 나도 언젠가 죽음이 찾아올 것이라는 사실을 반드시 마음에 깊이 새겨 두시기 바랍니다.

3 웃음은 좋고 고통은 나쁜 것이라고 하지만 꼭 그런 것만은 아닙니다. 장례식장에서 죽음을 기억하며 유가족의 고통을 함께 나누는 것이 우리의 영혼에 더욱 유익합니다.

4 기쁨은 좋고 슬픔은 나쁜 것이라고 하지만 꼭 그런 것만은 아닙니다. 지혜로운 사람은 자신의 심장을 슬픔의 집에 두고 어리석은 사람은 자신의 심장을 기쁨의 집에 둡니다.

규범적 지혜의 가치 전복: 즐거움보다 어려움이 좋다

5 어리석은 사람의 흥겨운 노래를 계속 듣고 있는 것보다는 지혜로운 사람이 꾸짖는 소리를 듣는 것이 더 좋습니다.

6 어리석은 사람들의 웃음소리는 마치 아궁이에서 가시나무가 타들어 가는 소리와 같기 때문입니다. 얼마 가지 못해 곧 사라지고 마는 것일 뿐입니다.

7 아무리 지혜로운 사람도 오랜 세월 질병이나 고통, 고문에 시달리면 바보가 되기도 합니다. 값비싼 선물과 뇌물에 눈이 멀어 그 지혜가 죽어 버릴 수도 있습니다.

규범적 지혜의 가치 전복: 과거보다 지금이 좋다

8 지혜는 과거 속에 있다고들 합니다만 꼭 그런 것만은 아닙니다. 시작을 어떻게 했든 간에 잘 끝맺는 것이 중요한 것처럼 과거보다 나중이 더 중요하기도 합니다. 숨을 빨리 쉬는 것보다 오래 쉬는 것이 중요한 것처럼 일의 결과까지 생각하며 호흡을 길게 가져가는 것이 좋습니다.

9 호흡이 가빠져 성급히 화를 내지 마시기 바랍니다. 분노를 가슴 속에 담고 있는 것은 바보들이나 하는 짓입니다.

10 "아, 옛날이 좋았는데." "나도 한때는 잘 나갔는데." 이런 말을
   하지 마시기 바랍니다. 지혜로운 사람이 할 말은 아닙니다.

반성적 지혜의 유익

11 물려받은 재산이 많으면 여러 어려움을 피할 가능성이 높아서
   좋습니다. 마찬가지로 여러 가능성을 염두에 두는 지혜는 인생
   을 사는 우리에게 유익을 줍니다.

12 많은 재산의 보호 아래 있는 것이 좀 더 안전한 것처럼 지혜의
   보호 아래 있는 것이 좋습니다. 다양한 관점에서 사고를 할 수
   있는 지혜자는 인생에서 성공할 확률이 높아집니다.

13 하나님께서 창조하신 이 세계를 보십시오! 하나님께서 구부려
   만드시는 것을 인간이 펼 수 있겠습니까?

14 하나님께서 좋은 날을 주시면 그 좋은 날을 충실히 즐기십시오.
   하나님께서 나쁜 날을 주시면 반드시 기억하시기 바랍니다. 좋
   은 날뿐 아니라 나쁜 날도 하나님께서 만드신 것이라는 사실을
   요. 하나님께서 우리에게 좋은 날을 주실지 나쁜 날을 주실지
   우리는 알 수가 없습니다.

규범적 지혜의 선악 경계선에 대한 반성적 고찰

15 나는 잠시 스쳐가는 삶을 살면서 최대한 경험할 수 있는 모든
   것을 경험했습니다. 아무 잘못 없는 사람이 불행하게 살다 죽는
   것도 보았고 아주 나쁜 사람이 오랫동안 잘 먹고 잘사는 경우도

보았습니다.

16 그러니 올바로 살고자 너무 아등바등할 필요도 없고 과도할 정
도로 지혜롭고자 애쓸 필요도 없습니다. 그렇게 하려다 몸과 마
음이 피폐해질 수 있습니다.

17 동시에, 일부러 나쁜 척을 하거나 바보가 되려고 애쓰지도 마십
시오. 쓸데없이 자신의 명을 재촉할 필요는 없으니까요.

18 패턴을 안다고 착각하는 사람은 하나만 붙들고 있습니다. 하나
를 붙잡고 있는 것은 좋지만, 다른 것도 손에서 놓지 마시기를
바랍니다. 우리는 하나님이 어떻게 행하실지 모르기 때문입니
다. 하나님을 두려워하는 겸손한 사람은 하나님의 행하심을 함
부로 예측하지 않습니다.

19 열 명의 대단한 용사가 성읍을 단단히 지키고 있다고 안심하면
안 됩니다. 똑똑한 사람 한 명이 보호막을 뚫고 들어갈 수도 있
습니다.

20 제아무리 굉장한 의인이라도 올바른 일만 하고 그릇된 일은 단
한 번도 하지 않는 그런 사람은 없습니다.

21 사람들이 하는 모든 말을 다 들으려고 애쓰지 마십시오. 그러다
가 남들이 당신에 대해 하는 험담까지 듣게 될 거니까요.

22 여러분들도 다른 사람을 헐뜯은 경우가 적지 않다는 것을 여러
분 자신도 잘 알고 있지 않습니까?

하나님의 가치판단은 인간의 기준과 다르다

23 나는 정말 지혜롭고 싶었습니다. 그래서 모든 것 속에서 지혜를 찾으려 애썼습니다. 그러나 지혜는 여전히 내게서 아주 멀리 있습니다.

24 어떤 지혜는 너무 멀리 있거나 너무 깊은 곳에 있어서 어느 누구도 다다를 수 없는 지혜도 있습니다.

25 지난 세월 동안 나는 지혜와 명철의 세계를 탐구해 왔고 동시에 무지와 악의 세계 또한 깊이 알고자 했습니다. (선을 모르면 악을 알 수 없고 악을 모르면 선을 알 수 없기 때문입니다.)

26 내가 깨달은 한 가지는 타인의 마음을 옭아매고 조종하고 갈취하려는 사람은 지옥보다 더 끔찍하다는 것입니다. 운이 좋으면 용케 그 마수에 걸리지 않고 도망칠 수 있지만 까딱 잘못하면 그런 사람에게 잡히고 맙니다.

27 자, 나 **코헬렛**은 이렇게 말합니다. 내가 모든 것을 하나씩 하나씩 꼼꼼히 살펴보았지만

28 나는 여전히 지혜가 무엇인지 찾아 헤매고 있을 뿐 아직 발견했다고 말할 수 없습니다. 내가 만난 사람 중 지혜 있는 사람은 천 명의 한 명이 될까 말까 합니다. (이 글을 읽는 당신은 스스로를 지혜로운 사람으로 여길지 모르겠으나 그 천 명 중의 한 명이 당신은 아닙니다.)

29 그러나 이것 하나만은 내가 확실히 깨달았습니다. 하나님은 사람을 올바르고 단순하게 창조하셨는데 사람들은 거기에 너무

많은 의미 부여를 해서 사태를 복잡하게 만든다는 것입니다.

더바이블 전도서 8장

절대주권자 앞에서의 지혜로운 자세

1 누가 자신을 지혜로운 사람이라고 자처할 수 있겠습니까? 누가 하나님의 창조 원리를 다 알 수 있겠습니까? 진정한 지혜는 그렇게 근엄하거나 심각한 것이 아닙니다. 지혜는 사람의 얼굴을 밝고 환하게 하며 긴장을 풀어줍니다.

2 하나님께 서약을 함부로 해서는 안 되는 것처럼 왕 앞에 있을 때에도 주의를 기울이는 게 현명합니다.

3 왕의 말이 다 끝나기도 전에 자리를 떠서 괜한 오해를 사지 않기를 바랍니다. 왕은 자신의 기분이 내키는 대로 아무것이나 할 수 있으니까요.

4 왕의 말은 곧 권력입니다. 누구도 왕에게 "대체 왜 그러십니까?"라고 물을 수 없습니다.

미래를 예측할 수 없을 때의 지혜

5   왕이 시키는 일만 잘하면 재앙을 피할 수 있다고, 지혜로운 사람은 언제 어떤 일이 벌어질지 알고 그것에 대처하는 방법을 알고 있다고들 사람들은 말합니다.

6   모든 일에 시기와 방법이 있는 것은 맞습니다. 그러나 우리에게 벌어지는 일들 중에는 우리가 대처하고 감당하기에는 너무 힘든 일들도 있습니다.

7   언제 어떤 일이 발생할지 모든 일을 미리 예측할 수 있는 사람은 아무도 없습니다. 일이 어떻게 될지 우리에게 알려줄 사람도 없습니다.

8   사람은 바람을 마음대로 조종할 수도 없습니다. 하나님이 불게 하신 바람을 인간이 멈출 수는 없습니다. 어느 누구도 자신이 언제 죽을지 정확히 알지 못합니다. 누구도 전쟁을 피할 수 없습니다. 전쟁을 일으킨 당사자들도 그 전쟁에서 살아남는다는 보장은 없습니다.

인과응보의 원리로 설명할 수 없는 현실

9   나는 모든 일을 살펴보았습니다. 그렇습니다. 나는 이 땅에서 벌어지는 모든 일들에 내 온 마음을 쏟아부었습니다. 타인에게 악을 행하는 나쁜 사람들에 대해서도 깊게 살펴보았습니다.

10   그 나쁜 자들이 죽어서 땅에 묻혀 저 세상으로 가고 나면 사람

들은 곧 그들의 악행을 잊어버리고 말더군요. 이렇듯 악인도 악행도 잠시 있다 사라지는 것입니다.

11　악을 행하면 심판을 받는다고 하는데 그 심판이 속히 이루어지지 않으니 사람들의 마음은 악을 행하려는 마음으로 가득하게 됩니다.

12　하나님을 두려워하고 그분을 경외하면 인생이 형통할 것이라는 걸 나도 잘 알고 있습니다. 그러나 수백 번 악행을 저지르고도 잘 먹고 잘살며 장수를 누리는 사람도 있습니다.

13　하나님을 두려워하지 않는 악인이 잘될 리가 없다고, 그가 장수할 리가 없다고들 말하지만

14　그러나 이 세상에서는 벌어지면 안 되는 일도 일어납니다. 악인들에게 일어나야 할 일이 생기는 의인들도 있고 의인들에게 일어나야 할 일이 생기는 악인들도 있습니다. 그러나 나는 이것 역시도 잠시 있다 사라지는 일이라고 말합니다.

하나님이 하시는 것을 인간의 지혜로 이해할 수 없다

15　그래서 지금 이 순간 기쁘고 즐거워하는 것이 가장 좋습니다. 이 세상을 살며 하나님께서 주신 음식을 기쁨으로 즐기는 것보다 더 좋은 일이 사람에게 없습니다. 하나님께서 허락하신 오늘의 삶에서 우리 모두는 열심히 먹고 사는 일을 하지 않을 수 없습니다.

16 나는 지혜를 알고자 하여 내 온 마음을 다해 이 세상에서 벌어지는 일들을 살펴보았습니다. 낮에도 살펴보았고 밤에 잠도 자지 않고 살펴보았습니다.

17 그 결과 내가 알게 된 사실은 이것입니다. 하나님께서 하시는 모든 일들, 즉 해 아래서 행해지는 모든 것을 사람이 다 알 수는 없다는 사실입니다. 사람이 아무리 알려고 노력해도 하나님의 행하심의 전모를 파악할 수는 없습니다. 어느 대단한 지혜자가 자신은 다 안다고 주장해도 사실 그 사람 역시도 다 알 수 있는 건 아닙니다.

판단은 하나님의 것이다

1   나는 이 모든 것을 마음을 다해 샅샅이 살펴보았습니다. 그 결과 내가 알게 된 사실은 이것입니다. 누가 의인이고 지혜자인지, 어떤 행동이 의롭고 지혜로운 것인지는 모두 하나님께서 판단하실 일이라는 것입니다. 하나님께서 좋게 보실지 안 좋게 보실지 우리는 알 수 없습니다. 모든 것은 하나님의 판단에 달려 있습니다.

의인과 악인 모두 죽을 운명이다

2   의인이건 악인이건 모두에게 똑같이 일어나는 한 가지가 있습니다. 의인에게도 악인에게도, 정결한 이나 부정한 이에게도, 하나님께 제물을 드리거나 드리지 않는 사람에게도, 착한 사람이

나 나쁜 사람에게도, 하나님께 서원하느냐 마느냐에 상관없이 모두에게 죽음이 찾아온다는 것입니다.

3 이 세상에서 벌어지는 모든 일 중 나는 이것이 가장 나쁘다고 생각합니다. 바로 모두에게 동일한 일이 벌어진다는 것 말입니다. 일평생 마음속에 나쁜 생각과 미친 생각으로 가득한 사람마저도 후에는 죽은 자들의 세계로 갑니다.

살아있음에 감사하고 현재 주어진 것에 만족하는 것이 지혜이다

4 지금 살아있는 사람들에게 확실한 한 가지가 있습니다. 살아있는 개가 죽은 사자보다 낫다는 것입니다.

5 왜냐하면 살아있는 사람은 자신이 죽을 운명이라는 것 하나만큼은 분명히 알고 있지만 죽은 자들은 그것마저 모릅니다. 만약 죽은 자들에 대한 기억마저 모두 잊혀지게 된다면 그들에게는 더 이상 아무것도 없게 됩니다.

6 고인에 대한 사랑이나 미움, 질투의 감정조차 다 사라지고 나면 더 이상 그들은 이 땅에서 벌어지는 어떤 일에도 자신의 지분을 갖지 못하고 아무런 영향력을 행사할 수 없게 됩니다.

7 그러니 가서 하나님께서 주신 음식을 기쁨으로 먹고 행복한 마음으로 포도주를 마시기 바랍니다. 그것이 하나님께서 여러분을 기뻐하신다는 증거입니다.

8 항상 깨끗한 옷을 입고 머리도 멋지게 가꾸어 주어진 하루의 생

명을 축제처럼 즐기십시오.

9   하나님께서 이 세상에서 살도록 당신에게 허락하신 삶의 스쳐 지나가는 모든 순간을 사랑하는 사람과 함께 충실히 누리십시오. 그것이 짧은 인생을 살며 열심히 수고한 대가로 하나님께서 당신에게 주시는 것입니다.

10 지금 우리에게 주어진 일을 최선을 다해 열심히 해야 합니다. 그 일은 바로 하나님께서 주신 일이기 때문입니다. 우리가 가게 될 죽음의 세계에서는 할 일도 생각할 것도 알 것도 배워야 할 것도 없습니다.

규범대로 되지 않는 현실

11 세상에서 벌어지는 일들을 살펴보면 확률이 높은 일만 벌어지는 것은 아닙니다. 달리기가 빠르다고 경주에서 항상 이기는 것도 아니고 싸움을 잘한다고 전쟁에서 항상 승리하는 것도 아닙니다. 지혜로운 사람이라고 해서 항상 잘사는 것도 아니고 분별력이 있다고 해서 부자가 되는 것도 아니며 아는 것이 많다고 주위 사람들에게 높은 평가를 받는 것도 아닙니다. 누구에게나 무슨 일이든 일어날 수 있습니다.

12 그러나 문제는 우리는 어떤 일이 언제 벌어질지 모른다는 것입니다. 우리는 언제든 전혀 예측하지 못한 상태로 나쁜 일에 사로잡힐 수도 있습니다. 마치 그물에 걸린 물고기나 덫에 걸린 새처럼 말입니다.

지혜도 헤벨이다

13 이 땅에서 얻은 깨달음 중 이것이 아주 중요한 것입니다.

14 많지 않은 사람들이 살고 있는 작은 마을이 하나 있었습니다. 대단한 힘을 가진 왕이 와서 그 작은 성읍을 에워싸고 성벽을 무너뜨리기 위해 커다란 흉벽을 세웠습니다.

15 그런데 그 마을에는 지혜로운 가난뱅이 한 명이 살고 있었습니다. 그는 지혜를 발휘하여 그 성읍을 구해냈습니다. 하지만 그 마을 사람들 누구도 그 가난뱅이가 자신의 마을을 구해낸 것을 몰랐습니다.

16 힘과 권력보다 지혜가 더 낫다고 사람들은 말하지만 가난한 사람의 지혜로운 말은 무시당하기 일쑤이고 아무도 그의 말을 들으려 하지 않습니다.

17 힘 있는 사람이 큰 소리로 꽥꽥 질러대는 말보다 지혜로운 사람이 조용히 타이르는 말이 더 잘 들린다고,

18 그래서 대단한 무기보다 지혜가 더 낫다고들 말들 하지만 단 한 사람의 멍청한 잘못이 좋은 것을 모두 망쳐버릴 수도 있습니다.

지혜와 우매의 관계

1 향수의 향이 아무리 좋아도 파리 하나가 빠져 죽으면 악취가 나 듯이 아무리 지혜와 명예가 높더라도 약간의 어리석음으로 모든 것을 망쳐버릴 수 있습니다.

2 올바른 방향으로 향하는 것이 지혜이며 잘못된 방향으로 향하는 것이 어리석음입니다.

3 어리석은 사람은 길을 걸을 때에도 정신없이 우왕좌왕합니다. 어리석은 사람이 입을 열면 자신이 바보임을 모두에게 드러냅니다.

규범적 지혜가 뒤바뀐 현실

4 권력자가 당신에게 화를 내거든 가만히 서 있지 말고 자리를 피

하는 것이 좋습니다. 권력자의 분노가 누그러지면 커다란 잘못도 용서될 수도 있습니다.

5 이 세상에 벌어지는 잘못된 일 중에는 통치자의 잘못도 있습니다.

6 통치자가 어리석은 사람에게 높은 자리를 주고 그 자리에 앉을 만한 합당한 지혜자에게는 적절한 자리를 주지 않기도 합니다.

7 아랫사람이 말을 타고 가고 높은 사람이 종처럼 말을 끌고 걸어가는 것도 본 적이 있습니다.

지혜자도 우매할 때가 있다

8 자신이 판 구덩이에 자신이 빠지는 경우도 있고 벽에 구멍을 뚫었다가 그 구멍으로 들어온 뱀에게 물리는 경우도 있습니다.

9 돌을 운반하다가 그 돌에 다치는 경우도 있고 장작을 쪼개다가 그 나무 파편에 크게 다칠 수도 있습니다.

10 무딘 칼날로 자르려고 하면 힘이 더 듭니다. 현명한 사람은 칼날부터 날카롭게 갑니다. 지혜로우면 남들보다 더 쉽게 성공할 확률이 높아지는 것은 사실입니다.

11 그러나 아무리 뱀을 물리치는 주술을 알고 있다 하더라도 그 주술을 사용하기 전에 뱀에 물리면 주술을 아는 지식은 아무짝에도 쓸모없습니다.

우매한 말과 어리석은 수고

12 지혜로운 사람은 사람을 살리는 은혜로운 말을 하지만 어리석은 사람은 자신을 망치는 말을 합니다.

13 어리석은 사람은 첫마디부터 멍청한 소리를 내뱉고 마지막까지 헛소리를 해댑니다.

14 멍청한 사람은 이건 이렇고 저건 저렇다는 말을 많이 합니다. 나중에 어떤 일이 벌어질지 사람은 한 치 앞도 모르는데 누가 미래를 보고 와서 그에게 알려줄 사람이 있기나 합니까?

15 일을 지나치게 열심히 하느라 자신이 어디로 가는지도 모르는 것은 어리석은 일입니다.

성공의 가능성을 높이고 실패의 가능성을 줄이는 지혜

16 어리석은 사람이 왕으로 다스리는 나라는 참으로 불행합니다. 높은 자리에 앉은 사람들은 아침부터 처먹기만 합니다.

17 그러나 고귀한 사람이 왕이 된 나라는 복이 있습니다. 그 나라의 리더들은 적절한 때에 식사를 하고 기력을 보충하기 위해 음식을 먹는 것이지, 곁들여 술을 마시기 위해 식사를 하지 않습니다.

18 서투르게 일하는 사람이 집을 지으면 지붕이 내려앉고 그렇다고 손을 놓고 아무 일도 안 하면 결국 집이 무너집니다.

19 음식을 만드는 것은 먹고 즐기기 위함이고 포도주로 인해 인생이 흥겨워집니다. 그리고 돈이 있으면 많은 경우를 대비할 수 있습니다.

20 마음속으로라도 통치자를 저주하지 말고 침실 안에서 아무도 모를 거라고 남들에 대해 험담하지 마시기 바랍니다. 하늘의 새가 그 말을 여기저기 퍼뜨릴 수도 있으니까요.

더바이블 전도서 11장

예측할 수 없는 미래를 대비하는 지혜

1 자신이 가진 것을 가급적 많이 남들에게 베푸시기 바랍니다. 언젠가 그 베푼 것이 당신에게 돌아올 날이 있을 것입니다.

2 베풀 때는 한 곳에만 하지 말고 여러 곳으로 나눠 하시기 바랍니다. 언제 어느 때 당신에게 나쁜 일이 생길지 모릅니다.

3 구름 속에 물기가 가득 차 넘치면 땅에 비를 쏟아내고 나무가 쓰러지면 그 쓰러진 곳에 가만히 누워 있듯이 모든 것을 자연스럽게 하시기 바랍니다.

4 씨를 언제 뿌릴지 알려고 바람만 쳐다 보고 파종하지 않는 사람은 어리석은 사람입니다. 추수를 언제 해야 하는지 알려고 구름

만 살피고 있다가는 추수 때를 놓치게 됩니다. 언제가 적절한 때인지 고민만 하는 것은 어리석은 일입니다.

5   바람이 어디서 와서 어디로 가는지 우리가 알 수 없는 것처럼 산모의 배 속에서 태아의 뼈들이 어떻게 생성되는지 우리가 알지 못하는 것처럼 하나님이 어떻게 이 모든 일을 행하시는지 우리는 알 수가 없습니다.

6   아침에 해야 할지 저녁에 해야 할지 고민만 하지 마시기 바랍니다. 아침에도 하고 저녁에도 하십시오. 언제 시도하면 성공할지 우리는 모르기 때문입니다. 잘하면 둘 다 성공할지도 모릅니다.

인생이 짧다는 것을 기억하며 현재에 충실하라

7   햇볕이 따사로운 날에는 밖에 나가 달콤한 햇빛을 즐기십시오. 햇살을 만끽할 수 있는 것은 참으로 멋진 일입니다.

8   인생을 살다 보면 모든 날이 기쁠 수는 없습니다. 인생에 어두운 날도 많다는 것 또한 깨닫게 됩니다. 그러나 언제나 명심하십시오. 앞으로 남은 인생이 얼마 되지 않을 수도 있다는 것을요.

9   그러니 젊은이들이여, 지금의 젊은 순간을 기뻐하고 이 소중한 시간들을 여러분의 심장을 뜨겁게 하는 일에 사용하시기 바랍니다. 여러분의 내면의 소리가 가라는 곳으로 가기를 주저하지 마십시오. 하나님이 여러분을 부르실 날이 언제든 올 수 있으니

까요.

10　그러니 여러분의 미래를 걱정하고 준비하느라 아등바등 근심
　　하며 염려하지 마시기 바랍니다. 여러분의 젊은 시절은 걱정 근
　　심에 사로잡혀 살기에는 너무 짧으니까요.

죽음을 기억하라

1 당신의 소중한 인생에서 당신을 창조하시고 당신에게 생명을 허락하신 분이 계시다는 사실을 잊으면 안 됩니다. 언제까지고 이 삶이 계속될 거라고 생각하지 마세요. 언젠가는 우리에게 '아, 더 이상 아무 할 일도 아무 기쁨도 없구나'라고 말할 날이 올 것입니다.

2 해와 달과 별의 아름다운 빛을 더 이상 볼 수 없는 날이 올 것입니다. 더 이상 구름을 볼 수도 비를 맞을 수도 없는 날이 온다는 사실을 기억해야 합니다.

3 그날에는 집을 지키는 경호원들조차도 무서워 떨며 군인들도 두려워 땅에 엎드릴 것입니다. 집 안에서 음식을 준비하던 이들도 일을 멈추고 창문 밖을 내다보아도 깜깜해서 아무것도 보이

지 않을 것입니다.

4 상인들은 더 이상 장사를 하지 않을 것이며 사람들의 노랫소리가 사라져 새들이 지저귀는 소리만 크게 들리게 될 것입니다.

5 사람들이 산을 오르는 것조차 무서워하여 산길에 있는 나무에는 꽃이 가득하고 나무 열매들은 땅에 그대로 방치되어 있어 메뚜기들만이 열심히 열매들을 나르고 있을 것입니다. 누군가 죽어서 영원한 안식처로 가고 상인들이 북적거리던 거리에는 조문객들만 가득할 것입니다.

6 소중하게 여기던 은목걸이가 끊어지고 금으로 만든 그릇도 깨어지며 값비싼 그릇들이 부서지고 수레바퀴가 구덩이에 빠질 날이 곧 온다는 사실을 잊어서는 안 됩니다.

7 흙으로 만든 그릇들이 다시 원래의 흙으로 되돌아가듯이 우리가 내쉬던 숨은 그 생명을 주신 하나님께로 되돌아갑니다.

8 나 **코헬렛**이 말합니다. 잠깐 있다 사라져 가는 것들입니다. 잠깐 있다 사라지는 이슬 같은 것입니다. 모든 것은 잠시 스쳐 지나가는 안개일 뿐입니다.

규범적 지혜의 첨언

9 덧붙이는 말: 지금까지 **코헬렛**이 한 지혜의 말씀에 덧붙이자면, 그는 많은 사람들에게 지식을 가르쳤고 자신의 깊이 있는 연구들을 잠언의 형식으로 정리했습니다.

10 **코헬렛**은 하나님이 만드신 세상의 원리를 깨닫고자 했으며 깨

달은 진리의 말들을 가감없이 기술하였습니다.

11 지혜자들이 깨달은 이 날것 그대로의 말씀은 영혼을 때리는 막
대기 같고 그들이 쓴 글은 가슴에 깊게 박히는 못과 같아서 받
아들이기에 아프고 고통스럽습니다. 그러나 그들의 지혜는 모
두 이 세상을 창조하신 한 분 하나님으로부터 나온 것입니다.

12 덧붙이는 말: 여러분, 이 지혜의 말씀 이상의 것을 알려고 할 때
는 극도로 주의하십시오. 하나님의 지혜는 아무리 많은 책으로
도 다 기술할 수 없으며 그분의 세계를 너무 많이 알려고 하면
건강을 해치게 됩니다.

13 모든 것을 듣고 난 뒤의 결론: 하나님을 경외하며 그분 앞에 무
릎을 꿇으십시오. 그분께서 하시는 말씀에 순종해야 합니다. 이
것만이 우리가 해야 할 전부입니다.

14 하나님은 우리가 한 모든 행위를 아십니다. 우리가 숨기고 싶은
그 어떤 것도 모두 살펴보십니다. 그분의 관점에서 우리가 행한
일 하나하나의 옳고 그름을 판단하실 것입니다.

| 전도서 원문 해설 강의 QR 코드 |

본 강의는 본서의 저자 송민원 교수가 전도서의 히브리어 원문을 해설한 강의로서 2022년에 유료로 제공됐던 강의입니다. 본서의 독자들이 전도서를 더욱 깊이 학습할 수 있도록 이 강의를 무료로 제공합니다.